新时代传媒创新书系

融媒体体系结构

建模、分析与优化

王永滨 著

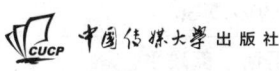

中国传媒大学出版社

·北京·

图书在版编目(CIP)数据

融媒体体系结构:建模、分析与优化/王永滨著.--北京:中国传媒大学出版社,2024.6.
ISBN 978-7-5657-3678-0
Ⅰ.G206.2
中国国家版本馆 CIP 数据核字第 202416C2Q9 号

融媒体体系结构:建模、分析与优化
RONGMEITI TIXI JIEGOU:JIANMO、FENXI YU YOUHUA

著　者	王永滨
责任编辑	黄松毅
特约编辑	李　婷
封面设计	风得信设计·阿东
责任印制	李志鹏
出版发行	中国传媒大学出版社
社　址	北京市朝阳区定福庄东街1号　　邮　编　100024
电　话	86-10-65450528　65450532　　传　真　65779405
网　址	http://cucp.cuc.edu.cn
经　销	全国新华书店
印　刷	唐山玺诚印务有限公司
开　本	787mm×1092mm　1/16
印　张	14.25
字　数	287 千字
版　次	2024 年 6 月第 1 版
印　次	2024 年 6 月第 1 次印刷
书　号	ISBN 978-7-5657-3678-0/G·3678　　定　价　68.00 元

本社法律顾问:北京嘉润律师事务所　郭建平

前 言

目前我国正处在传统传播体系向现代传播体系、传统主流媒体向新型主流媒体演变的过程中,深入彻底地实现这种转变的根本途径是媒体融合。通过媒体融合可以创新媒体服务模式,构建融媒体服务模式,提高媒体服务能力,更好地应对媒体转型。

融媒体服务模式的实施需要相应技术系统与管理系统。为此,本书抽象出面向不同种类融媒体服务模式的描述技术支撑、业务支撑和运营支撑的融媒体体系结构模型,并进一步对其分析和优化,希望能在宏观层面为各级各类融媒体中心的建设、媒体融合的研究和教学提供参考。

本书讨论实现融媒体的可能的系统结构及其技术可行性。包括多主体、多渠道、多模态、全程媒体、全息媒体、全员媒体和全效媒体的结构和可能的技术实现手段。共分五章。第一章首先阐述了媒体融合的目的和手段,然后从案例出发归纳出媒体融合服务模式的主要种类,并对中央厨房、重点媒体聚合其他媒体、对等媒体独立主体跨平台融合等几种典型融媒体服务模式从融合方式、业务方式、运营策略等方面进行了介绍,最后给出了"可计算"的"要素组合"角度的融媒体服务模式定义,并示例了一个从组织方式、技术支撑、运营支撑等方面构建的融媒体体系结构模型。

第二章给出了面向多渠道同时服务的融媒体体系结构的模型和优化目标,并从基于主体与渠道合作博弈的内容选择、基于博弈机制的渠道竞争、按媒体机构影响力选择渠道、渠道发布内容的选择、异构渠道内容发布量的控制、多社交网络渠道对齐及传播效果分析等几个方面分析了模型的优化方法及技术实现路径。

第三章给出了媒体多主体体系结构模型和优化目标。首先从基于主体退出与加入的动态联盟功能可用性、各方主体资源受限共享性、多主体总体服务能力和管理复杂度的平衡性、多主体效益分成与成本分摊的公平性等角度分析了面向融媒体服务可用性的多主体组织策略;然后通过对广电媒体+报业媒体的跨平台媒体融合研究和实验,从降低舆论引导成本、广电协同报业提高新闻传播力和有线电视影响力、广电协同报业提高有线电视内容推荐能力等方面说明了这种跨平台融合的优势,从跨平台多模态的可行性实验、区块链内容交易与溯源技术实验、基于博弈论的新闻线索交易策略、合作演化博弈分析等方面说明了这种融合的技术与管理的可行性;最后给出了多主体媒体融合技术的层次体系模型并从功能、目标和底层支撑技术的发展进行了阐述。

第四章给出了面向多模态混合服务的融媒体体系结构模型和优化目标。分析了多模态的融合方式并通过为短视频推荐配乐、多语言特征向量空间的一致性映射两个案例,说明了这种融合的技术可行性。

第五章指出了建设"四全"媒体的目的和作用。从全空间、全时间、全时空等角度给出了全程媒体的主要优化目标和技术实现案例;从媒体信息来源广泛、媒体信息内容深入全面等角度给出了全息媒体的主要优化目标和技术实现案例;从主体可信等级、新闻质量评价、全员媒体平台的公平性机制等角度给出了全员媒体的主要优化目标和技术实现案例;从效能、效率、效果等角度给出了全效媒体的主要优化目标和技术实现案例。

感谢团队同事曹轶臻、冯爽、洪志国、安靖、王琦等老师和我的博士研究生吴林、宋国惠、范伟健、张能欢、桂静,硕士研究生刘芮、樊录钰、曹润泽、李雅洁、李佩洁、士紫薇,书中的许多内容是我们共同的研究成果。

感谢中国传媒大学出版社的黄松毅老师,在她的不断推动下,本书得以最终完成和出版。

融媒体体系结构是本团队提出的新概念,相关研究还很欠缺。由于作者的认识水平和学科跨度的限制,不论是书的结构还是内容表述都可能都存在片面、不准确甚至错误等问题,敬请专家和读者批评指正。

王永滨于传媒大学
2023 年 12 月

目　录

第一章　融媒体现状与发展　001
　　第一节　媒体融合的意义 ………………………………………… 001
　　第二节　媒体融合案例分析 ……………………………………… 003
　　第三节　中央厨房简介 …………………………………………… 008
　　第四节　重点媒体聚合其他媒体 ………………………………… 014
　　第五节　对等媒体独立主体跨平台融合 ………………………… 016
　　第六节　融媒体服务模式与体系结构 …………………………… 018

第二章　面向多渠道同时服务的融媒体体系结构　023
　　第一节　基于主体、渠道合作博弈的内容选择 ………………… 024
　　第二节　基于博弈机制的渠道竞争 ……………………………… 026
　　第三节　按媒体机构影响力选择渠道 …………………………… 027
　　第四节　发布内容选择——新闻的可信度认知与计算 ………… 029
　　第五节　发布内容选择——新闻的主流价值观识别 …………… 048
　　第六节　异构渠道内容发布量的控制 …………………………… 057
　　第七节　多社交网络渠道对齐及传播效果分析 ………………… 061

第三章　媒体多主体体系结构建模　067
　　第一节　面向融媒体服务可用性的多主体组织策略 …………… 068
　　第二节　广电媒体+报业媒体的跨平台媒体融合研究 ………… 084
　　第三节　多主体媒体融合技术的层次体系 ……………………… 113

第四章　媒体多模态服务

127
- 第一节　面向多模态混合服务的融媒体体系结构 …………………… 127
- 第二节　多模态的融合方式 …………………… 128
- 第三节　多模态在城市区域功能识别任务中的应用 …………………… 129
- 第四节　为短视频推荐配乐 …………………… 133
- 第五节　多语言特征向量空间的一致性映射模型 …………………… 142

第五章　"四全"媒体

145
- 第一节　全程媒体 …………………… 145
- 第二节　全息媒体 …………………… 161
- 第三节　全员媒体 …………………… 184
- 第四节　全效媒体 …………………… 192

参考文献 …………………… 214

第一章
融媒体现状与发展

第一节　媒体融合的意义

一、融媒体定义

所谓融媒体,美国新闻学会媒介研究中心主任 Andrew Nachison 将其定义为:"印刷的、音频的、视频的、互动性数字媒体组织之间的战略的、操作的、文化的联盟。"[1] 2003年,美国西北大学教授 Rich Gordon 将美国已出现的媒体融合类型归纳为五类:[2]（1）所有权融合,即大型传媒集团自建平台,并在其中设立不同类型的媒介,以此保证这些媒介间相互的内容推荐与资源共享。（2）策略融合,指机构不同、所有权不同的媒介在内容上实现共享。（3）结构融合,主要指媒介机构内部新闻采集流程融合。在这一融合类型中,新闻内容被认为是一种产品,经过专业团队打造后,以打包形式出售给其他媒体机构。（4）信息采集融合,指从业者以使用多种媒体模态的方式完成新闻采编工作,这也是目前多数媒体机构在实践层面的一种融合形式。（5）新闻表达融合,指新闻生产完成后的分发,即从业者运用多种媒体平台向公众传播内容。

根据上述对媒体融合与融合媒体的描述,融媒体的特征可以概括为以下几点:（1）内容多模态。（2）采集、发布多渠道或多平台。（3）组织多主体。满足其中一条就可以判定其为融媒体。

二、媒体融合的目的

目前我国正处在传统传播体系向现代传播体系演进,传统主流媒体向新型主流媒体演变的过程中。在这一过程中,主流媒体建设的指导思想也由传统的"三闻"（新闻、旧闻、不闻)转变为现在的"四全媒体"(全程媒体、全息媒体、全员媒体、全效媒体)。深入彻底地实现这种转变的根本途径是媒体融合。媒体融合的目的就是为了提高媒体或媒体集团的效能、效率和传播效果,即向"全效媒体"演进。

想提高媒体的效能,就要提高其支持各种已有的或创新的媒体服务模式的能力,例如支持全程媒体、全员媒体、全息媒体。这必定需要各级各类媒体全方位协同,单一媒体机构难以独立完成。它需要媒体主体之间的融合,包括对等媒体主体跨平台融合、主流媒体与社交媒体平台的融合等。通过这种媒体融合可以解决媒体行业在数字化转型中存在的两个主要痛点:一是缺少媒体行业数字化转型的高水平信息化支撑平台,大企业自建平台耗时、费力、成本高,小企业更是心有余而力不足;二是在平衡内容质量、广告信息深挖与客户浏览体验的矛盾中缺少合适的技术手段。例如我们提出的"广电媒体+报业媒体"的融合模式,是一种平台融合开放的多主体协作共享的多模态多渠道的媒体融合。在这种模式下,广电平台及广电媒体机构的超分辨率重建等视频能力可以弥补报业平台高清及超高清(4K/8K)视频制作能力的不足,广电渠道可以弥补报业渠道高清视频发布能力的不足。广电的大屏应用,例如有线电视,只能按家庭获得对内容的收视数据,不能获得及时精细的内容收视数据。通过与报业的合作,广电可以打通双屏受众的大小屏,及时精细地获得双屏受众的内容收视数据,并通过群组推荐算法有效指导有线电视内容播放计划和广告计划的制订。在这种模式下,广电媒体与报业媒体可以共享新闻线索,使新闻策划更及时更有针对性;可以共享内容素材,提高内容制作质量;可以共享内容,提高内容的供给能力;可以共享内容发布渠道,增强内容的可见性和内容与渠道的匹配性;还可以协同议程设置,更好地进行舆论引导,从而实现资源通融、内容兼容、宣传互融、利益共融。

提高媒体的效率,就是要在媒体的建设和运营中降本增效,例如需要在多个功能相同的媒体中选择合作成本低的协作伙伴,并按完成任务的最低限控制协作媒体的数量。还要提高媒体内容生产时间效率和发布的及时性。例如"中央厨房"可以一键生成文本、音视频,适合大屏、小屏,面向主流媒体、商业社交媒体的多渠道的多模态媒体内容;新型互联网结构和物联网结构能够更好地支撑全程媒体,通过先进的移动通信技术及时高效采集和传播第一现场的新闻内容。

提高媒体的传播效果,就是要通过多渠道发布提高新闻的用户可见性,通过多来源多角度多模态的全息媒体内容,使用户之间、用户和媒体之间在新闻事实上达成基本一致,通过全程媒体的及时性和跨域性快速占领舆论制高点;通过跨社交网络的链接预测和社区发现实现新闻的病毒营销,实现有针对性的舆论引导。

三、媒体融合的手段

本书讨论实现融媒体的可能的系统结构及其技术可行性,包括多主体、多渠道、多模态、全程媒体、全息媒体、全员媒体和全效媒体的结构和可能的技术实现手段。主要内容如下：

融媒体服务的要素与分析框架，动态协作主体变动的可用性分析，网络议程设置与新闻传播态势控制分析，双屏用户画像与推荐技术分析，融合媒体传播效果分析，多主体的管理与优化方法分析，融媒体移动网业务技术分析，基于 Web AR（增强现实）技术的媒体多模态展示实验，平台互操作技术实验，融媒体内容可溯源服务验证机制实验，实时移动多渠道高清视频采集实验，新闻内容真实性评判实验，内容多模态对齐、同步实验，主体可信、影响力分析实验，多主体多渠道内容汇聚加工模型仿真程序实验等。

第二节　媒体融合案例分析

相较于媒体融合中出现的其他问题，如所有权融合问题、传媒规制融合等问题，技术、内容、组织关系、商业模式是目前媒体融合演进发展中最具挑战性的核心问题。围绕这些核心问题我们收集了一些媒体融合典型案例，如表 1.1。

表 1.1　媒体融合典型案例

美国媒体	
CBS 的媒体融合创新	1.传统媒体的相关职位和新媒体项目执行人经常会由同一人来承担，产品团队与新闻团队能实现无缝对接，各团队信息共享、素材共享。 2.泛平台适应性技术的采用使得 CBS 在与诸多互联网公司合作中具有很好的适配性。 3.将用户创建的视频内容与传统的电视广播内容融合在一起，可以在电视台节目中捕捉到 CBS 电视台群遍布美国各地观众的心情故事。 4. CBS 采取前向向订阅用户收费和后向向广告商收费方式。 5.在获客上，CBS 借助互联网渠道，将自身优质内容通过合作方式向 APPLE TV、Twitter（现已更名为 X）、Amazon 等渠道分发获客，CBS 的新闻采用多平台模式的新闻发布，真正做到了全渠道发布，具体包括 CBS 电视网、CBS 广播新闻、互联网 CBSNews.com、手持设备（CBS 移动）等。 6.在养客方面，通过以互联网触点为潜在客户提供优质内容，包括通过一些重要事件报道提升用户感知。 7.持续做好基于流媒体的新闻直播频道，在线新闻播报的巨大市场空间鼓舞了 CBS 进行更大的投入。

续表

《纽约时报》的媒体融合创新	1.采用了基于"中央厨房"的新闻生产方式,实现新闻一次性采集、生成多种形式内容以及在不同的平台发布。 2.旗下固定网络端、移动应用端的数据(包括文本、图片、视频等)都能即时汇聚到数据分析系统中,并加工这些数据得出相应的分析结果。 3.数字化内容分发系统,具有强大的自适应分发功能,例如它可以将其内容页面自动匹配到各种显示终端(包括个人电脑、PAD、移动终端等),自动生成最适应客户阅读感知的页面。 4.综合运用大数据、云计算和人工智能技术,在内容精准生产、精准发布等方面发挥了重要作用。 5.运用多媒体技术、VR技术在叙事新闻、互动新闻、视频直播、场景化沉浸式体验等方面都进行探索和创新。 6.数字新闻按量收费模式。 7.主动和音乐、视频服务商合作,对双方共同的用户出台捆绑优惠政策。 8.与地图服务商合作,将新闻报道与地址服务相结合;与终端产品商合作,向用户提供高品质保障VR内容;与社交平台合作,向特定用户推出定制化内容产品等。
CNN的媒体融合创新	1.CNN将新媒体编辑部和电视编辑部的组织结构作了深度的融合。 2.与视频网站YouTube、即时通信Facebook(现已更名为Meta)、Twitter合作。 3.与主流手机厂商合作,定制视频手机和推出手机电视业务。与Iphone、IPAD等深度合作,构建CNN网站的新闻直播频道,打破了机械地将电视节目照搬到网上的定式。 4.构建立体的内容开放体系,打造业界高水准新闻资料库,提供公众播报平台。 5.输出自有高品质内容图书馆(1980年以来的视频节目等,是美国媒体业界独一无二的开放资源库),提供内容检索服务,采用后向收入分成模式。
《华盛顿邮报》的媒体融合创新	1.把IT技术人员和媒体生产人员整合起来,构建了一个协作组织。 2.大力发展手机端的视频业务,提升邮报的新闻报道的广度和时效性。 3.开展云计算付费、云平台内容分发传播以及大数据营销。 4.基于互联网思维的技术创新。
中国国家级媒体	
CGTV融媒体中心	CGTN融媒体中心(CGTN News Center)是中国国际电视台(中国环球电视网)打造的"多形式采集、同平台共享、一体化生产、多渠道多终端发布"的融合生产和传播的核心业务部门。依托央视新闻一体化云生产系统,统筹CGTN北京总部和美、非分台,英、西、法、阿、俄五个语种和视频通讯社——国际视通的新闻业务,以融合思维设计组织框架和业务流程,针对海外受众,生产适应电视、客户端、移动网站、社交平台、通讯社等多形态、多语种、多渠道传播的内容产品。六大技术亮点开创业界先河:实时、全面的信息智能汇聚;融合信息港及融合调度;融合信息应用大屏;融合信息交互式监看终端;基于数据治理框架;智能化多渠道的大融合生产云平台。
《人民日报》中央厨房	在组织架构上,人民日报社"中央厨房"打破了过去媒体的板块分割的运作模式,专门设立总编调度中心,建立采编联动平台,统筹采访、编辑和技术力量,实现"一次采集、多元生成、多渠道传播"的工作格局。也就是说,"中央厨房"是新闻生产的中枢神经,主要发挥着集中指挥、高效协调、采编调度、信息沟通等基本功能,而总调度中心和采编联动平台共同构成了《人民日报》"中央厨房"的融合指挥部。 为提升内容质量和产品的多样性,让媒体人的创意产生更大的内容价值,《人民日报》"中央厨房"创新机制,另建了一条崭新业务线——融媒体工作室,鼓励报、网、端、微采编人员按兴趣组合、项目制施工,资源嫁接,跨界生产,充分释放全媒体内容生产能力,这也是"中央厨房"从重大事件报道迈入常态化运行的全新尝试。"融媒体工作室"采取"四跨"+"五支持"机制:"四跨"即允许记者编辑跨部门、跨媒体、跨地域和跨专业组织成为小规模的战斗突击队;"五支持"是"中央厨房"作为孵化器,负责提供资金、技术、推广、运营、经营等五方面支持。

续表

人民网"内容批发市场"	内容聚合分发业务是人民网深度融合发展三年规划纲要中四层内容业务体系的重要一环,由人民网科技公司全面负责。运用大数据与新一代人工智能技术,全面汇聚主流媒体、商业平台和社会创作力量的优质内容,面向全行业、全场景、全终端,打造涵盖精品内容分发、优质创作力量分发、价值服务分发的自主可控"全球智慧聚发平台"。 依托自有的智媒聚发、智能创作、全媒体池和商业运营等功能系统,构筑内容版权矩阵,面向 B 端、G 端等各类场景需求,为流量平台、各类终端及智能手机等智能产品提供精准的精品内容分发服务;为优质创作者与创作机构提供等级认证、创作赋能与商业赋能服务。面向全网的内容生产者、传播者、使用者,提供全媒体内容聚合分发及其衍生的版权交易、运营培训、IP 孵化、创意营销、内容电商、广告代理、游戏联运、版权资产证券化等一体化的"内容即服务(CaaS)"平台。
人民网人民智作平台	社会创作力量服务平台。平台致力为创作者与创作机构提供创作指导、等级认证、版权交易、金融服务、推广运营及市场运作等一体化服务,制定社会创作力量运营标准,构建社会创作力量良性生态。平台将联动社会创作力量与党政、媒体、渠道、产业、行业等,驱动社会创作力量创作精品,助力国家净网强网,助力终端内容提质,助力产业行业发展,助力全民共享内容红利,共建价值内容生态圈。 平台主要涵盖三大中心:1)创作者服务中心。依托人民网自有资源及合作资源,为创作者提供汇集政策指导、素材供给、渠道传播、运营培训、内容创业等于一体的资源服务中心。助力创作者创作价值内容,向全网各类终端及各行各业输送精品。2)创作者数据中心。依托人民网深厚的内容积淀和权威的内容理解力、判别力,智能感知创作者内容生产、内容传播、用户互动的行为,智能识别内容价值,协助创作者更好地生产优质内容,提升内容市场价值。为每位优秀创作者提供不同等级资质认证。利用平台发布创作者榜单及报告。3)超级 IP 孵化中心。依托人民网的政策理解力、内容把控力及资源整合力,汇聚入驻平台的创作者与合作的渠道、产业、行业,共同孵化各类垂直领域的超级 IP。联运 IP,共掘 IP 价值,共赢 IP 新时代。
新华社全媒报道平台	新华社新媒体中心构建的"中央厨房"式新型全媒体采编发空间通过一个"轮轴"指挥台,利用一种素材资源同步加工生成通稿、微博、微信、客户端、集成报道等多种形态产品,进行多渠道分发推送,适配到多种新媒体终端。建成了资源整合、融合加工、舆情监测、业务管理、影响力评估、远程指挥等六大功能。新华社全媒报道平台由指挥中心、策划中心与协调中心分别负责重点融媒体产品的资源配置、创意策划与组织协调各部门的作用。形成多工种在线作业,打破部门边界,形成协同生产,充分发挥联动综合效益。
中国省级媒体	
湖北广电集团"长江云"	长江云平台是一个"采编融合、内容汇聚、多渠道传播、多终端一体化"的区域新媒体运营和管理平台,可同时向多个区域媒体提供"PC 站+手机网站+手机客户端+微博+微信"的新媒体产品研发和技术支撑,具备承载 1 万多个新媒体产品的能力。同时,通过与湖北省网信办合作,平台加入了内容集控、舆情预警、管理协调等功能,对权威信息可以"一键推送",对有害信息能够"一键撤稿"。"长江云"还确定了"媒体云+政务云+行业云+产业云"的发展路径,打造三级联动的长江云"政务大厅"。全省已有上千家各级政府部门分别入驻当地政务移动客户端,打通市政、水务、公积金等几十类一百余项民生服务接口。 赤壁市融媒体中心依托长江云平台全力打造"云上赤壁"客户端,并将赤壁电视台、广播电台、今日赤壁报、赤壁网等 8 个媒体平台合而为一。 采用"公有云+私有云"模式,充分使用云技术和虚拟化集群技术,用公有云解决用户前端负载的支撑能力,通过私有云保障核心数据的安全和核心媒体特色功能的支撑,以及政务民生信息服务等有政策要求的业务支撑。长江云平台是典型的云系统架构,Hadoop 分布式体系能够满足数据资源处理能力线性扩展、多租户能力、数据汇总能力。系统技术架构分为资源采集层、中央厨房层、应用层三层。

续表

浙江日报报业集团"媒立方"	浙江日报报业集团以"中央厨房"为核心,建立"一次采集、多种产品、多媒体传播"的工作格局。将原浙江在线新闻中心、浙江新闻客户端编辑团队与《浙江日报》采编部门合并,以"大编辑中心+垂直采编部门"模式,打造一支具备全媒体采编播技能的合成军,形成"一中心八个部"的组织架构。全媒体编辑中心包括纸媒的夜班编辑部和把网站及App融合一体的数字编辑部。8个全媒体新闻部负责报网端微视多端新闻产品的采集、编辑、分发。
南方报业传媒集团中央厨房	南方报业以中央厨房为基础,大力推动《南方日报》《南方》杂志、南方网和南方+深度融合。一体化平台上线后,内容生产流程更加适应融合发展的规律,实现一次采集、滚动发布、多端呈现的全媒体运作。从记者随时随地上传多媒体稿件到稿件可在全媒体指挥部的指挥下分发投送至报、网、客户端等多终端,由此信息在全媒体指挥部的统筹下打通报网端,理顺采编发,提高全媒体全方位生产传播能力,真正实现高效整合和分发共享。
湖南广播电视台娱乐频道MCN模式	推出各垂直领域账号,深挖社群营销,搭建以短(视频)为主、长短结合的内容生产体系。实现以小(客户)为主,大小组合的经济增长方式。借助广告、打赏、电商、知识付费等多元变现方式实现。"短视频+直播"对各行各业的渗透、包容及深度结合。
北京歌华有线数字媒体有限公司,"歌华生活圈"	以歌华有线"歌华生活圈"电视云平台为基础,围绕政府公共服务信息精准供给和传播的需求,发挥有线电视覆盖广、传播快的优势,运用精准推送、全景/3D生产、多渠道、多终端融合、自动化安全审核等技术,融合互联网应用,提升服务承载能力,满足广电行业对政务、文化、教育、旅游、交通、体育、文物、展览、智慧城市和智慧乡村建设等多行业、多领域的应用场景建设需求,提供专属定制化信息的服务方式,探索有线电视公共服务新业态。
陕西广电网络"秦岭云"互动平台	打造省平台建设、县级媒体"入驻"的"新闻+政务+服务"的综合运营体系。实现跨层级、跨地域、跨行业的资源整合与运作。
安徽广播电视台"海豚听听"App	以声音产品为主,突出原创性与地域特色,整合安徽省、市、县优质广播电视主持人资源,已经形成一定特色和规模。
中国市县级媒体	
河南项城市融媒体中心	项城市融媒体中心,全面打造了一个集新闻选题策划、指挥调度、全媒体稿件等多功能系统于一体的全媒体融合平台系统,形成了以"新媒体首发、全媒体跟进、融媒体传播"的格局,树立了融媒体建设标杆,创造了"项城模式"。2018年8月25日项城市融媒体中心作为唯一一家县级媒体,荣登晚间播出的央视新闻联播,受到全国关注。
宁夏贺兰县融媒体中心	作为中宣部确定的全国首批县级融媒体建设59个试点之一,贺兰县于2018年12月19日建成宁夏回族自治区第一家县级融媒体中心。中心按照"宁夏率先、网络领先、移动优先"的目标,形成集广播、电视、电台、微信、微博、网站、手机客户端、抖音号"八位一体"的全媒体发展格局,着力将互联网的最大变量转化为融媒体最大增量,通过全体系重组、全媒体融合、全流程再造、全领域覆盖的方式手段探索出县级融媒体中心建设试点的"贺兰模式"。

续表

胶州广播电视台融媒体中心	胶州广播电视台融媒体中心采用新奥特"微融"县级融合媒体解决方案,以分布式系统架构设计,从内外两个区域分别完成电视平台节目生产与播出、新媒体平台节目生产与发布。该项目的建成既能实现对本地电视、广播、新媒体等多个媒体平台的融合,优化媒体结构,明确不同媒体的功能定位,解决基层媒体资源重复分散问题。同时根据台内实际情况及用户需求,实现采、编、播、存全流程一体化管理,全方位地满足融合媒体业务的需求,打造现代传播能力。并且项目还对台内安防监控、应急广播、设备监控等进行多层次的融合,使整个平台系统更加高效、便捷、安全。
技术公司	
北京国际云转播公司,5G超高清云转播平台	项目是北京"科技冬奥"三大重点项目之一。5G超高清云转播平台是将前方多路视频信号采集编码后,通过5G传输上云,远程操控云端完成导播制作,高画质内容通过云分发到相关播出机构或终端,可大大降低转播成本和制作门槛,提升转播团队效率,是对传统转播模式的变革,是对传统转播车的有效补充。
北京四达时代公司,智慧广电业务中台系统	基于互联网业务的中台架构设计理念,针对广电运营商的系统现状及业务挑战,以"高效、融合、敏捷"为整体思路,打造"基础+中台+应用"的智慧广电业务中台系统,主要围绕技术中台、AI中台、知识中台、数据中台及业务中台五个中台建设,帮助广电运营商对内推动企业级能力整合和深度协同,对外赋能多业务应用支撑和智慧运营,通过智慧广电业务中台可以大幅提升智慧广电业务支撑的灵活性和快速响应能力,加快培育和建立智慧广电新生态。

从上述典型案例可以看出,目前国内媒体融合大多停留在"多模态"+"多渠道"上。例如CGTN融媒体中心以"多形式采集、同平台共享、一体化生产、多渠道多终端发布""生产适应电视、客户端、移动网站、社交平台、通讯社等多形态、多语种、多渠道传播的内容产品"。《人民日报》和一些县级融媒体中心等的"中央厨房"模式,采取"一次采集、多元生成、多渠道传播",形成集广播、电视、电台、微信、微博、网站、手机客户端、抖音号"八位一体"的全媒体发展格局。"长江云"的"媒体云+政务云+行业云+产业云"。央视的台网"一体化策划、一体化运行、一体化呈现"的节目融合模式,实现"大屏带小屏、小屏回大屏、多屏联受众"。胶州广播电视台除采用新奥特"微融"县级融合媒体解决方案外,还对台内安防监控、应急广播、设备监控等进行多层次的融合等。而各主体的合作还局限于媒体组织内部,重点媒体聚合其他媒体、接受政府监管,或只是将组织外部的新兴媒体作为发布渠道,对等独立媒体主体的跨平台融合还没有开始。例如《人民日报》采取"四跨"+"五支持"机制,允许记者编辑跨部门、跨媒体、跨地域和跨专业组织成为小规模的战斗突击队;负责提供资金、技术、推广、运营、经营等五方面支持。"秦岭云"打造省媒体平台建设、县级媒体"入驻"的"新闻+政务+服务"的综合运营体系。"长江云"与网信办合作等。

技术上采用云端完成导播制作和云分发、私有云加公有云的混合云架构、云端多租户、广电业务中台系统、5G网络与无线广播电视结合、传统音频广播与互联网结合等。

归纳起来媒体融合服务模式主要有如下五类:

(1)媒体集团内多部门协同:从之前各媒体的"种瓜得瓜、种豆得豆",进入到了"种瓜不一定得瓜而是得到更大的豆,种豆不一定得豆而是得到更大的瓜"。[3]

(2）多对等独立主体（机构）协同：实现"全效媒体"的必由之路。
(3）多渠道聚合分发："中央厨房"是典型代表。
(4）媒体内容社会众创服务平台：实现"全员媒体"的依托平台。
(5）网红经济：媒体内容变现的有效途径。

第三节 中央厨房简介

一、概念

"中央厨房"这一概念来源于餐饮行业，是指统一采购、统一配送和标准化生产制作食材的集成式厨房模式，其优点是以集中采购、集约生产的方式来降低成本提升效益。

后新闻传媒业借用了"中央厨房"的概念，用来指记者采集的素材纳入全媒体数据库，媒体内各类传播渠道、子媒体根据需要对这些素材进行二次加工，生产出各种形态的新闻产品；最后，按照介质特点、传播速度、传播需要，通过多种媒介逐级发布、传播。通过内容的集约化制作，实现新闻信息的多级开发，以提高传播效果，节约传播成本。"中央厨房"模式是传统媒体进行深度媒体融合、资源整合的一种机制，是对新闻产品形态、采编发生产流程和生产方式、组织架构、管理考核和盈利模式等的重构和再造，也是当前新老媒体融合的一种主要探索模式。"中央厨房"的理念可以总结为：一体策划、一次采集、多种生成、多元传播、全天滚动、全球覆盖。

2014年3月，《人民日报》成立媒体技术股份有限公司，承建人民日报社媒体融合发展的技术平台、运营平台和资本平台，以"中央厨房"正式命名。后"中央厨房"逐渐成为一种打造融合媒体、进行资源整合的理念和探索模式，为各类媒体所应用。

目前中央厨房主要有聚合型和内控型两种：

1.聚合型

即以打造聚合平台为目的，通过内容、技术、渠道共享构建媒体协作体。一般是媒体围绕内容、技术建立合作，重点媒体聚合其他媒体、机构的内容生产资源，搭建平台，再将内容分发给其他媒体、机构。如《人民日报》的"中国媒体融合云"平台、湖北广电集团的"长江云"等。

以《人民日报》中央厨房为例，组织架构如图1.1所示。

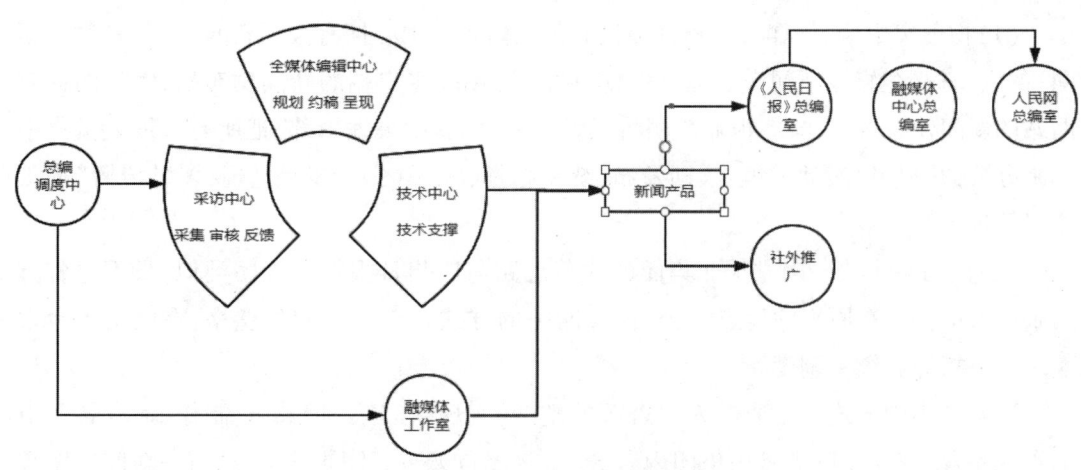

图1.1 《人民日报》中央厨房架构

2.内控型

即借助中央厨房实现内部媒体机制体制再造。通常是把媒体集团内各个子报、部门以及新媒体部门的记者、编辑、视觉、技术人员集中起来,成立全媒体新闻中心,进行统一管理、指挥调度。如《解放军报》的融媒体指挥中心。

二、服务模式

从2014年至今,我国媒体行业根据自身的不同特点,以行政手段的方式将以往彼此相对独立的报社、电台、电视台及网站等媒体单位整合成广电集团、传媒集团或报业集团(下文统称为"传媒集团")。针对各个案例中的传媒集团对"中央厨房"模式的分别探索,可以将中央厨房分为三类模式。[4]

第一类是以重大主题报道为中心的"中央厨房"运作子模式。

这种子模式是大多数传媒集团进行初步探索的共性选择,能够充分体现出"中央厨房"模式的共享优势和开放特点。2014年8月南京青奥会期间,新华报业传媒集团发起组织了"七大媒体联盟看青奥"行动,建立了青奥新闻资源共享平台,与国内七个媒体平台实现资源共享、互动;2015年,《人民日报》在两会报道中,首次试用"中央厨房"模式,共制作118个全媒体内容产品,全网首发时政快讯35条,HTML5互动类产品18个,48小时内访问数最高超过2000万次、阅读量超过120万次。

第二类是以合并部门成立"中心指挥部"的资源整合方式建立的"中央厨房"管理子模式。

这种子模式把集团内各个子报(或分公司)和新媒体部门的记者、美工人员、技术人员集中起来,成立全媒体新闻中心,进行统一管理、统一指挥、统一调度。这种子模式又大致可以分成两种具体做法:一是以广州日报报业集团为代表的物理集中法;二是以南方报业集团为代表的网络集中法。

（1）物理集中法。以前，广州日报报业集团内新闻中心拥有报纸新闻（尤其是时政新闻）的发布权，全媒体新闻中心拥有微博、微信及 App 客户端的新闻发布权，大洋网拥有网站的新闻发布权。如今，报业集团将三者合一，成立中央编辑部，把所有采编人员集中起来办公，并提出"滚动采集，滚动发布，统一指挥，统一把关，多元呈现，多媒传播"的工作思路进行资源整合。

（2）网络集中法。南方报业集团的改革思路与广州日报报业集团类似，只不过各方的采编人员仍然在原来的地点办公，通过网络的方式打破部门间的壁垒，在网络平台中实现统一指挥和统一调度。

这两种集中方式都是通过人力资源的整合，实现新闻策划、采访、制作、播发各环节的资源整合，减少或避免以往集团内各分公司（不同媒介、不同子报）对同一新闻专题重复采访、重复制作、重复审核、重复播发造成的资源浪费，从而提高新闻生产效率。同时也能有效避免各分公司（不同媒体、不同子报）对于同一新闻专题在报道方式、报道角度上出现的雷同现象，有助于各分公司（不同媒体、不同子报）打造自己特有的新闻报道风格，满足受众的多元化需求。

第三类是以整合同类部门为试点的"中央厨房"调度子模式。

这种子模式以新华报业传媒集团为代表，带有改革试点特征。该集团在 2015 年成立了集团媒体融合发展试验区，将集团内各子报的所有摄影记者和摄像记者整合到图片摄影中心，将所有体育记者整合到体育产业中心，将新媒体部门整合成数字采编中心。相当于由集团媒体融合发展试验中心统筹调度图片摄影中心、体育产业中心和数字采编中心三个部门，打破以往各子报各自为政的状态，提高调度的及时性和协同性，增进同类业务人员的交流和合作。

不论采取上述哪种模式，"中央厨房"实现了以"一次性采集、多平台生产、多渠道分发"为特点的生产流程再造，在策划、采访、编辑、播发四个环节实现了改革，其主要运行逻辑如图 1.2 所示。

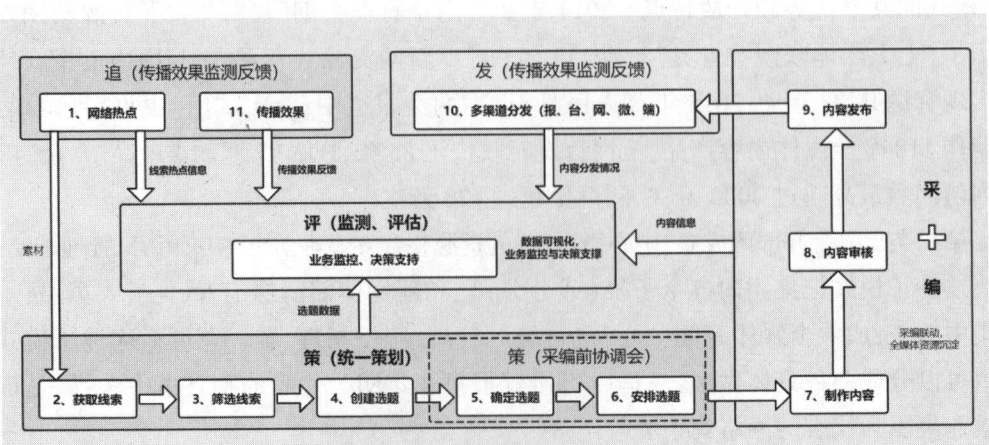

图 1.2　中央厨房运行逻辑

中央厨房的核心优势在于：

1.一次性采集，多平台生产

首先，中央厨房有统一的技术平台支撑；在"中央厨房"模式下，各媒体集团在集团层面共建共享平台，基于同一套数据底层资源开发新闻生产与分发系统，从而避免重复性建设，提高资源使用率。其次，中央厨房能够采取统一的采编制度；在"中央厨房"模式下，实现集中采访，将采访稿件上传到同一个系统平台上，经过统一采编系统，为共享资源供不同媒体使用，可以有效降低新闻采集成本和人力成本。然后，中央厨房能够实现多元化呈现，滚动式发布；"中央厨房"模式利用新媒体技术，通过多元化平台进行资源发布和内容呈现。同时，利用网络和移动平台，实现24小时新闻滚动发布。最后，中央厨房能够提供个性化定制；"中央厨房"模式下，各子媒根据自身需求选择报道内容、订制相应的新闻稿件，可以真正实现以受众需求为导向进行新闻采访和编辑。

2.精准化营销

"中央厨房"模式下，实现了新闻内容的精准化营销，兑现了产业价值，达成了线上线下协同经营。内容的编辑与分发以受众为导向，以新闻真实性为根本原则，按照不同媒体平台、不同层次受众、不同群体需求，将同一节目或新闻素材编辑成不同风格、不同类型，满足受众多层次、多类型需求的节目，打破了以往千篇一律甚至"千台一律"的节目编辑方式。以《人民日报》的报道为例，对于习近平讲话的报道，《有一种演讲，叫习近平范儿》一文，语言活泼清新，适合微博、微信等新媒体平台，非常符合青年人口味；《故事感人至深，演讲令人期待》一文，文字表述严谨、结构层次清晰，适合报纸等纸质媒体，符合传统受众需要。同时，这也体现了纸媒和"三微一端"在传播角色上的差异性。

3.全媒体传播

"中央厨房"模式下，节目全媒体报道、多终端推送的报道方式，改变了以往传统媒体报道方式的单一性，从以往历时态的"多端先后播"方式变成了共时态的"多端共播"方式。在"全媒多端"的播发方式下，传统的播发方式与全新的媒体平台相结合，形成报纸、广播、电视、网站、微博、微信、客户端、网络音频平台和网络视频平台等全媒体多终端的立体播发革命，获得了传统媒体无法比拟的受众用户群，极大地扩大了媒体单位（尤其是党媒党报）的覆盖面，提高了影响力。

三、技术架构

为了在融媒体场景下支撑中央厨房这种服务模式，各个传媒集团也探索出了自己的技术架构。我们对其进行了研究梳理、整合，给出典型的技术支撑架构如图1.3所示。

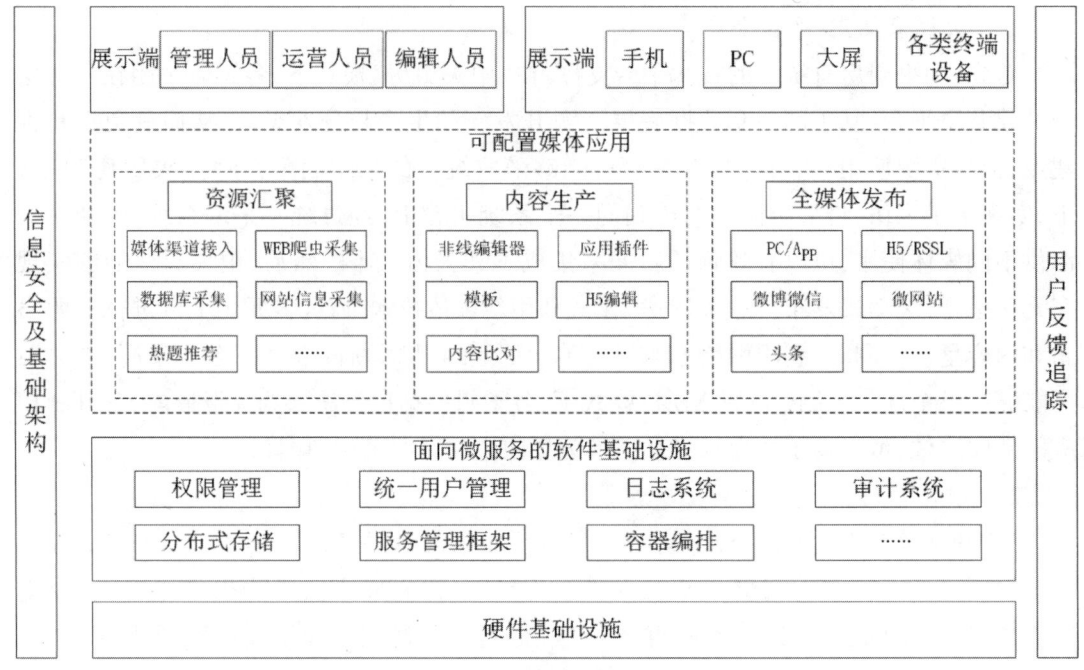

图 1.3 中央厨房技术架构

整体平台的云服务部分分为硬件基础设施、软件基础设施以及可配置媒体应用三层；云服务能够通过展示端来支持普通用户和专业用户进行访问；同时全程对用户反馈进行追踪，并部署了信息安全相关监控。

技术方案的关键是软件基础设施和可配置媒体应用两个部分。软件基础设施部分的核心思想是在面向服务的体系结构基础上构建微服务架构的支撑环境，来应对中央厨房的多样化服务需求；可配置媒体应用则是将融媒体场景下常见的软件池化为可配置的服务，方便应对机构用户所需的各类场景。

微服务架构是一种架构模式。它提倡将单一应用程序划分成一组小的服务，服务之间互相协调、互相配合，为用户提供最终价值。每个服务运行在其独立的进程中，服务与服务间采用轻量级的通信机制互相沟通（通常是基于 HTTP 的 RESTful API）。每个服务都围绕着具体业务进行构建，并且能够被独立地部署到生产环境、类生产环境等。另外，应尽量避免统一、集中式的服务管理机制。对具体的一个服务而言，应根据业务上下文，选择合适的语言、工具对其进行构建。微服务典型技术架构如图 1.4 所示。

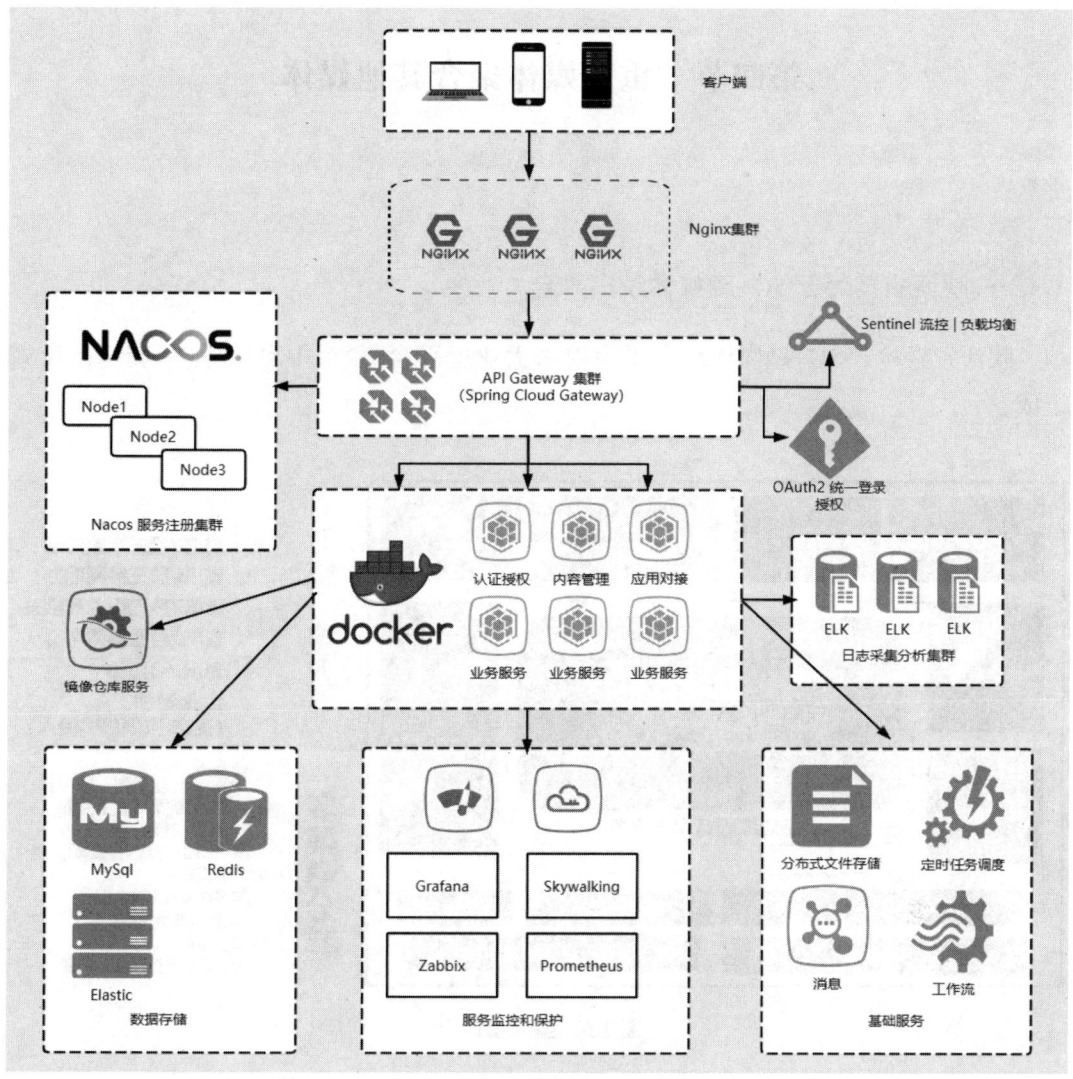

图 1.4 微服务典型技术架构

软件即服务(SaaS,Software as a Service)则是将非线编、H5 编辑、数据采集、用户行为分析、媒体发布等软件池化,提供即插即用的服务。传统软件操作流程烦琐,下载、解压、安装、定期升级、卸载时清理残留文件等节点均可能产生问题,造成用户体验不佳。随着互联网带宽扩展、前端技术成熟,SaaS 软件应运而生,只需在浏览器输入 SaaS 地址打开,便可使用其服务。

第四节 重点媒体聚合其他媒体

一、陕西省秦岭云 5G+融媒体统一平台

陕西省秦岭云 5G+融媒体统一平台由六大业务平台、六个中台服务、一套基础设施组成。

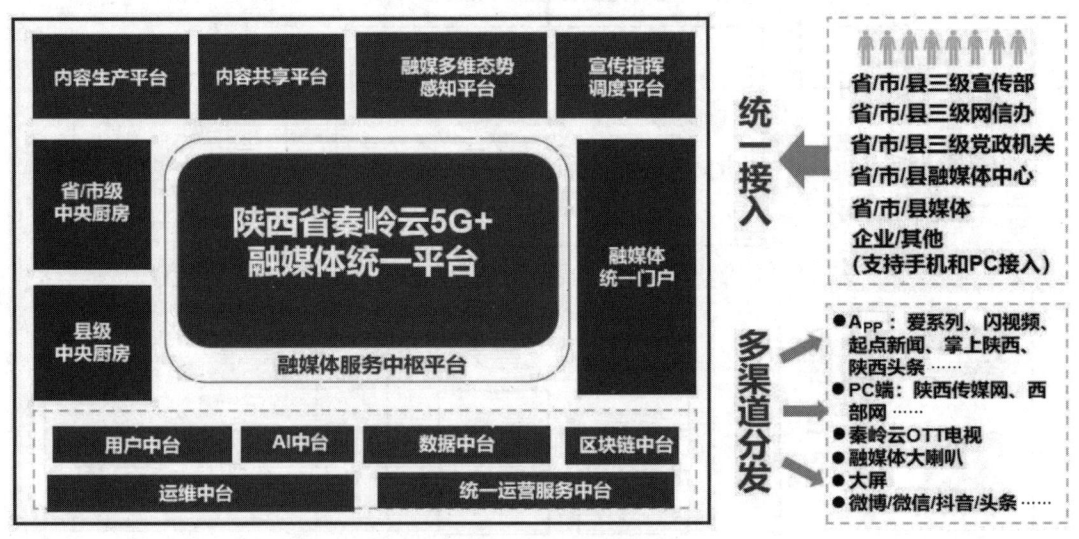

图 1.5 整体设计[5]

通过融媒体统一门户系统完成用户单点登录及各个子系统集成,形成内部用户统一登录,统一授权管理并形成后续能力开放中心。基于宣传指挥协同平台、内容生产平台、内容共享平台、内容分发平台、融媒多维态势感知平台、全媒体生产工具集为媒体用户提供"一站式,全流程"线上服务。

通过现有中央厨房系统提供的省级、市级、县级媒体生产个性化服务能力,对接集成省一网通办政务服务平台,将服务能力通过平台推送至不同终端用户,提高政务服务传播能力。

通过融媒体服务中枢平台,形成服务统一监管及调用,统一调用标准,减少交叉调用,确保服务接入安全。通过中枢平台对所有服务接口的注册及监管,确保服务调用可靠、安全。通过数据链路加密,保障数据在传输过程中不被篡改。统一形成外部系统对

接服务能力,形成企业的"中枢神经",提高外部系统对接效率和服务质量,确保对后续陕西广电融媒体中心整体服务架构进行无缝扩展。

对于公共服务能力及核心技术服务能力,形成中台体系,为平台提供通用服务,提高前台业务系统建设响应速度,建设用户中台、数据中台、AI中台等基础服务能力。持续沉淀基础服务,形成用户画像、文稿智能化分析、平台运营大数据分析、互联网数据自动采集、统一能力组件等服务支撑,保障后续统一建设、统一管理、统一升级,丰富能力底座服务。确保基础服务能力提供及监控,并提供平台整体监控及运维管理能力,确保系统正常运行。

二、对县级融媒体中心的支撑

平台可为县级融媒体中心开展媒体服务类、党建服务类、政务服务类、公共服务类、增值服务类等业务提供支撑,支持县级融媒体中心在内容、渠道、平台、管理、运营等方面的深入融合。

联合各县级融媒体中心建立共享联盟,加强与县级融媒体中心在内容生产、主题策划、运营活动等方面的深度合作,有效提升了县域融媒体中心策、采、摄、录、编、发等能力,实现"催化融合质变,放大一体效应"的目标,更好地发挥新闻宣传引导群众、服务群众的作用。

平台打通舆论传播的"最后一公里",按照"全时监控、快速响应、有效控制"的新时代舆论安全要求,省、市、县三级联动,通过对政府网站、报刊、微博、微信及互联网新闻客户端等全网平台数据的采集,实现实时抓取、自主监测、热点分析、舆情预警、事件追踪、舆情报告等核心功能,从而整合一手资源,实现对突发事件的快速响应,持续将重要信息第一时间精准推送。

平台既是各级融媒体中心的指挥中心、调度中心、大脑中枢与神经,也是采编团队的智能生产车间,在一个平台就可完成各大媒体平台新闻产品的内容生产、加工、发布,实现"一次采集、分类制作、定向推送、多屏分发"。

平台为省域内县级融媒体中心协同报道和协作联动提供支持,省域内县级融媒体中心对突发事件、重大活动报道的统一管理和联合报道,可实现指挥调度、联动。

构建以平台为中心的互联互通、统筹协同机制。以数据协同为驱动,省级广电为市县两级融媒体中心提供技术+宣传、技术+业态、技术+产业服务,利用省级融媒体中心技术平台、用户平台、用户数据库及运营体系,带动市、县两级媒体协同打造区域性融媒体平台,优化结构、整合资源、优势互补、集聚用户,发挥规模效应,实现省、市、县一体化发展,提高整体传播力、影响力。

第五节 对等媒体独立主体跨平台融合

通过前述案例库分析,我们发现还没有出现对等媒体独立主体跨平台融合的案例,现有案例都具有各方主体不对等的特点。或者,一方主体仅仅把另一方主体当成渠道。例如传统主流媒体在社交媒体上开设账号、发布内容。这时社交媒体(渠道方)并不会把相关用户行为信息完全反馈给传统主流媒体(内容发布主体),这将影响传统主流媒体进行大数据分析。或者,各方主体共享一个平台,但该平台是以某一个主体为主导。例如县级融媒体中心,是以媒体机构为主导,其平台与所在地区的政务系统、公共服务系统等共享。这就很难充分发挥政务系统、公共服务系统的作用。

虽然对等媒体独立主体跨平台融合的案例还没有出现,但随着全国大量融媒体中心的建设,已经有跨地域的媒体机构开始规划这种媒体融合模式,其中"全国县级融媒体服务调度平台"规划[6]应该是最具多主体融合性的。

全国县级融媒体中心服务调度平台将在中央厨房的基础上进行平台功能、能力的整体提升。整体平台部署在中国广电混合云架构之上,构建的宣传指挥调度平台为各级宣传管理部门提供一套覆盖全国各级融媒体机构的指挥调度平台;全媒体内容资源库为各级媒体单位、各县融媒体机构提供内容共享媒体资源库,实现全国各级媒体资源内容的互联互通;大数据多维度测评服务平台为各级宣传管理部门提供各级融媒体中心机构测评能力;中央厨房,按需为全国各级媒体、融媒体机构提供适合自身内容生产传播的中央厨房功能,同时复用相关能力于各县级融媒体中心;生产与协同平台通过统一门户将各业务系统以工作流方式串联起来,支持多系统多业务自动化流转;运营管理平台结合生产与协同平台将各业务系统进行统一管理。总体设计模式如图1.6所示。

全国县级融媒体中心服务调度平台运行时,将实现宣传任务指令下发、媒体单位宣传任务执行并反馈的闭环机制,提升全国宣传工作的管控能力。基于建立的中央、省、市、县(区)宣传指挥调度体系,中央宣传部可以向各省委宣传部以及中央媒体单位下发宣传任务,省委宣传部可以向市委宣传部以及省级媒体单位下发宣传任务,市委宣传部可以向下属媒体单位传达或者下发宣传任务。当有重大宣传任务下发时,服务调度平台可以向各级宣传管理部门以及各级媒体单位下发宣传任务,相关各级媒体单位在收到宣传任务后,将依据各自融媒体中心运行机制进行任务的执行和任务执行情况的反馈。

在日常工作中,各级媒体单位将依据各自的"策采编发"机制进行日常业务的运转,构建融媒体环境下资源汇聚、共平台生产、多渠道分发的新型媒体融合生产体系。同时,形成全国统一的内容共享交换体系,实现中央、省、市、县(区)四级媒体间线索、素材、稿

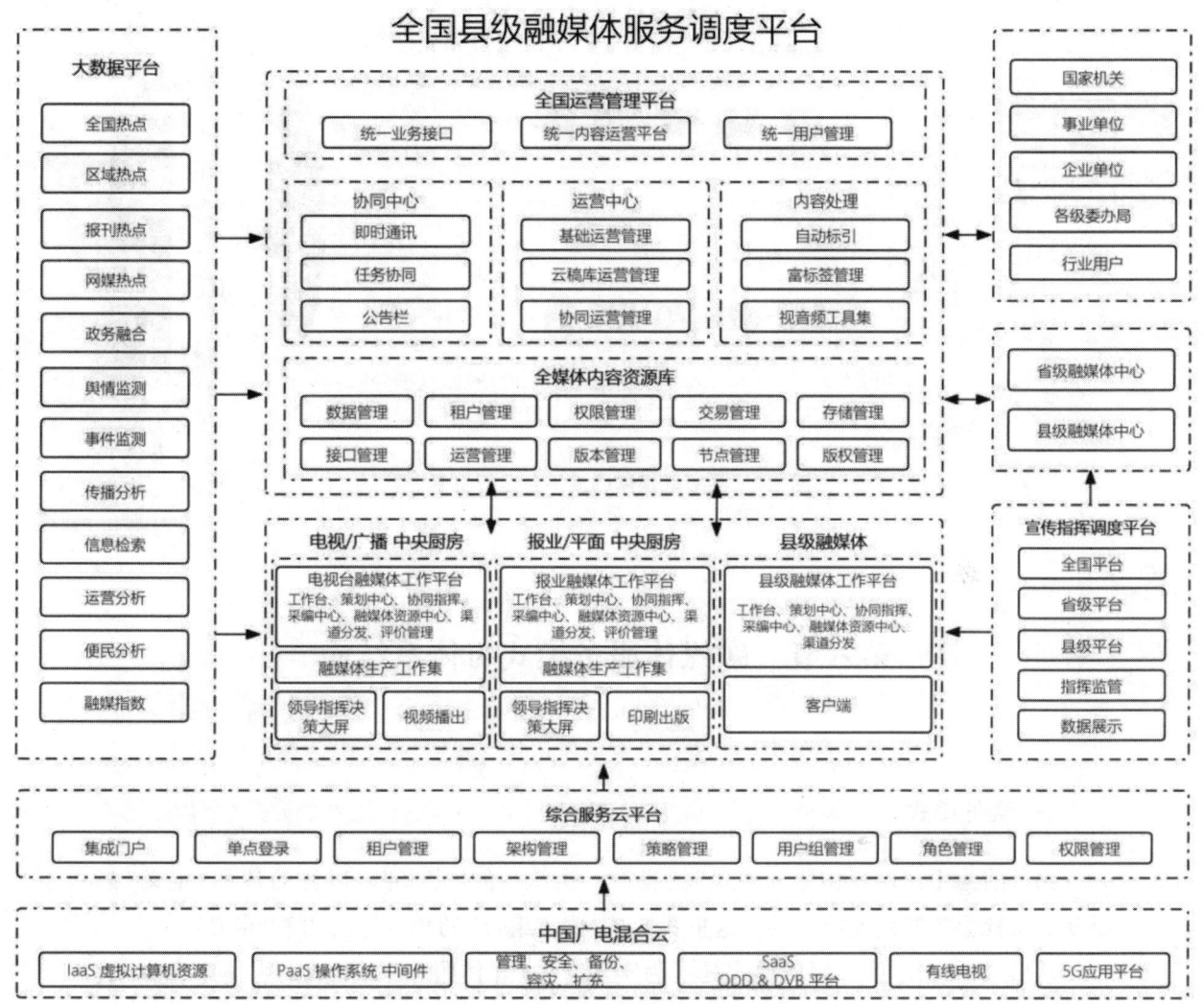

图1.6 县级融媒体调度平台总体设计[6]

件的共享,同时也能够联动各级媒体单位的渠道进行内容的分发,实现渠道的共享。并以此对接各类中央媒体平台、省级平台、商业媒体平台、社交媒体平台等外部渠道,形成内外渠道互助力的大渠道体系和全省宣传工作的大融合,使宣传声音得以更广泛地传播。总体业务运行机制如图1.7所示。

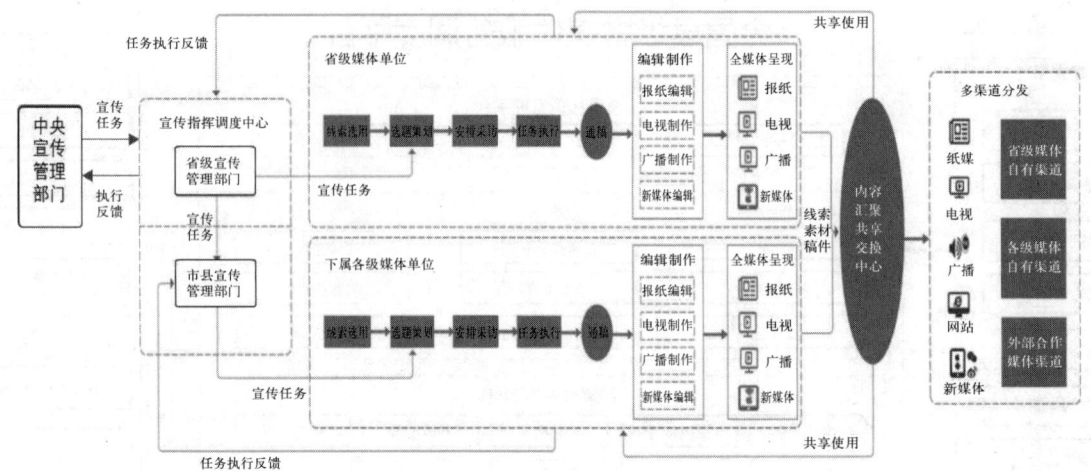

图 1.7　县级融媒体调度平台运行机制[6]

第六节　融媒体服务模式与体系结构

一、服务模式

到目前为止,"融媒体服务模式"还没有一个统一的"定义"。以往的各种"定义"都是从人文社会学的角度给出的。这里我们从"要素组合"的角度给出如下"定义":

从形式上说,融媒体服务模式是指为实现某种"媒体服务"而形成的媒体融合方式、服务业务过程、技术特色中各要素的组合。这里的"媒体服务"包括场景、业务和运营三个方面。

融媒体服务模式的"要素组合"定义方法,使融媒体服务模式的研究一改只能定性不易定量的现状,成为"可计算"的。

通过前述媒体融合的案例及其发展预测,我们总结出如图 1.8 所示的服务模式要素。图 1.8 中各维度要素项的任意组合都可以构成一种融媒体服务模式。下面将举例说明在"要素组合"的定义方法下,融媒体服务模式的"可计算"。

为了研究在当前条件下新服务模式的"可行性",即在当前媒体融合的实践中采用越多的服务模式越"可行",可以给出"服务模式的可构建性"概念。直观上,该概念指任意服务模式在所有现存案例形成的数据集中出现的概率。而以各服务模式为参数的联合概率模型为多项式分布。因为维度要素项的任意组合都可以构成服务模式,所以这种概

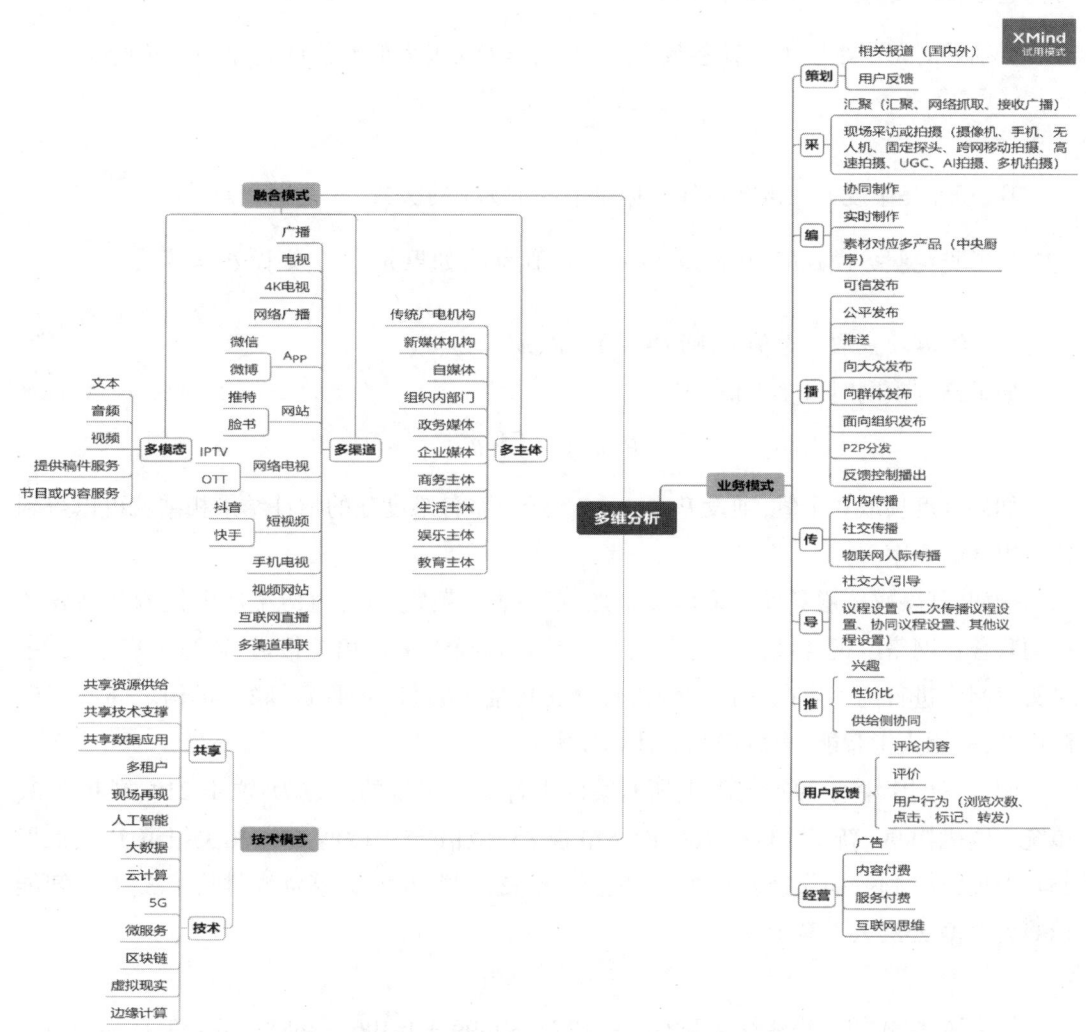

图 1.8　融媒体服务模式空间的维度

率模型参数量过大,估计和分析困难。因此我们以维度为参数对"服务模式的可构建性"作出如下定义：

服务模式的可构建性 $=\ln P(w_1,w_2,\cdots,w_n)$,其中 $w_k(k=1,2,\cdots,n)$ 是服务模式的维度参数,表示多模态、多渠道、多主体、策划、采、存、编、播、传、导、推、用户反馈、共享、技术等, P 为概率。

这里,我们把服务模式的可构建性定义为各维度项取值的联合概率的自然对数。为简单起见我们假设不同维度项是互相独立的,由贝叶斯公式得：

$$P(w_1,w_2,\cdots,w_n)=\prod_{k=1}^{n}P(w_k)$$

我们可以基于当前的媒体融合实践案例库,用极大似然估计法求解某种服务模式的可构建性,概率值越高可构建性越强。

分别针对每个维度项估计参数 $\hat{\theta}_{kl} = P(w_k = l)$,极大似然估计 $\hat{\theta}_{kl}$ 的定义如下:

$$\hat{\theta}_{kl} = \frac{n_{kl}}{N}$$

其中 n_{kl} 是维度 k 在该案例库数据集中的值为 l 的次数, N 为案例总数。

为了避免服务模式的 $P(w_1, w_2, \cdots, w_n)$ 值为 0,如果 $n_{kl} = 0$,则设 $\hat{\theta}_{kl} = \frac{1}{N}$;

如果维度项只取一个值 l,则 $P(w_k) = P(w_k = l) = \hat{\theta}_{kl}$;

如果维度项同时取多个值,则

$$P(w_k) = \prod_l \hat{\theta}_{kl}$$

如果维度项取 0 个值,则设 $P(w_k) = 1$。最后将各维度项的估计结果相乘就可以得到任意组合的概率。

例如,某融媒体服务模式采用文本加视频的多模态方式,由传统广电机构和新媒体机构联合在网络电视、微信、微博上发布。其内容线索来自相关报道,通过内容汇聚、中央厨房制作进行内容生产,向大众发布,社交传播,通过广告收费,联合机构之间共享资源供给,采用人工智能、大数据和云计算技术。

假设案例库中有 292 个案例,所有案例中各要素出现的次数为:文本 218、视频 273、传统广电机构 99、新媒体机构 106、网络电视 85、微信 158、微博 139、相关报道 138、汇聚 254、中央厨房 149、向大众发布 252、社交传播 62、广告 167、共享资源供给 143、人工智能 188、大数据 258、云计算 159。

$$\begin{aligned}
\text{服务模式的可构建性} &= \ln218 + \ln273 + \ln99 + \ln106 + \ln85 + \ln158 + \\
&\quad \ln139 + \ln138 + \ln254 + \ln149 + \ln252 + \ln62 + \\
&\quad \ln167 + \ln143 + \ln188 + \ln258 + \ln159 - 17\ln292 \\
&= -10.75
\end{aligned}$$

二、体系结构模型

融媒体服务模式的实施需要相应技术系统与管理系统。为此,我们抽象出面向不同种类融媒体服务模式的描述技术支撑、业务支撑和运营支撑的融媒体体系结构模型,并进一步对其分析和优化,从而在宏观层面指导各级各类融媒体中心的建设。例如融媒体服务模式为:

融合方式:对等独立主体跨平台融合;

业务方式：多独立主体、多渠道配合服务；

运营策略：共享资源供给、共享数据应用、共享技术支持、共享传播效益。

则融媒体体系结构模型需要对如下各方面的支撑进行描述（图 1.9 是媒体主体跨平台融合体系结构模型示意图）：

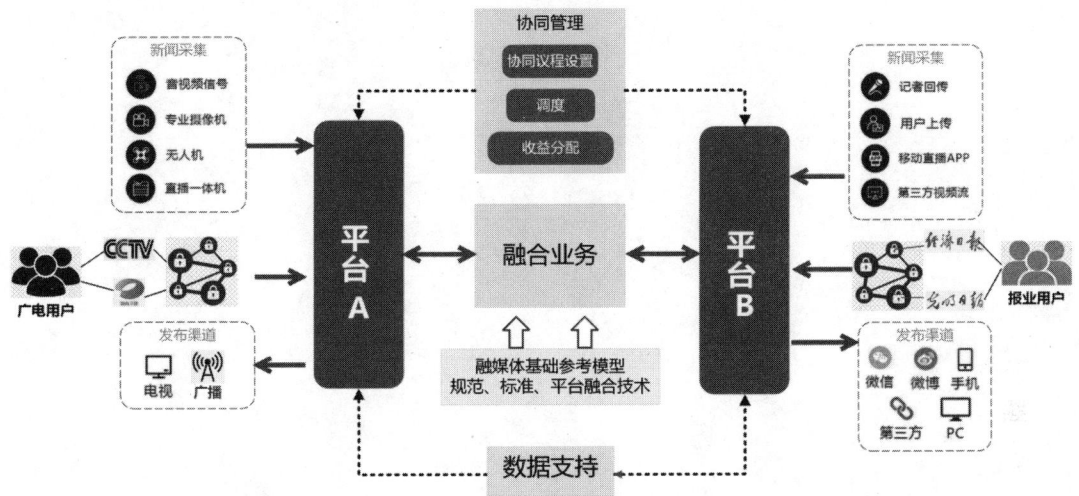

图 1.9　媒体主体跨平台融合体系结构模型

协作各方组织方式：
- 基于主体退出与加入的联合体功能可用性
- 各方主体资源受限共享性
- 多主体总体服务能力和管理复杂度的平衡性
- 多主体效益分成与成本分摊

技术支撑：
- 内容多模态

融媒体内容关联，多种媒体形态的自动生成。
- 采集、发布渠道多元化

融媒体移动网业务技术，数据智能驱动的内容全场景分发，基于区块链的内容共享和协同发布。
- 面向互联网的微服务架构

面对融合媒体分布式、跨平台带来的信息一致性与可用性的矛盾，构建融合媒体微服务架构技术支撑体系。按照规范化、松耦合的原则，以及传统媒体制播和互联网新兴媒体业务输出兼顾的方式，对平台架构和能力进行微服务模块化拆分和边界定义；支持微服务模块间协同工作机制和流程、微服务模块松耦合访问路由和安全访问控制。

运营支撑：
- 基于主体、渠道合作博弈的内容选择
- 基于博弈机制的渠道竞争
- 按影响力、公信力选择渠道
- 合作主体可用性发展趋势

第二章
面向多渠道同时服务的融媒体体系结构

要做到媒体融合,就要把各种渠道整合成一个有机体。各主体通过什么渠道获取需要的内容,渠道的畅通情况如何、获取的内容格式是否适用、成本费用怎样;哪些主体和哪些内容更适合发布到哪些渠道、模态是否兼容、发布成本如何等。这些都是媒体多渠道融合需要回答的问题。如图 2.1 所示,是面向多渠道的融媒体体系结构。

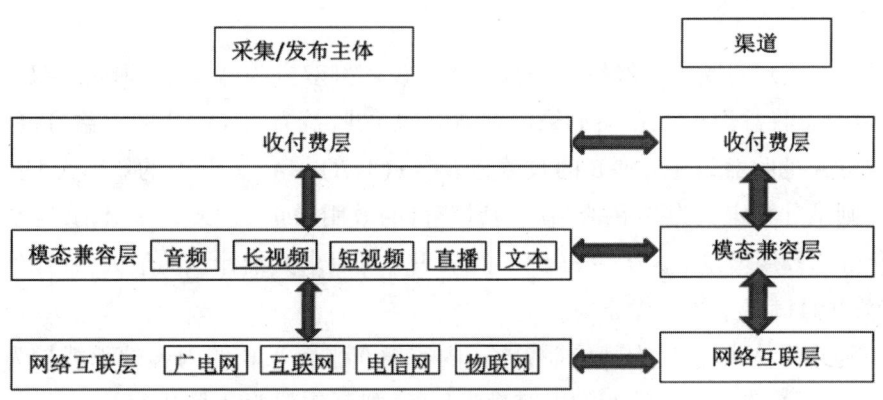

图 2.1　面向多渠道的融媒体体系结构

多渠道融媒体体系结构的优化目标是主体携内容与渠道相匹配。图 2.2 是互相匹配的几种情况。下面从多个主体同时选择同一渠道时的排他性竞争机制如何建立、渠道的影响力如何判断以支撑主体进行渠道选择、渠道为确保公信力如何判断虚假新闻、主体与渠道如何通过合作博弈确定发布的内容等方面论述优化方法。

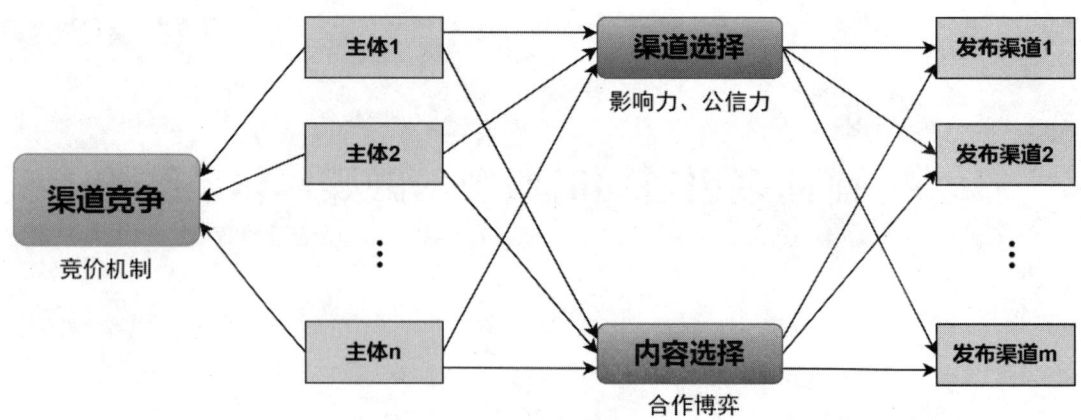

图 2.2 主体携内容与渠道的匹配

第一节 基于主体、渠道合作博弈的内容选择

基于双方谈判问题的一般模型进行分析。设谈判双方为 A 与 B,则如果双方谈判成功,所产生的总收益为 $v(A,B)$;如果谈判破裂,A 的收益为 $v(A)$,B 的收益为 $v(B)$。如果谈判成功 A 的收益为 A_p,则 B 的收益为 $B_p=v(A,B)-A_p$。设 A 的效用为 U_A,B 的效用为 U_B,则纳什积定义为 A 在谈判成功后获得的效用增量 $U_A(A_p-v(A))$ 与 B 在谈判成功后获得的效用增量 $U_B(B_p-v(B))$ 的乘积。可以求其纳什积的最大值,显然这是一个唯一解,并且满足集体最优原则。

设 A 为某媒体主体,B 为某传播渠道(内容发布平台),B 的内容的承载量为 n 条且已经全部占用,A 欲在 B 上发布的内容量为 x 条,则 B 需要为 A 腾出容量 x 条,从而渠道中原来内容剩余 $n-x$ 条。x 取多少合适呢?我们提出如下最优化模型。

在这一过程中,A 为媒体主体,其重点追求在 B 上所发布内容的传播力。B 为传播渠道(内容发布平台),其重点追求本发布平台影响力的提升。假设内容的价值可以用其对用户的吸引力体现,具体可以看作用户对内容的点击数。设 f 是 A 在 B 上发布的内容的传播力效用函数,g 是渠道 B 的影响力效用函数,它们都可用具体的点击数表达。则 A 在 B 上发布的内容与其效用之间的关系为 $x \to f(x)$。在 A 加入前,B 的效用为 $g(n)$,当 A 加入后变为 $g(n-x)+f(x)$。设 A 形成的传播力原来是 P,则当 A 在 B 发布内容后其传播力变为 $f(x)+P$。我们基于纳什积求其最大值,得到 x 的最优值:

$$\arg\max_{x}[g(n-x)+f(x)-g(n)]*f(x)$$

从上式可以看出,如果 $g(n-x)+f(x)-g(n) \leq 0$,即 A 与 B 的合作收益小于 B 单干的收益,则合作是没有意义的,这时得不到 A 在 B 上发布的内容量 x 的最优值。因此,这就要求 A 在向 B 投放内容的主题选择、内容生产等各个方面都应达到高质量,以保证其内容对用户的吸引力大于 B 上原有内容对用户的吸引力,从而使合作能够形成和保持。

上述策略实际上是一种多目标优化。这里,媒体主体与渠道主体的价值目标可能是不同的。例如媒体主体是主流媒体,渠道主体是商业媒体平台,前者希望提高新闻传播力,以传达主流声音,形成正确舆论场;后者希望提高渠道(平台)影响力,以吸引更多用户,实现更好的经济效益。上述策略只要高质量生产重要新闻(提高 f)并合理选择 x,以保证 $g(n-x) + f(x) - g(n) > 0$,就可实现两主体双赢,达成传播力、影响力的双目标优化。

表2.1 某新闻网站某个月的点击数据

置顶新闻条数	置顶新闻点击量	非置顶新闻前30条点击量
9	45,023	178,145
11	49,480	426,611
9	110,206	240,145
8	86,024	175,853
12	95,507	106,025
6	60,378	142,632
10	134,811	148,236
8	106,024	146,839
8	86,528	102,245
13	69,203	70,531
12	51,383	156,364
10	31,499	157,154
5	20,662	135,733
10	73,066	141,868
14	56,605	156,725
11	99,448	48,510
10	138,865	107,749
10	144,486	62,351
8	152,916	132,715
5	147,838	107,332
9	163,456	48,937
13	178,589	136,496
9	165,238	96,672
7	163,427	126,806
11	162,743	149,014
5	169,954	191,051
6	173,055	162,176
15	171,162	88,023
9	158,675	75,579
9	167,292	27,596

下面举一个简单的例子。表 2.1 是某著名新闻网站某个月的用户点击数据。实践中可以认为 $g(x)=kx$，k 为常数。假设网页首页有 30 条新闻，计算得到置顶新闻条数与首页新闻总点击量对照关系如表 2.2 所示。可以看出选择 6 条重要新闻置顶比较合适。

表 2.2　某新闻网站置顶新闻条数与首页新闻总点击量

置顶新闻条数	首页新闻总点击量
5	233,405.7778
6	238,639.7
7	220,644.9333
8	210,109.2
9	212,806.9667
10	186,859.8
11	235,652.1667
12	152,161.7
13	182,553.65
14	140,191.6667
15	215,173.5

第二节　基于博弈机制的渠道竞争

当多个媒体主体为了发布内容竞争同一个渠道(或发布平台的某些显著位置)时，渠道可以基于博弈论的各种博弈机制，通过计算来确定应对方法。例如可以采用基于博弈机制 VCG 的渠道竞价方法，以控制这种竞争。VCG 机制通俗地讲就是，由于你获得了渠道的这个排他的位置，造成了竞价该位置的其他人的损失，该损失值应由你向渠道补偿。该补偿值由点击量的差值乘以每次点击的点击价值确定。例如，假设发布平台上有两个显著位置 1、2，每个位置可以发布一条内容。位置 1、2 每小时平均点击量为 100、50，媒体主体 A、B、C 各带一条内容共三条内容竞争这两个位置，A、B、C 平均每次被点击的收益(如新闻传播力)为 20、10、5。

假设 A 不参加竞争，B 和 C 分别占用位置 1、2，其总效用为 $100 \times 10 + 50 \times 5 = 1250$，如果 A 参加竞争并占用位置 1，B 和 C 的总效用为 $50 \times 10 + 0 \times 5 = 500$。

因为 A 的竞价，B 和 C 总效用损失 $1250 - 500 = 750$，但 A 在发布平台上发布的这一条内容能够提高发布平台的影响力，并且提高的影响力折合的效用值为 v，而 $v \geq 750$，则发布平台的该位置安排 A 这一条内容是合理的，否则应考虑 B 或 C 的内容安排。如果

A、B、C 的这一条内容所提高发布平台的影响力均不能超过对应的总效用损失值,则选择提高发布平台的影响力与对应的总效用损失值最接近位置 1 的安排方案。不妨假设安排方案是 A 占用位置 1,而 $v<750$,则 $(750-v)\div100$ 是在发布平台上点击一次 A 发布的内容,A 应该补偿给发布平台的效用值,今后可以通过 A 在发布平台上发布能够提高发布平台影响力的内容进行冲抵。

第三节 按媒体机构影响力选择渠道

2021 年 10 月 12 日国家网信办公布了《互联网新闻信息稿源单位名单》(后面简称白名单)。名单中有 1389 家新闻媒体,其中开设微博账号的央级媒体 247 家。因为很难获得白名单中媒体机构的全面数据,所以难以准确评估它们的影响力。在微博上开设账号的 247 家央级媒体,我们可以通过对其微博账号中的互相关注行为进行分析,从一个侧面对它们的影响力进行初步评估。

微博网络具有全面性和开放性特点,且"多模态"+"多渠道"模式已经在主流媒体中推广,所以微博上的信息一旦从某个主体发布,就不单单局限于在各主体关注与被关注关系之间传播,而是在整个微博网络以及官方网站上进行传播,同时也会在网页或微信上进行同步。这种传播方式和各大媒体之间的关注关系,与实际的融媒体网络相似。所以以媒体的微博网络关注关系作为融媒体网络的结构关系来进行分析是具有一定合理性的。

一个媒体从多家获取新闻线索(该媒体关注的媒体),并向多渠道发布新闻(关注该媒体的媒体是该媒体发布新闻的渠道)。通过对白名单中开微博的 247 家央级媒体互相关注形成的关注网,计算每家媒体的 PageRank 值,PageRank 值高的媒体(结点)是影响力更强的传播渠道。图 2.3 是微博用户中 247 家央级媒体关注关系网,表 2.3 是根据图 2.2 计算得到的各媒体的 PageRank 值的排序情况。可以看出排名前十的媒体依次为:人民日报、新华社、央视新闻、新华网、人民网、中国政府网、中国新闻网、外交部、环球时报、共青团中央。这里利用 PageRank 值评估社交网络结点影响力只是一个简单地说明媒体渠道影响力可计算的例子。目前已发展出了多种更实用的社交网络结点影响力的计算方法。

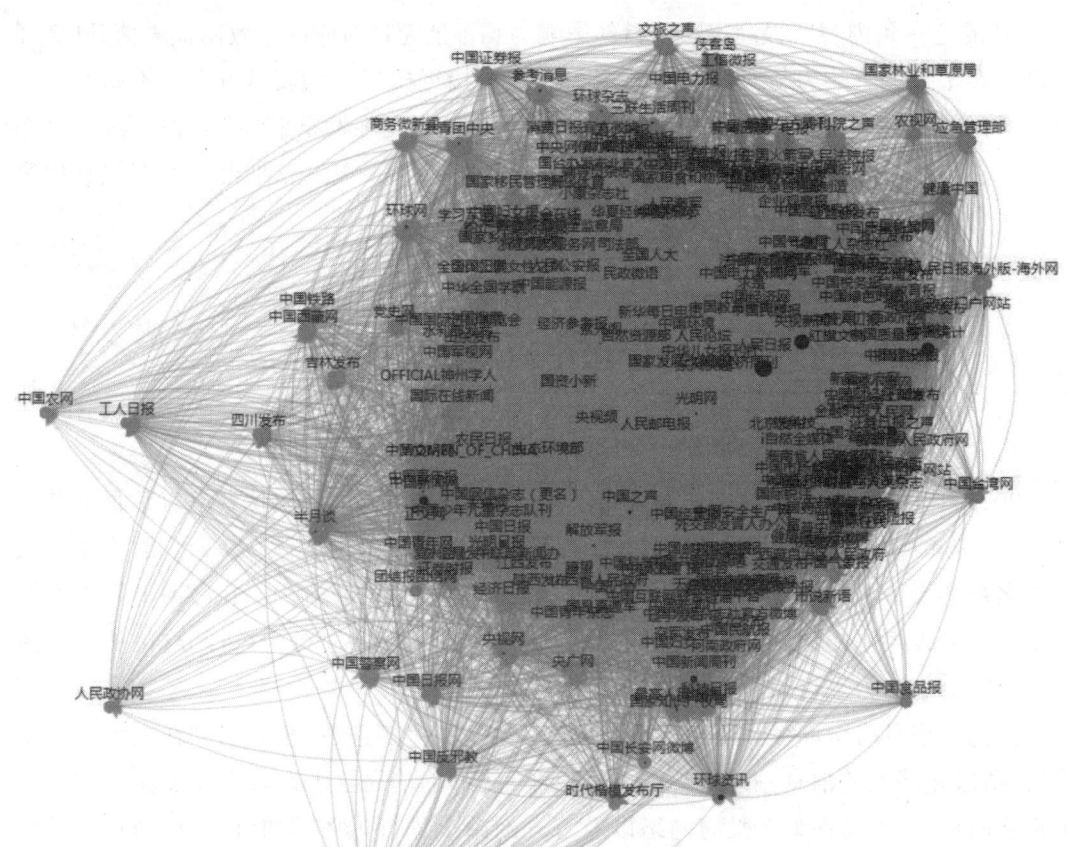

图 2.3　微博用户中 247 家央级媒体关注关系网

表 2.3　根据图 2.2 计算得到的各媒体的 PageRank 值的排序情况（前 20）

媒体编号	媒体名称	媒体微博 ID 号	PageRank 值排序
2	人民日报	2803301701	1
45	新华社	1699432410	2
3	央视新闻	2656274875	3
77	新华网	2810373291	4
0	人民网	2286908003	5
82	中国政府网	5000609535	6
21	中国新闻网	1784473157	7
98	外交部	1938330147	8
38	环球时报	1974576991	9
61	共青团中央	3937348351	10
86	国资小新	2752396553	11
57	中国日报	1663072851	12
88	中国之声	1699540307	13
64	光明日报	1402977920	14
65	央视网	3266943013	15
84	解放军报	2280198017	16
51	中国青年报	1726918143	17
75	最高人民法院	3908755088	18
76	中央人民广播电台	1867571077	19
73	环球网	1686546714	20

第四节 发布内容选择——新闻的可信度认知与计算

随着社交网络被大众广泛使用,信息的数字化传播方式潜移默化地改变了公共媒体空间的整体结构。人们可以通过微信、微博、自媒体等各种网络平台便捷地获取大量信息。但在享受这些便利的同时,大众也必须面对一些别有目的的信息传播所带来的一系列问题,如过滤气泡、虚假信息、政治分化和仇恨言语等。

例如,在2016年美国总统大选期间,一条关于选举的虚假新闻在世界范围广泛传播。虚假信息的影响范围已经扩展到了全球。此外,Covid-19疫情暴发以来,其相关信息也成为了全球互联网错误信息的主要话题。

在网络与社会现实的不断交互下,"后真相"现象也不断增多,反映出当前网络舆论场域一种不信任、无法形成共识的状态。针对数字化信息的定量分析与自动检测成为一个亟待解决的社会问题。为了能够更快更好的解决这一问题,"认知安全(Cognition Security, CogSec)"这一概念被提出并定义为通过了解人与虚假新闻之间的互动模式、认知行为、社会影响与传播机制,来探索识别虚假新闻、维护人类认知安全的有效途径。[7]

除了上述提到的内容,人工智能技术的发展对数字化信息的识别与审核提出了更高的要求:从原先人工创作到人机协作或机器生成文本、图像和音视频内容。例如,通过深度伪造技术(Deepfake)生成真实人物从未说过的音频或篡改真实的视频内容。这类内容被一些别有用心之人用于伪造政客言论和不实证据,严重影响了公众舆论和政治局势。

综上所述,公共空间数字化转型对舆论形成、传播过程和大众认知安全都具有重大影响。为了能够在巨量数字化信息中保护大众安全,需要计算机科学、语言学、社会学、心理学、法学、神经科学、认知科学以及脑科学等多角度的综合研究。

一、认知安全防护

认知安全和认知安全防护的定义如下:[7]

定义1 认知安全:指虚假新闻对人类认知的潜在影响,包括错误认知、不实知识获取、有偏见的决策等。

定义2 认知安全防护:致力于有效干预,确保人的认知安全,包括认知机制研究、信息传播模式挖掘、虚假新闻早期检测、恶意机器人检测等技术。

在我们的调研过程中发现虚假新闻并不能代表造成当前网络环境中有害现象的数字化信息。表2.4总结了包括虚假新闻在内的现有研究涉及到的数字化信息的相关

概念。[8-12]

表 2.4 现有研究工作中出现的相关概念

概念	定义
虚假信息	无意传播的不实或不准确的信息
误导信息	故意传播的不实或不准确的信息
错误信息	不实信息,且通常传播阴谋理论
虚假新闻	可证实为假的新闻文章
谣言	未经验证的信息,真实性未知
信息疫情	关于病毒起源和疗法的错误和真实信息的混合;特别指在 Covid-19 疫情期间的现象
宣传信息	指用于影响选民和政治议程的信息
标题党	通过夸张、不实的标题欺骗网络用户并诱使他们点击
断章取义	从现有信息中仅选择对作者论点最有利的信息
仇恨言论	通过滥用性恶意信息对特定人群表达偏见和威胁
网络欺凌	利用数字技术在社交媒体等平台上进行欺凌的形式,可能包含错误信息、谣言和仇恨言论
引战言论	社交媒体用户故意用激烈的言辞挑衅,引起别的用户进行无意义的争论的行为
草根营销	竞选中参选方制造海量传播讯息,并将其伪装成己方候选人支持者的发言
社交机器人	是一种用于模拟社交网络上的人类行为的程序
讽刺	虚假信息,通常具有强烈的政治含义

这里我们将认知安全的概念进行扩充,将虚假新闻延伸至无效信息,并将无效信息定义如下:

定义 3 无效信息:在网络平台中发布的信息,且至少包含以下情况之一:a)没有包含实质内容;b)包含不实内容;c)具有恶意目的;d)包含未经验证的内容。

虽然在现有的研究中还没有发现直接研究认知安全防护领域的工作,但现有的一些相关学科和任务已经有了不同程度的进展,其部分成果如下:

(1)社交机器人

社交机器人能够通过特定程序或算法模仿真实用户的社交行为,且具有一定自主决策能力。Salge 等人指出,推特中有约 8.5%的账户为社交机器人,它们频繁参与新闻、热点事件、商业交流等社交活动。[13]社交机器人最初是为了自动地为用户提供真实新闻和信息而提出的,但最近有越来越多的社交机器人传播谣言与有害信息,加剧了舆论冲突。

(2)回音室效应

指在一个相对封闭的网络环境中,一些观点相近的声音不断重复,令处于相对封闭环境中的大多数人认为这些观点就是全部的事实。而该封闭网络外部的任何信息,都很难在这个网络中传播或者不会到达这个网络中。推荐算法的兴起进一步加剧了回音室效应。当用户总在浏览自己喜欢的信息时,其认知行为会被潜移默化地影响。例如,Barberá 等人发现,政治话题的信息主要在具有相似意识形态偏好的用户之间传播。[14]

在社交网络中,高度同质化的回音室效应会降低人们识别无效信息的能力,从而助长无效信息的传播。

(3)媒体可信度

Jamieson 等人的研究表明,新闻媒体在报道事实的同时,经常会考虑政府的影响、受众偏好、赞助商喜好等因素。[15]即媒体由于主观性而无法公正、客观地报道新闻事件,这是认知偏差的一种表现形式。在各方面的综合影响下,网络媒体往往不经过核实就发布报道,这为无效信息的传播提供了机会。

(4)虚假新闻和谣言识别

用户的认知局限性和社交媒体平台特性等因素导致了虚假新闻和谣言的传播。传统的虚假新闻和谣言通常以文本模态进行传播。然而,网络社交平台的发展使其拥有了更多的模态,从而具有更强的吸引力和更大影响力。

(5)虚假评论

指评论者对产品或服务发表的内容与自身真实感受不一致的评论。[16]评论者发布虚假评论的主要动机是获得情感补偿或财物等,如商家出于不良竞争的目的雇佣利益团体中的用户发布虚假评论。评论是网络口碑的主要传递途径,为用户提供参考意见,帮助他们了解产品或服务的优势与不足,同时可以使商家进行有针对性的改进。而真实用户对于虚假评论的识别能力往往较低,难以识别出带有欺骗性质的评论内容。[17]

(6)文本生成检测

文本生成模型已经可以生成类似人类语言风格的文本,特别是在语法、流畅性、连贯性和对知识的使用方面。文本生成模型已经应用在故事生成、对话回复生成、代码自动补全等多个任务中。然而文本生成模型也面临着被恶意使用的情况,如虚假新闻、虚假产品评论和垃圾邮件的生成。

二、关键技术

1.认知机制

以内容交互为核心的网络用户行为,如发布、转发、点赞等,会极大地影响数字化信息的传播和影响力。了解网络平台上大众分享、转发等行为的机制对他们的认知安全防护至关重要。

神经科学一直被广泛应用于人机交互的相关领域。其领域内的相关研究为大众认知安全防护提供了许多理论基础。例如,Dmochowski 等人发现相对文本人们观看视频时大脑活动更加活跃。[18] Falk 等人的研究表明小群体的个体神经反应可以用来预测大规模群体的行为。[19] Hasson 等人则发现,不同个体的大脑在观看复杂场景时,表现出高度一致的行为倾向。[20]

同时还有一些研究旨在学习社交网络中的信息分享机制。例如,Scholz 等人[21]提出了一个神经认知框架来理解信息分享的机制。他们发现分享操作和用户自我表达与强化社会联系的动机有关。Hodas 等人通过分析人格类型、情绪、大脑反应以及人们分享的内容类型之间的联系,发现用户的分享行为可以通过性格和当时的情绪状态来预测。[22] Falk 等人通过观察用户翻阅信息时的神经反应,发现个体在信息分析的初始过程中会产生更剧烈的心理活动。[23]

除了神经科学领域外,Lewandowsky 等人从心理学角度,通过观察用户对错误信息的记忆程度,研究认知因素在识别错误信息中的作用。并将大众在面对错误信息时的认知问题分为持续影响效应、说服难度、倾向接受自己的知识和对错误信息的接受四类[24]。

2. 基于内容特征的关键技术

尽管网络媒体平台上数字化信息包含许多社会语境内容,但建立可靠的识别系统所必需的主要特征来源于直接从信息内容中提取特征。而基于内容特征的关键技术可以分为文本表征分析、心理语言学因素分析和多模态表征分析。

(1)文本表征分析

现有网络无效信息的识别通常依赖于文本内容中的写作风格或语言特征(如词汇特征、句法特征和主题特征等)。最直接的文本表征方法是将识别任务视为文本分类问题,并使用 RST[25]、LIWC[26]和 text-CNN[27]等技术进行研究。例如,Egele 等人[28]使用七个文本内容特征对网络信息进行建模,然后,通过判断之后发布的信息是否偏离了已创建的模型来检测社交机器人。

此外,真实的信息往往会引发用户悲伤、快乐和信任的情感,而虚假新闻往往会引发公众的惊讶、恐惧和厌恶。Alonso 等人提出了一种融合多种情感特征提取器的虚假信息检测方法。[29]

(2)心理语言学因素分析

心理学相关研究表明,基于事实的陈述在内容和质量上都与虚构的陈述不同。写作风格特征旨在用可量化的特征来识别不同的内容风格。Potthast 等人[30]就利用真实新闻和虚假新闻在写作风格上的差异,提出了一种用于检测虚假新闻的元学习模型。Marouf 等人针对网络不当言论数据集,使用 LIWC 工具构建了六种不同心理学因素特征。[31]

(3)多模态表征分析

带有视觉内容的信息要比纯文本信息传播的速度更快,并且越来越多的信息通过图像进行传播,已经有大量研究聚焦于预测带有误导内容多模态信息。

Garimella 和 Eckles 从 WhatsApp 收集了 2500 幅图像样本,并进行了标注。他们根据这个数据集进行了不同类型的图像识别研究,如断章取义的图像、篡改图像、误导图像等。该研究还发现,带有暴力因素的图像比其他图像信息传播的速度更快。[32]

Volkova等人提出了使用文本、视觉和词汇特征检测误导信息的模型。[33]Zlatkova等人通过比较文本和图像之间不同特征组合的表现来完成关于图像声明的真实性判断任务。[34]Wang等人在分析了社交媒体中的图像推文后,发现带有篡改图像的推文会有更高的用户参与度。[35]

3.基于信息传播的关键技术

建立信息传播的模型有助于分析无效信息的传播机制,并为阻止无效信息的扩散提供理论依据和技术支撑。在社会学、物理学和计算机科学中,社交网络中的信息传播一直是研究热点之一。信息传播建模、信息源检测和影响力最大化分析等研究都为大众认知安全防护提供研究路径与可靠方法。

(1)传播机制

社交网络中的虚假信息往往会导致社区内的同质化和社区间的两极分化,且虚假内容传播的早期阶段往往表现为病理模式。Friggeri等人通过分析Facebook(现已改名为Meta)上的谣言传播发现,在社交平台中,谣言比普通信息的扩散深度更深。[36]Liu等人发现真实新闻和虚假新闻的传播模式存在明显差异。[37]

为了理解社交网络的脆弱性,提高用户对虚假新闻的应变能力,Wang等人提出了一个多变量跳跃传播引导框架。该框架对舆论的传播动态进行建模,引导舆论达到理想状态。[38]Martins等人提出了一个观点传播模型CODA,将用户的不同观点视为离散变量,将每个观点建模为连续的观点函数,目标用户根据邻居观点的贝叶斯描述来决定是否改变自己的观点。[39]Yang等人为了描述用户角色之间的交互及其对信息传播的影响,提出了角色感知的信息传播模型。[40]Gilani等人通过分析真实用户和社交机器人在推特上发布和转发的行为,发现社交机器人在信息传播中起着非常重要的作用。[41]

(2)关键节点影响机制

Morone等人将渗透理论引入到社会网络影响节点发现中,发现大量弱连接(低度)节点可以成为最优影响者。[42]Amati利用动态转发图中节点的度、亲密度、之间度和PageRank中心度来寻找推特中最有影响力的用户。[43]Qiu等人结合网络嵌入、图卷积和注意力机制提出了一个基于深度学习的影响力预测框架,学习用户潜在的社会表征来评估其社会影响。[44]

(3)影响机制

社交网络用户是否会被影响,取决于其相关社区的组成部分和结构,而不是社区的规模大小。因此,以目标用户的邻居为代表的不同社会环境和影响可以被认为是社会影响的驱动机制。Kramer等人的研究证明了Facebook中每个用户的情绪都会受到其他用户的影响,[45]这为大规模的社会影响和传染提供了实验基础。

Abebe等人从人们心理敏感性变化的角度研究了信息传染的过程,并提出了一个社会观点的动态模型,综合利用群体观点的最大化和最小化来影响社会舆论。[46]Messias等人则从影响力的角度出发，提出了恶意社交机器人的行为策略，包括定期发布某个热门话题的推文、不同的发布间隔和内容完整性。[47] Abokhodair 等人通过分析社交机器人的发布行为、社交结构、群体行为特征和影响网络，发现社交机器人如果拥有更多类似人的社交行为，其传播影响力就会提高。[48]

4. 基于社交行为技术

社交行为主要包含用户的发布、转发、评论和点赞数等操作以及这些操作的时间信息。分析和挖掘现有网络平台中的社交行为数据具有重要价值。

Ma 等人利用时间序列的社会语境特征来检测网络谣言。[49] Jin 等人通过挖掘评论中支持或反对意见，提出了一种用于谣言检测的可信度传播网络模型。[50] Ruchansky 等人通过结合信息的文本特征、用户评论和发布者特征，提出了基于 RNN 的虚假新闻检测模型。[51] Shu 等人通过研究发布者、信息内容和用户之间的社会关系，提出了一个用于对人与内容的交互进行建模的关系嵌入网络，并将该模型用于检测虚假信息。[52]

Boshmaf 等人利用社交机器人与人类用户在好友数、发文时间间隔、发布内容和账户属性等方面的差异特征，提出了一种基于随机森林的社交机器人检测方法。[53] Haustein 等人分析真实推特用户和社交机器人在转发科学类文章方面的差异，发现社交机器人在涉及主题、来源等方面的转发时往往没有主题聚焦的特性。[54] 此外，Varol 等人发现，与人类用户相比，社交机器人的社交行为选择更加随意，它们与真实用户之间的双向交互更少。[55]

5. 新兴技术

目前最先进的文本生成模型已经能够生成接近人类语言风格的文本，特别是在语法、流畅性、连贯性以及对现实世界知识的使用上。文本生成模型的发展使其能够服务于各种各样的应用，包括故事生成、对话回复生成、代码自动补全等。然而，文本生成模型也可能被滥用，如虚假新闻生成、虚假产品评论生成和垃圾邮件等。Gao 等人发现 Twitter（现已改名为 X）中 63% 的无效信息是基于模板生成的。[56] 因此，构建能够最大限度地减少文本生成模型误用带来的威胁的工具是很重要的。

表 2.5 列举了现有的一些典型的文本生成模型。[57] 对于语言模型任务，可以在特定领域的语料库上对这些训练过的文本生成模型进行微调，以生成适配各自领域的文本。例如，Adelani 等人对 GPT-2 模型在产品评论的特定领域进行微调，生成了模仿真实用户评论风格的虚假评论。[58]

表 2.5 文本生成模型

模型	数据来源	前缀输入	生成内容	解码方法	可能的威胁
GPT-2	互联网文章集	文章开头	文章的剩余部分	top-k	—
GROVER	新闻文章及其元信息	文章的元信息或正文	内容补全	top-p	虚假新闻
微调 GPT-2	产品评论	真实产品评论	产品评论	top-k	虚假产品评论
GPT-3	Common-Crawl	三篇以前的新闻文章和一篇需要生成文章的标题	需要生成文章的内容	top-p	虚假新闻

而在最近 GROVER 的相关研究中,有研究者发现从文本生成模型中检测虚假信息的最佳模型还是其模型本身。此外,RoBERTa 检测器可以泛化到在其预训练期间未看到的数据源上,该检测器可以在推文中准确地识别出机器生成的推文,性能表现远远超过了传统的机器学习模型和复杂神经网络模型。同时,在检测由文本生成模型生成的新闻文章和由微调的 GPT-2 模型生成的产品评论任务中,RoBERTa 检测器也优于现有的模型。

三、挑战与未来

虽然在大众认知安全防护这一新兴研究领域内还没有针对性的研究,但相关学科和相似任务的研究已经为该领域研究提供了初步的理论基础和技术支撑。今后,这一领域仍有许多研究挑战与实际问题需要解决,下面将讨论其中一些急需解决的问题。

(1)对于大众认知安全防护,首先要了解人类对无效信息的认知机制。而认知机制的研究涉及认知科学、心理学、神经科学等多个学科。针对当前网络媒体平台的发展,需要深入研究具体的认知问题。例如,个体认知对群体行为的影响;满足用户认知偏好的无效信息的特征;社交行为对个体认知的影响等。

(2)信息传播模型和影响力模型是人类社会的一种普遍现象,它有助于社会网络中观点动力学、行为塑造和认知偏好的研究。因此对社交网络上有影响力的用户进行评估,最大化地提高其在信息传播过程中的影响力,有助于中断无效信息的传播进程。这就需要加快研究在新的网络媒介中信息的传播理论,以及真实信息对大众的快速影响最大化机制。

(3)网络媒体平台中的信息通常具有极高的时效性,平均传播时间不超过三天,且无效信息的传播往往在早期阶段就会造成极大的影响。因此,无效信息的早期发现是一个重要的课题。尽管对虚假新闻的早期发现这一相似任务已经进行了一些研究,但其性能表现仍有待提高。

(4)随着深度学习和大规模预训练模型成果的应用,现有的模型研究通常只给出相关任务的结果,而针对结果的决策依据几乎没有解释。然而,无效信息挖掘过程中的可解释性以及模型透明性对于说服大众具有不可替代的作用。随着可解释机器学习的发展和知识图谱的引入,深度学习模型也具有了一定的可解释性。但为了能够更好地获取大众的信任,如概率图模型、基于复杂规则的知识图谱和人机交互机制等可解释技术依旧需要进一步探索。

四、多语言、多模态的可解释虚假内容检测方法

通过对虚假内容检测领域的相关学科和相关任务研究现状的调研发现,融合多学科理论及方法有助于发现更加有效的辨识特征,并能在一定程度上提高模型结果的可解释性。因此,我们从多学科角度出发研究了多语言、多模态的可解释虚假内容检测方法,其整体结构如图2.4所示。

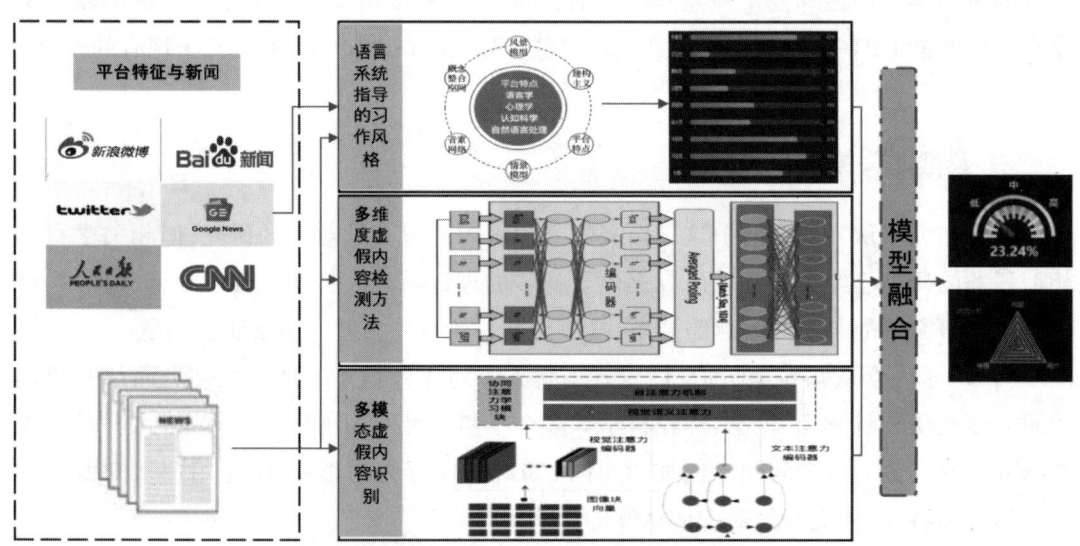

图 2.4　多语言、多模态的可解释虚假内容检测方法

1.多维度虚假内容检测方法

在新闻传播学中,"传播者(Who)、传播内容(Says What)、传播媒介(In Which Channel)、受众(Whom)和传播效果(With What Effect)"精要概述了新闻的主要构成要素。而随着新闻体裁以及媒介的演化,后续有学者在上述要素的基础上提出应当增加一个要素,即如何(How),组成"5W+1H"的新闻六要素。[59]在网络平台环境中,如果以严格定义进行划分,数字化信息内容并不属于传统的新闻格式。但随着网络媒介的兴起,新闻行业为了适应融媒体环境,其报道体裁也逐渐更加适应现有的网络平台风格。所以,虽然网络数字化信息与新闻表现方式不完全相同,但对于文本分析来说,新闻要素角度的提炼有助于快速发现文本内容的核心特征。因此,我们以新闻六要素"5W+1H"为出发点,构建文本内容真实性评估的多维度特征。同时有心理学的相关研究指出,确认偏差、过

度自信等心理认知机制,会使人们对信息缺乏多角度、客观的解读,对信息的解读拥有极强的主观性,进而导致对信息内容真实性的错误认知。有学者从心理学的角度研究发现,基于事实经验的陈述在内容和质量上都不同于来自虚构的陈述。[60]相关理论的支撑使通过文本内容特征和写作风格来判断文本信息的可信度成为可能。

基于以上研究与发现,针对文本虚假内容检测,我们选择内容、情感和写作风格三个主要维度来进行特征量化,提出针对融媒体环境下文本虚假内容检测的多维度融合方法(Multi-dimensional facticity evaluation method,MDFM)。整体结构如图2.5所示。

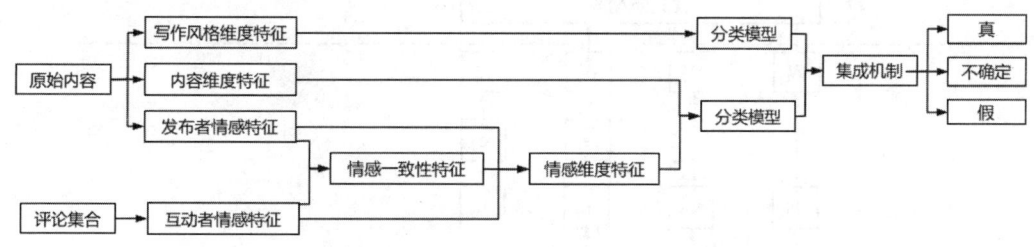

图 2.5 基于多维度融合的文本虚假内容检测方法结构

该方法的输入内容为一段文本内容和其对应任意数量的评论,输出结果为文本内容的真实性标签。其形式化定义如公式2.1所示:

$$L^* = f(P(L \mid I, C^*; \theta)) \tag{2.1}$$

其中,I 为输入的文本内容,C^* 代表与输入文本对应的任意数量的评论集合,其中所有的输入语句都为中文。P 代表预测标签在文本内容和评论集合输入下的分布。f 为分类模型。

近年来,用于解决自然语言处理分类问题的模型基本都以深度神经网络技术为主导,对输入内容进行特征建模,并通过标注数据集对模型中的参数进行有监督训练,具体计算如公式2.2所示。

$$\theta^* = \arg\max_{\theta} \sum_{I, C^*} P(L \mid I, C^*; \theta) \tag{2.2}$$

根据标签的类别数量,文本真实性评估任务可以分成两类:二分类和多分类。我们主要研究的是二分类的文本虚假内容检测任务,但为了能够在现实生活中实际使用、增加模型的泛化性,通过对模型预测置信度处理后,我们在原先二分类基础上增加一个分类,即"无法确定"。该类别包括现实生活中一些常见的现象,比如最近数量不断增多的反转报道,在一定阶段下,该类型新闻没有明确的虚假标签。

考虑到融媒体环境下文本信息内容长度不一、包含多个短文本语句等特点,我们提出了融合 ERNIE 和优化后的 DPCNN(Deep Pyramid Convolutional Neural Networks)模型的内容维度特征提取模块。整体结构如图2.6所示,主要包括输入层、ERNIE 层和 DPCNN 层三个部分:

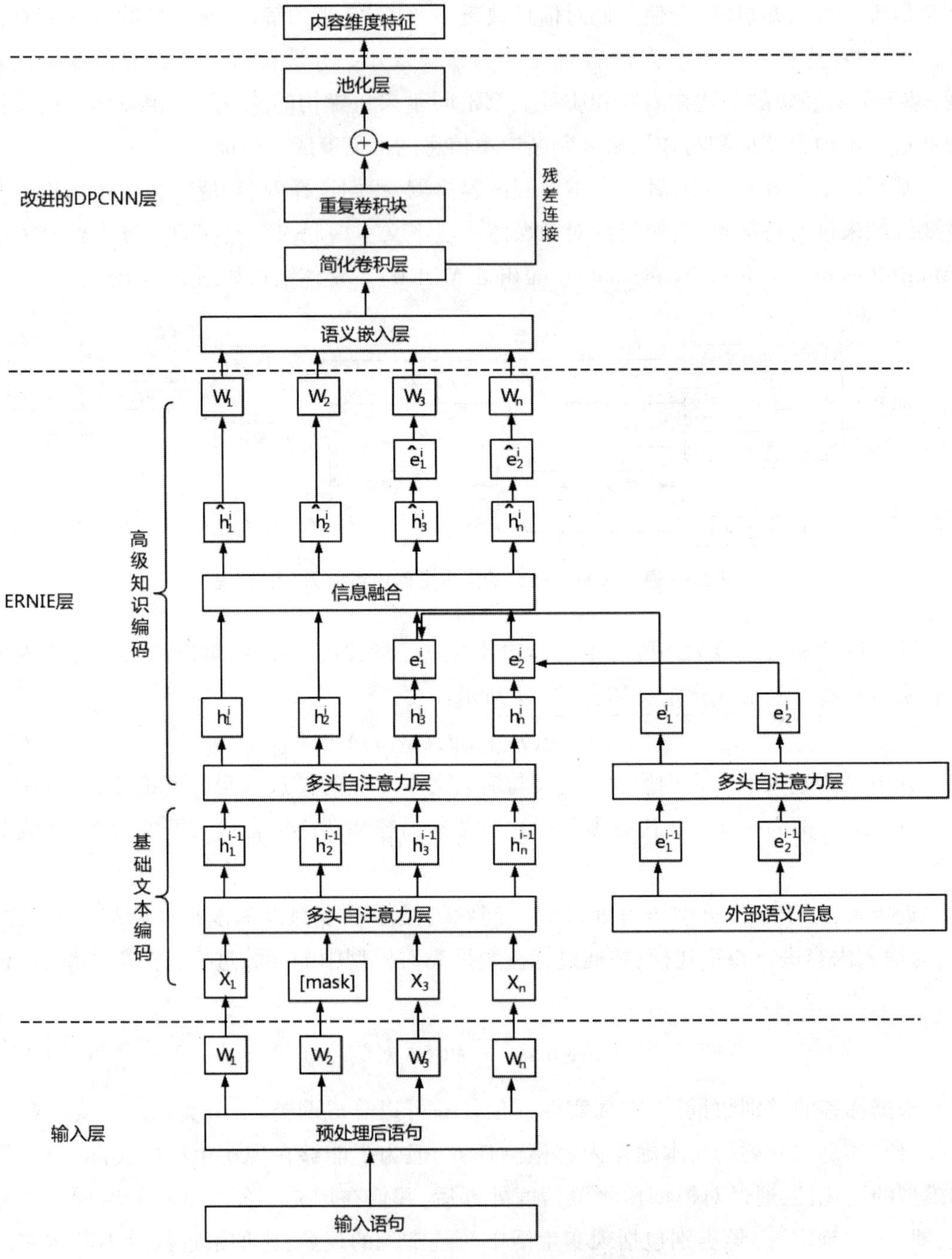

图 2.6 内容维度特征提取模块

输入层主要是将原始数据集中的内容转换为模型可接受的输入格式。首先将数据集中原始条目转化为大小为(batch_size, sentent_max_size)的词嵌入表示 $\{W_1, W_2, \cdots, W_n\}$,其中 batch_size 为每个批次的训练样本大小,sentent_max_size 为模型可以接受句子输入的最大序列长度,这里,该长度为512。

ERNIE层主要利用大规模预训练语言模型ERNIE来提取输入内容的知识增强的语义特征表示,主要使用了Transformer编码器的部分,具体编码单元结构如图2.7所示。首先将输入向量矩阵I通过位置编码后得到矩阵X。再如公式2.3-2.5所示,通过与各自权重矩阵W_q、W_k、W_v相乘以获得词语之间的相互关联程度,得到查询矩阵Q、键矩阵K和值矩阵V。

$$Q = XW_q \tag{2.3}$$

$$K = XW_k \tag{2.4}$$

$$V = XW_v \tag{2.5}$$

然后将查询矩阵Q与键矩阵K相乘,并将乘积的结果除以键矩阵的秩d的算术平方根,以保证训练过程具有更稳定的梯度,从而获得新的关联度表示。最后经过分类器归一化后对值矩阵V加权求和,将关联程度与语义相结合,得到自注意力层输出。具体计算如公式2.6所示。

$$Self - Att_{output} = softmax(\frac{Q * K}{\sqrt{d}}) * V \tag{2.6}$$

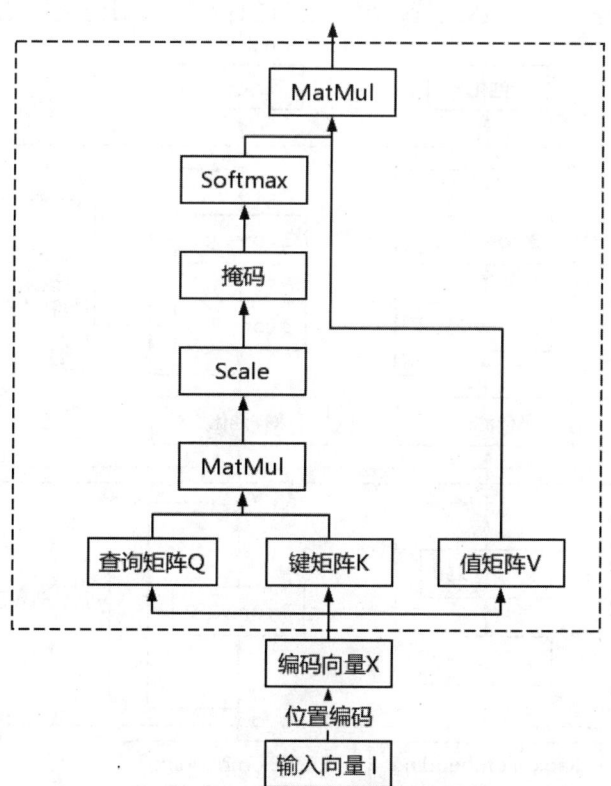

图2.7 Transformer编码单元结构

ERNIE 层利用多层 Transformer 编码单元，通过矩阵间的计算来获取需要关注的信息，同时抑制其他无用信息，并用自注意力机制获取每个词的特征表示。ERNIE 层由基础文本编码模块和高级知识编码模块堆叠组成。基础文本编码模块由一个多头双向的 Transformer 结构构成，用于获取输入语句的基础词汇和基本语义信息。该层采用了 BERT 15%的掩码策略，对获取的语义内容进行初步的掩码。高级知识编码模块则负责将外部的知识信息融入到模型当中，多头注意力层对基础文本编码模块的输出 $\{h_1^{i-1}, h_2^{i-1}, h_3^{i-1}, \cdots, h_n^{i-1}\}$ 与外部语义 e_1^{i-1}, e_2^{i-1} 信息输入分别进行处理，经信息融合后得到新的语义信息输出 $\{\hat{h}_1^i, \hat{h}_2^i, \hat{h}_3^i, \cdots, \hat{h}_n^i\}$ 与语义信息输出 $\hat{e}_1^i, \hat{e}_2^i$。

ERNIE 层的最后一层的输出作为 DPCNN 层的输入特征。其输出维度为(batch_size, hidden_size)，其中 hidden_size 为 ERNIE 层中隐藏层的数量。

图 2.8 展示了 DPCNN 层中针对原始 DPCNN 模型的优化操作。原始的 DPCNN 模型由无监督词嵌入层作为输入，然后对一个文本区域或片段(如 3-gram)进行一组卷积操作后生成区域词向量(Region embedding)；卷积层由两个等长卷积操作组成，在每个卷积层中加入线性修正单元(ReLU)作为激活函数，增强神经网络模型的非线性，减少参数的相互依赖关系，同时加快网络训练速度，防止梯度消失，缓解模型过拟合的问题；池化层以尺度大小为 2 进行下采样，达到特征缩放的目的；卷积层与池化层之间采用残差连接，

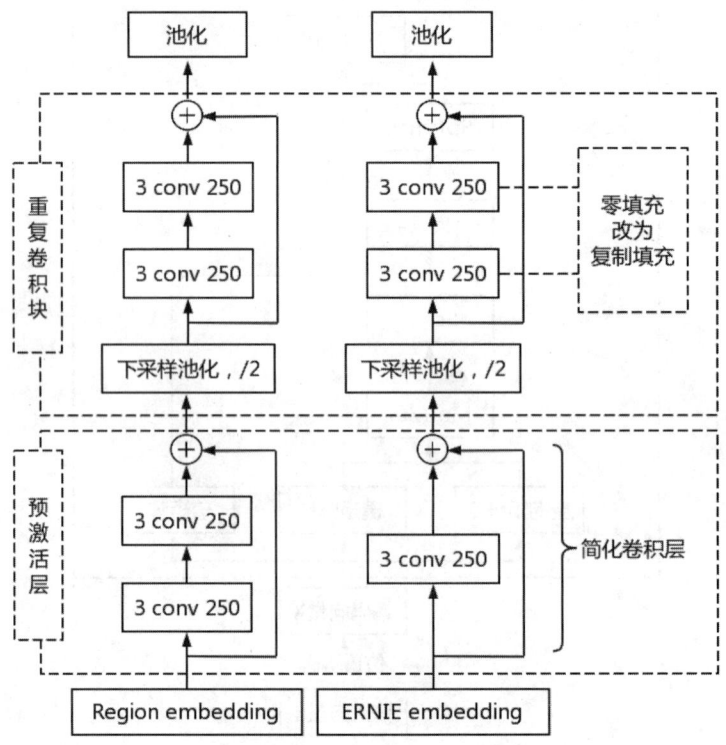

图 2.8 DPCNN 改进对比结构图

在每个等长卷积操作后增加一个恒等连接构成一个残差块。这一方法增加了多尺度信息,并极大地缓解了梯度消失的问题。DPCNN 模型通过堆叠卷积层和采样层,形成特征缩放金字塔,达到特征维度缩放的目的,并有效获取文本的长距离的依赖关系。最后将 DPCNN 的特征输出经过最大池化操作得到整个文本的内容维度特征表示 T_c。

综上所述,内容维度特征提取模块的具体算法步骤如下:

步骤1:将数据集进行预处理后形成输入文本,记为 W = $\{w_1, w_2, \cdots, w_n\}$,其中 w_i(i=1,2,…,n)表示文本的第 i 个字。

步骤2:将每个 w_i 输入到 ERNIE 层转换为相应的 ERNIE 词向量 W,即经过多层双向 Transformer 编码单元后,将输入文本 I 进行序列向量化表示,输出文本 $W_i = (X_1^i, X_2^i, \cdots, X_j^i)$,其中,$X_j^i$ 表示第 i 句中第 j 个词的词向量。每句中的词向量用拼接运算符进行拼接,得到词向量矩阵 $W = X_1 \oplus X_2 \oplus \cdots \oplus X_n$。

步骤3:如公式 2.7 所示,将 ERNIE 层输出的词向量矩阵 W 作为优化后的 DPCNN 层的输入,获取最终的内容维度特征表示 T_c:

$$T_c = \mathrm{maxPool}(W * K + b) \tag{2.7}$$

其中,K 是卷积操作;b 为偏差;maxPool 为最大池化操作。

为了适应融媒体环境下网络信息强交互的特点,我们在考虑文本信息的内容情感特征的同时,融合了评论内容的参与者情感特征以及评论内容与发布的文本内容之间的情感一致性特征。图 2.9 展示了获取这三类特征的整体结构。有研究发现假新闻和真新闻之间有独特的情感信号,验证了新闻真实性与情感之间存在联系:虚假的新闻往往有更加强烈的情感信号。基于此,我们提出了三类情感特征,这三类特征的具体获取流程如下。

内容情感特征是从文本内容中提取的情感类别、情感词典、情感强度、情感得分和其他辅助特征。其中,情感类别、情感强度和情感评分提供了全局情感特征信息,另外两类提供了词级的情感特征信息。

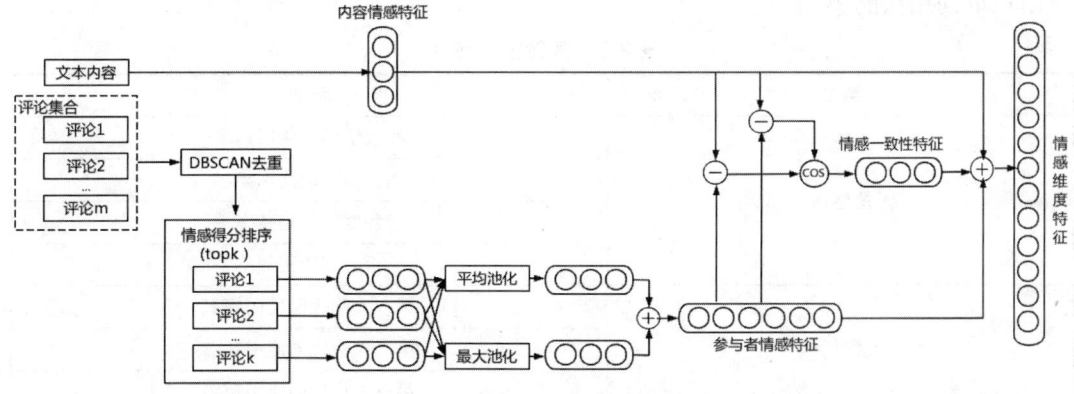

图 2.9 情感维度特征提取模块

我们使用公开的情感分类模型来获取情感类别特征。情感分类模型的输出是给定输入文本的情感的可能性概率。对于给定的输入文本 I 和分类模型 f，输出情感类别 $emo_T^c = f(I)$。

一个文本的内容往往会使用几个特定的情感词来表达发布者的特定情感。因此，接下来将详细说明基于情感词典提取情感特征的方法。该方法依赖于由专家标注的现有情感词典。假设情感词典为 E，包含 LE 个情感，每个情感 e 有 L_e 个词。

给定输入文本 I，我们将每个单词和整个输入文本的分数汇总到所有情感中，以获得更好的情感表示。如果文本 I 的第 i 个词出现在情感词典 E 中，不仅要考虑其出现频率，还要考虑其上下文词（左侧词）的情感极性，即正面词或负面词。具体计算如下：

对于情感 e，首先如公式 2.8 所示计算词级分数：

$$s_d(w_i, e) = neg(w_i, e) * \deg(w_i, e) \tag{2.8}$$

然后如公式 2.9 计算文本级分数：

$$s_d(I, e) = \sum_{i=1}^{L} s_d(w_i, e) \tag{2.9}$$

最终如公式 2.10 计算获得情感词典特征：

$$emo_T^{dict} = s_d(I, e_1) \oplus s_d(I, e_2) \oplus \cdots \oplus s_d(I, e_{L_e}) \tag{2.10}$$

情感强度与情感特征与计算情感词典分数类似，通过词典的词级分数计算词级强度分数。对于情感 e，其词级强度分数、文本级强度分数和最终情感强度计算分别如公式 2.11-2.13 所示：

$$s_{\text{int}}(w_i, e) = \text{int}(w_i) * s_d(w_i, e) \tag{2.11}$$

$$s_{\text{int}}(I, e) = \sum_{i=1}^{L} s_{\text{int}}(w_i, e) \tag{2.12}$$

$$emo_T^{\text{int}} = s_{\text{int}}(I, e_1) \oplus s_{\text{int}}(I, e_2) \oplus \cdots \oplus s_{\text{int}}(I, e_{L_e}) \tag{2.13}$$

情感分数直接采用百度平台的情感分析 API 获取给定文本的情感分数 emo_T^{api}。

其他辅助特征 emo_T^{else} 如表 2.6 所示，主要包含情感词和人称代词的使用频率，以增强对用户单词用法的感知。

表 2.6 其他辅助特征

类型	特征
情感词	积极情感词使用频率
	消极情感词使用频率
	程度词使用频率
	否定词使用频率
人称代词	第一人称代词使用频率
	第二人称代词使用频率
	第三人称代词使用频率
其他（仅适用于英文数据集）	大写字母使用频率

基于上述五个类别的情感特征，获取最终的内容情感特征的计算如公式 2.14 所示。

$$emo_T = emo_T^c \oplus emo_T^{dict} \oplus emo_T^{int} \oplus emo_T^{api} \oplus emo_T^{else} \tag{2.14}$$

由于不同的信息会产生不同数量的评论，我们经过调研现有的网络平台内容发现，大多数情况下参与度较高的文本信息会拥有大量一样或相似的评论。因此，我们首先对评论进行删选，然后从删选后的评论中提取评论内容情感，最后将它们聚合为整体的参与者情感特征。

假设一条信息对应的评论 L_M，记为 $M = [M_1, M_2, \cdots, M_i, \cdots, M_{L_M}]$。

首先，我们使用 DBSCAN 算法，[61]一种基于密度的空间聚类算法，在选择之前减少冗余。DBSCAN 可以删除类似的注释和重复的单词，使评论内容更加紧凑。

对于每一个评论 M_i，按照 emo_T 的方式计算 emo_{M_i}。

其次，根据情绪得分对所有评论进行排序，并选择排名靠前的评论，直到超过输入长度限制（内容特征中 ERNIE 可以接受的最大长度的两倍。这样处理是为了避免评论的内容大于发布文本的内容，导致特征偏移）。

将删选后的每个评论的情感向量进行叠加，如公式 2.15 得到整个评论的情感特征向量：

$$emo_M = emo_{M_1} \oplus emo_{M_2} \oplus \cdots \oplus emo_{M_{L_m}} \tag{2.15}$$

最后通过聚合两个不同池化操作来生成整个评论列表的参与者情感，具体计算如公式 2.16–2.18：

$$emo_M^{mean} = \text{meanPool}(emo_M) \tag{2.16}$$

$$emo_M^{max} = \text{maxPool}(emo_M) \tag{2.17}$$

$$emo_M = emo_M^{mean} \oplus emo_M^{max} \tag{2.18}$$

为了建模信息内容与评论之间的情感的一致性关系，通过公式 2.19 计算内容情感和社会情感之间的相似性。

$$emo_{consis} = cosin(emo_T - emo_M^{mean}, emo_T - emo_M^{max}) \tag{2.19}$$

情感维度特征由内容情感、参与者情感和情感一致性级联获得，如公式 2.20 计算所得：

$$T_{emo} = emo_T \oplus emo_M \oplus emo_{consis} \tag{2.20}$$

由于网络虚假信息通常是为了短期经济利益或政治目标而吸引用户注意力，对与用户建立长期关系并不看重，因此此类信息更喜欢使用非正式和情感丰富的语言进行表达。该维度特征可以很好地摆脱对内容含义的依赖，表示其内容形式。鉴于上述研究发现，我们采用这一特征作为文本真实性评估的主要维度建立分类模型。

针对输入，首先使用 python 的 jieba 库以及百度开放平台 API 进行预处理，具体操作包括句子分割、句法分析、分词和词性标注等。然后针对处理后的文本结合心理学、认知

科学和话语语言学理论,提取以下八个写作风格维度的特征:[62]

专业性维度为话语七要素中的信息性。该维度主要通过计算词共现网络(简单词汇重复和复杂词汇重复)、句法结构和句间逻辑结构进行计算,同时结合不同平台的特征,增加对应统计学的先验值。例如,Wu 等人最近的研究表明,在微博谣言的识别中,@ 符号和#符号的数量有着辨识度很高的特征表现。[63]

交互性维度为话语七要素中的意图性。该维度主要以心理语言学中的风景模型为主,采用语义网络的群组激活和连贯性推理进行计算。

趣味性维度为话语七要素中的互文性。采用认知语言学中的概念整合空间,集合隐喻和各心理空间的动态匹配和整合进行计算。

完整性维度为话语七要素中的连贯性。除了传统自然语言处理中的句子数量、平均句子长度和非中文字符数,还考虑了不同语言中的修辞结构理论和语言学中的广义话题流水模型。

逻辑性维度为话语七要素中的衔接性。该维度属于表层语篇元素,具有语法依赖性特征,因此使用斯坦福语法分析器从基于上下文无关语法(CFG)树的生成规则中取一组特征。CFG 生成的特征由所有词的生成规则(包括子节点的规则)及其父节点和祖父母节点组成。

动人性维度为话语七要素中的可接受性。在该维度,结合 LIWC 汇总的大量词汇,采用心理语言学中的建构主义理论,进行意图一致性、连贯一致性、词义联想网络进行计算。

可读性维度为话语七要素中的可接受性。该维度依赖提取的表示文本可理解性的特征,如字数、复杂词、长词、词类等,通过 BLEU-N 进行计算。

可信性维度则采用传统的文本分类模型,如支持向量机、随机森林等进行预测。

由于内容维度特征和情感维度特征都是基于深度学习技术提取的,因此其融合的方式可以多种多样。如图 2.10 所示,我们将这两类特征级联操作后,通过多层感知器(Multilayer Perceptron,MLP)和 SoftMax 完成最终文本内容真实性的预测。

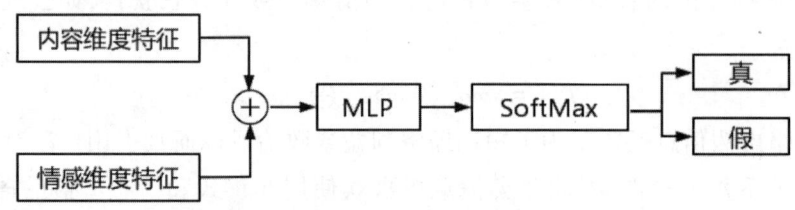

图 2.10　内容维度特征与情感维度特征融合框架图

大量的研究表明,集成策略可以实现比单一模型更好的性能,同时基础模型的多样性也至关重要。因此我们采用投票的集成方法,将三个维度特征进行融合,其集成融合框架图如图 2.11 所示。

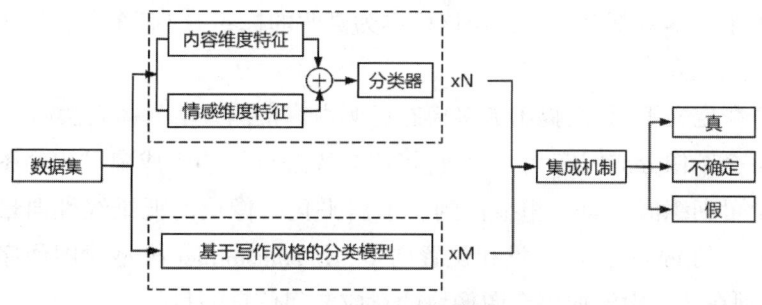

图 2.11　多维度特征融合框架图

为了使模型更好的适合真实场景,我们在预测阶段通过公式 2.21 对模型预测的置信度进行处理,使最终的预测包含不确定标签:

$$Y = \begin{cases} 真, P_{true} > 0.7 \\ 假, P_{fake} > 0.8 \\ 不确定, else \end{cases} \quad (2.21)$$

2. 多模态虚假内容检测方法

随着社交媒体的快速发展,网络创作者开始更多地创造更具吸引力的图像和文本来吸引更多的用户。这一现象也带来了一个不可避免的有害影响,因此在社交信息和报道上的虚假内容检测方法需要在考虑文本的同时也要考虑图像内容。早期的研究方法基本只使用了几种基于融合的技术来从多模态数据中检测虚假内容,但对模态的个体特征关注较少。

我们通过一个基于 Transformer 的多级注意力方法来完成多模态的虚假内容检测,该方法由三个主要模块组成,分别为基于视觉注意力的编码器、基于文本注意力的编码器和基于协同注意力的学习。整体结构如图 2.12 所示。

该任务的形式化定义

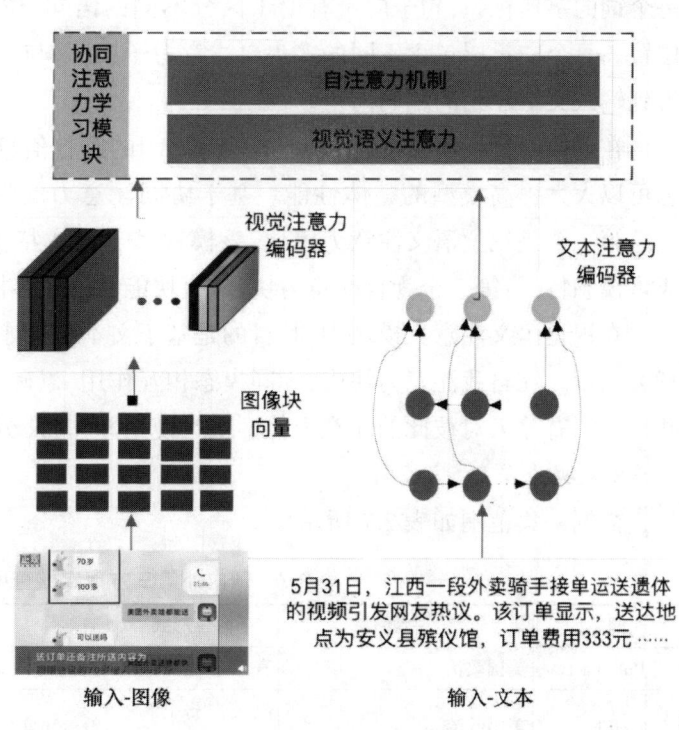

图 2.12　多模态虚假内容检测

为,给定一组多模态样本 $S = \{s_1, s_2, \cdots, s_n\}$。每个样本 $s_i \in S$ 包含 m 个单词的句子和对应的图像。每个样本 s_i 都有一个标识该样本为真假的标签 L。任务是预测未见样本的正确标签。

在上述任务定义下,我们提出的多模态虚假内容检测方法具体做法如下。

首先将每个图像分成固定大小的块,将这些块进行拉伸生成扁平化的图像块。并将这些块与一个可训练嵌入向量相乘得到一个扁平化图像块的低维线性向量。同时通过添加一个可训练的 token 标记向量和位置向量,使 Transformer 模型对图像序列有完整的认识,从而达到在序列中添加每个图像块的对应空间信息的目的。

然后将生成的图像块向量作为基于 Transformer 的注意力编码器的输入,从中学习抽象特征。对于视觉数据,采用 Vision Transformer 作为骨干网络。编码器模块主要包括多头自注意力模块、多层感知机层(MLP)和层正则化操作。自注意力机制的优势是可以从整个图像中捕获全局信息。因此,多头自注意模块将输入分为多个头,每个头可以学习和理解输入的抽象表示的不同特征,再结合所有头的输出,将它们传递到 MLP 层。为减少网络的训练时间,在每一层之前都进行层归一化。同时引入了残差连接以避免梯度消失问题。通过上述流程得到输入图像的编码向量。

原始输入的文本序列使用 Transformer 的双向编码器进行编码。在该步骤再次利用了注意力机制。输入的文本序列转化为词向量、句向量和位置向量三部分。词向量给出每个词的字典标识,句子向量有助于区分不同的语句,位置向量表示每个单词在句中的位置。每个向量层包含不同的多头自注意力子层,并与之前的子层连接。通过上述流程得到输入文本序列的编码向量。

在多模态特征学习中,探索不同模态之间的互补信息是至关重要的。有效的互补信息可以大大提高模型的整体性能。基于协同注意力的学习,使用两个模块来实现这一点。第一个是视觉语义注意力模块,该模块基于文本特征提取对应关键的图像特征,生成多模态特征;第二个为自注意力块,该模块能够去除多模态数据中的冗余特征。

在视觉语义注意力模块中,其目的是基于文本序列中包含的词学习对图像特征的注意力向量。在自我注意力块中,不同模态相互作用,以确定哪些特征应给予更大的权重,并计算所有输入对彼此的注意力值。最终使用 SoftMax 分类器完成虚假内容的分类。

3.数据采集

数据采集范围如表 2.7 所示。

表 2.7 国内外第三方事实核查网站

网站	主题	内容形式	标签
PolitiFact	美国政治	言论	真;基本为真;半真半假;基本为假;假;彻底为假
FactCheck	美国政治	电视广告、辩论、演讲、采访、新闻	符合事实的没有证据;错误的

续表

网站	主题	内容形式	标签
Snopes	政治、社会和时事	新闻、视频	真；基本为真；半真半假；基本假的；假；未经证实；过时的；误判；正确归因；误判；骗局；传说
GossipCop	好莱坞明星	文章	0-10级，其中0表示完全虚假的新闻，10表示完全真实的新闻
腾讯较真	医疗、社会、文史、环境、科技、政治	新闻	谣言、尚无定论、疑似诈骗、确实如此
互联网联合辟谣平台	政治、党史国史、公共政策、医疗、社会、时事、科技	新闻、用户言论	谣言、事实、辟谣

4. 界面与效果

系统相关界面见图 2.13。表 2.8、2.9 是系统效果对比。

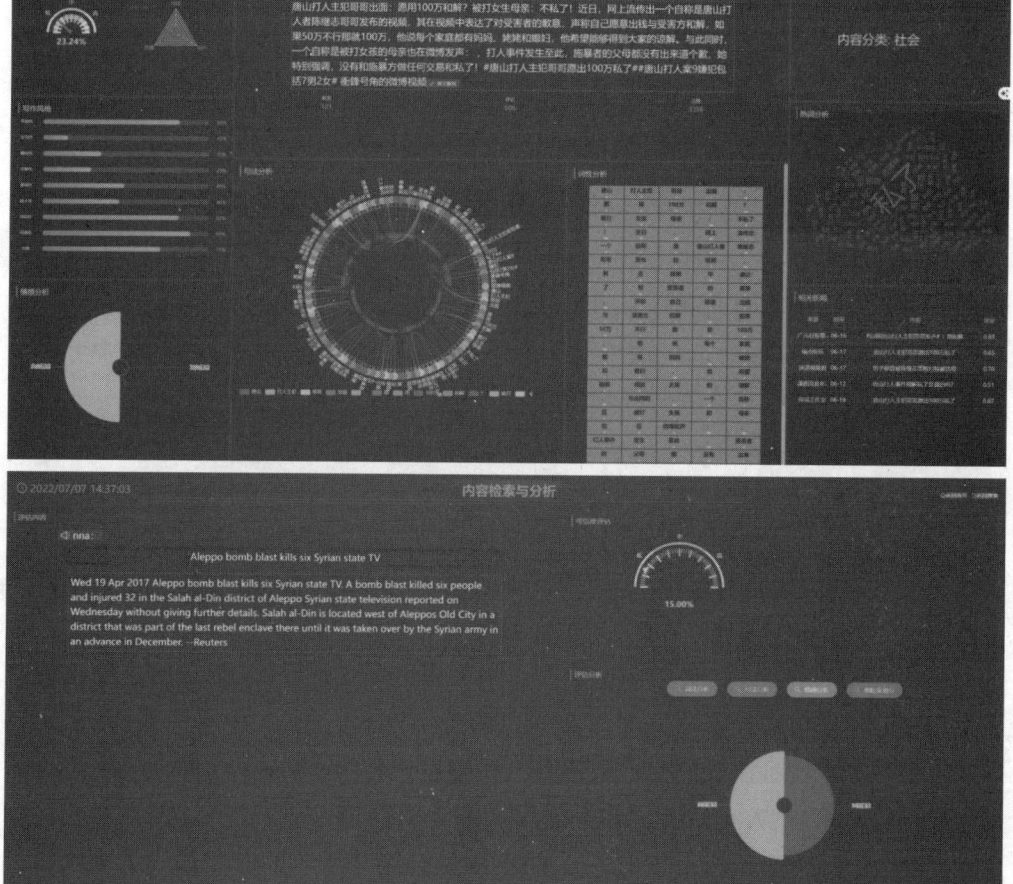

图 2.13　假新闻识别系统部分界面

表 2.8 中文公开数据集和模拟真实环境数据集上的测试结果比较

评测数据集	该系统结果	国内同类技术	
		中科院计算所	广东科技大学和暨南大学
Weibo-20	97.5%	93.2%	97.19%
微博时序数据集	83%	80.5%	81.5%

数据来源：中科院计算所（WWW 2021），广东科技大学和暨南大学（EMNLP 2022）。

表 2.9 英文公开数据集上的测试结果比较

评测数据集	该系统结果	国际同类技术		
		英国爱丁堡大学	印度理工学院	伊利诺大学芝加哥分校
RumourEval-19	71%	69.8%	69.2%	69.18%

数据来源：英国爱丁堡大学（Elsevier IP&M 2021），印度理工学院（ArXiv 2021），伊利诺大学芝加哥分校（EMNLP 2021）。

第五节 发布内容选择——新闻的主流价值观识别

新闻的主流价值观识别包含三方面：(1)主流价值观量化维度的设计，构建能够对主流价值观进行量化的维度特征体系。(2)面向主流价值观的内容词提取，即从输入的媒体数据中提取能反映主流价值观不同维度下的内容词以获取最终量化结果的可解释证据。(3)能够从不同的维度上对输入媒体数据的主流价值观进行量化，并进一步对量化结果合并从而获取输入媒体数据的主流价值观量化评价结果。

一、基于专家知识的价值观内容维度

针对专家知识，我们采用知识归纳法从四个方面开展形成主流价值观内容维度的研究。第一，1949年新中国成立以来，人民当家作主。党和政府与人民同呼吸共命运，代表了绝大多数人民的利益。其政策主张响应了绝大多数人民的呼声，提出的主导价值观即社会主义核心价值体系反映了绝大多数人民的价值理念。第二，中华民族历史悠久，文化从来不曾中断。源远流长的中华文化在人民中世代传承，构成了中国社会主流价值理念的组成部分。第三，人类对满足其生理和心理需求的追求，构成了世界各民族共同的价值理念，包括幸福生活、公平正义等。第四，中国社会几千年的发展形成了区别于其他国家的独特的文化，其价值理念也具有特殊性。研究发现从价值观内容维度的角度，这四个方面所体现的价值理念是相容、互相衬托和互相强化的。

第一，我们从十八大、十九大、二十大报告和习近平谈治国理政等文件中学习社会主义核心价值体系并总结出主流价值观内容上层维度信息及相应词汇。（1）社会主义核心价值观：马克思主义指导思想，中国特色社会主义共同理想，以爱国主义为核心的民族精神，以改革创新为核心的时代精神，社会主义荣辱观，构成社会主义核心价值体系。中华优秀传统文化蕴藏着构建中国特色社会主义核心价值观的重要启示：关于天下为公、大同世界的思想，关于以民为本、安民富民乐民的思想，关于为政以德、政者正也的思想，关于仁者爱人、以德立人的思想，关于中和、泰和、求同存异、和而不同、和谐相处的思想等等。（2）社会主义核心价值体系包括三个基本层次，即终极价值目标（就是国家富强、民族振兴、人民幸福的中国梦）、核心价值理念（富强、民主、文明、和谐，自由、平等、公正、法治，爱国、敬业、诚信、友善）和基本价值原则（十八大提出的八个"必须坚持"），应该成为宪法的核心内容，并且通过宪法将其体现为国家制度。社会主义法治体系由宪法体系、法律体系和制度体系构成的同心规范体系。

第二，我们从中国传统文化传承的角度，通过文献研读总结补充了主流价值观内容上层维度信息及相应词汇。文献包括《论语》《中庸》《大学》等及早期中华文化学者对中国人价值观的研究著作。相关词汇例如：《论语》：仁、忠、恕、孝、礼、信、知、勇。《中庸》：知、仁、勇三达德。董仲舒：仁、义、礼、智、信五常。四维八德，四维：礼、义、廉、耻，八德：忠、孝、仁、爱、信、义、和、平。《孝经》：父慈子孝，兄友弟恭。《大学》修、齐、治、平。《左传》做人"三不朽"：立德、立言、立功。中国人的世界观包括宇宙观：天人合一，人境合一。变迁观：阴阳生克，循环不息。人生兴趣：现世的，治世的，人本的。理想世界：大同世界，人人为我，我为人人，各尽所能，各取所需。理想社会结构：内圣外王，精英领导。个人的地位：中心位置，与万物同等重要。理想个人：圣人（通天人和内外）。理想人际关系：人我合一。中国人的社会观包括整齐划一、社会至先。组织制度：中央集权。人/群关系：以律己为主。社会规范：绳之以礼。人际规范：互赖，互报。社会维系：私德与社会舆论。社会分配：各尽所能，平均分配。社会公正：赏罚分明。基本价值：平均、秩序、稳定。中国人的个人观包括与环境关系：乘势而为。与社会关系：参与社会，顺应社会。人际关系：忠心待人，推己及人。思维方式：整体平衡。行为准则：中庸权衡。行为评价：适当性。基本价值：中庸、克制、妥协。中国人个人价值的演化：安分守成，宿命自保，男性优越由中国传统的非常认同，到中国现代的不太认同；遵从权力由中国传统的非常认同，到中国现代的有些认同；孝亲敬祖由中国传统的非常认同，到中国现代的相当认同。中国传统相当不认同西方现代的平权开放，乐观进取，尊重情感，两性平等，中国现代相当认同；独立自顾中国传统相当不认同，中国现代有些认同。

第三，我们从人类共同的价值追求的角度总结主流价值观内容上层维度信息及相应词汇。人类共同追求的根本价值就是"幸福生活"。对"幸福""公正"等进行分析总结出上层维度的相应词汇。例如：

幸福生活，即快乐为善。幸福生活是值得赞赏的生活（道德或德行高尚的生活）和值得追求的生活（繁荣或发达的生活）并且要平衡，这就是最好的"善"，如君子爱财取之有道，包括健康的快乐。

幸福主义伦理学指出幸福生活的词汇包括：幸福（目标）、智慧（途经）、德性（人格完善的可靠保证）、和谐（生存环境的理性状态）、优雅（应有选择）。

伦理学指出，影响幸福的四因素：社会、家庭、职业和素质。个人生活的四个领域：家庭生活（和睦的家庭：自由感、舒适感、温情感、惬意感、眷恋感）、学校生活、职业生活（适合自己的素质、能力和技能）和个性生活（健康、丰富）。幸福是尽善尽美的精神追求，是自由生活和优雅生活。

优雅生活：生活目标（自我实现、体魄强健、人格完善、心灵安宁、事业成功、家庭和睦、环境舒美、人生体验、生之欢乐、不可替代）、生活环境（自由、平等、公正、和谐、殷实、休闲地生活）、生活状态（有学习、有专长、有个性、有创意、有情趣、有格调、有责任、有尊严、有德行、有智慧地生活）。

第四，从国家之间的文化差异角度总结主流价值观内容上层维度信息及相应词汇。

霍夫斯坦德国家文化模型是荷兰文化协会研究所所长霍夫斯坦德提出的一种文化模型。对不同国家的文化差异，荷兰的霍夫斯坦德从持续多年的调查数据的分析中得出了描述各种文化差异的指标，包括不确定性规避（Uncertainty Avoidance）、长期取向与短期取向（long vs short term orientation）、个人主义与集体主义（individualism versus collectivism）、阳刚之气（masculinity）、放纵（indulgence）等。中国的指标取值与其他主要国家的区别如图2.14所示。可以看出"不确定性规避"值较低，偏向"集体主义"和"阳刚之气"，不支持"放纵"。"不确定性规避"指的是一个社会感受到的不确定性和模糊情景的威胁程度。在不确定性规避值较低的社会当中，人们则普遍有一种安全感，倾向于放松的生活态度和鼓励冒险的倾向。

根据专家知识并经过人工处理获得主流价值观内容维度为表2.10所示的21条。每个维度下都有大量的内容词汇。例如，"文化自信"维度的下位词举例如下：

传统文化：孝、勤劳、容忍、随和、谦虚、忠于上司、礼仪、礼尚往来、仁爱、学识、团结、中庸之道、修养、尊卑有序、正义感、恩威并施、乐于助人、稳重、廉洁、爱国、诚恳、清高、俭、耐力、耐心、济世、与时俱进、天下兴亡匹夫有责、适应环境、小心、信用、知耻、有礼貌、安分守己、保守、要面子、贞洁、寡欲、尊重传统、财富。

民族复兴：社会主义意识形态，理想信念，道德观念，人文精神，道德规范，思想觉悟，文明素养，爱国主义，集体主义，社会公德，职业道德，家庭美德，个人品德，向上向善，忠于祖国，忠于人民，移风易俗，责任意识，规则意识，奉献意识，阳刚之气，历史自信，历史主动、中华优秀传统文化的创造性转化、创新性发展。

文化传播：新型智库，舆论导向，传播手段建设，新闻舆论传播力，新闻舆论引导力，

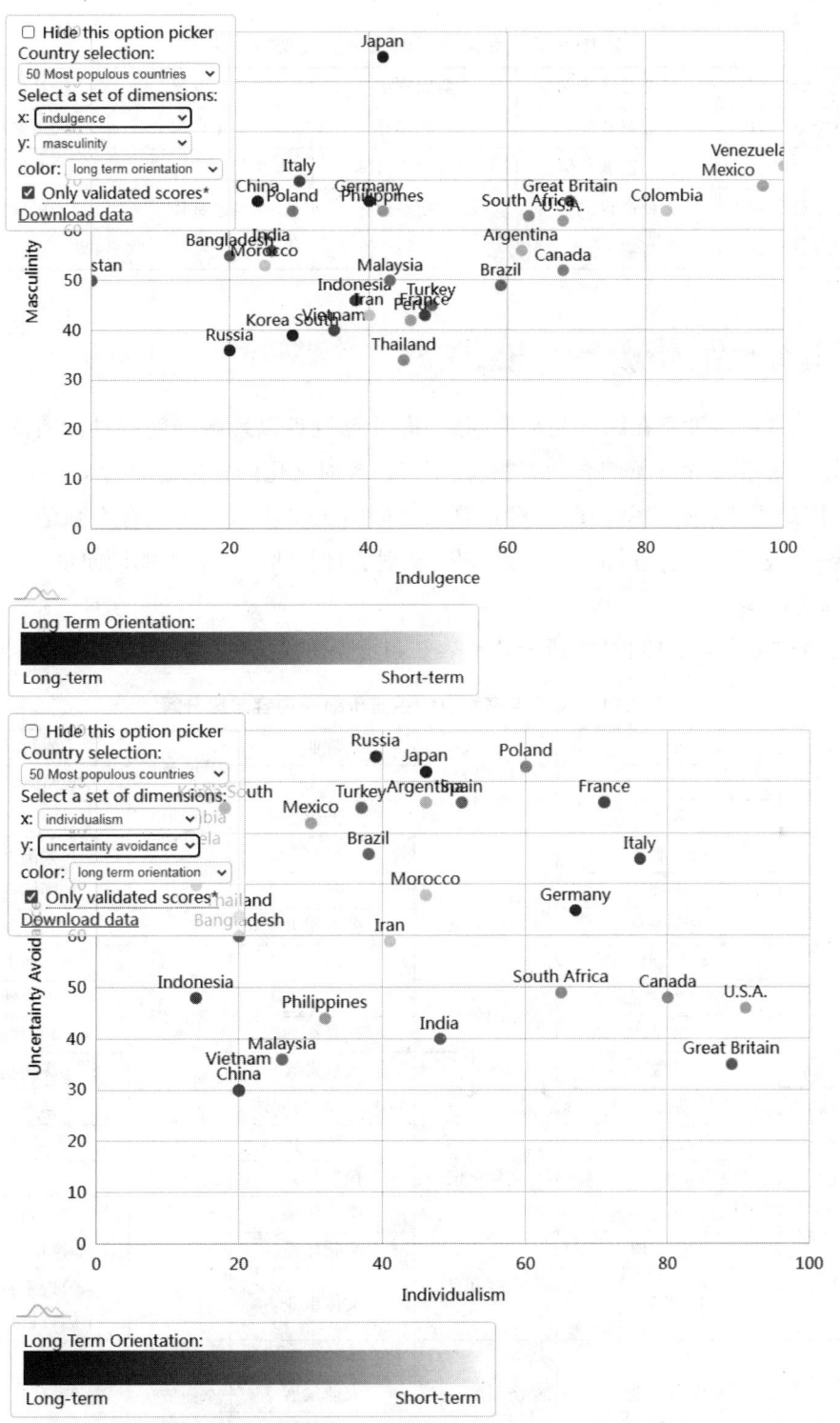

图 2.14 中国与世界主要国家的霍夫斯坦德指标差异

新闻舆论影响力,新闻舆论公信力。

表 2.10　基于专家知识的主流价值观内容维度

人民主体地位	社会公平正义	共同富裕	和平发展	社会和谐
发展社会生产力	改革开放	党的领导	文化自信	道路自信
政治制度自信	社会制度自信	经济制度自信	文化制度自信	理论自信
宗旨意识	使命意识	创新意识	国家富强	民族振兴
全面依法治国				

二、面向主流价值观的内容词提取

人工获取的维度存在综合复杂的问题,即计算机难以理解维度的具体表征,例如维度"文化自信"是一个非常综合的事物,其不仅包含对文化的宣扬还有对文化传播的政策等场景,因此需要计算机掌握的因素很复杂。同时人工获取的维度存在强的耦合性,区分度不高。我们对维度进行解耦分解,同时映射成计算机可以理解的词向量。

1. 维度解耦

根据需要,将表 2.10 的 21 维分解成表 2.11 所示的内容。

表 2.11　基于专家知识的主流价值观内容维度分解

人民主体地位	疫情	社会公平正义	就业	共同富裕	农村发展
	教育		治安		贫富差距
	养老		诚信	和平发展	战争
	公共服务		医疗		大国外交
	幸福		和谐		国际会议
	粮食安全	社会和谐	公共服务		农业发展
创新意识	科技创新		治安	发展社会生产力	工业发展
	人才资源	党的领导	党内建设		人工智能
改革开放	改革		建党精神		互联网
	开放	政治制度自信	人权发展		高新技术
道路自信	基本路线方针		中华民族共同体		马列主义
宗旨意识	为人民服务		传统文化		毛泽东思想
	社会主义现代化国家	文化自信	民族复兴		邓小平理论
	社会主义市场经济		文化传播	理论自信	"三个代表"重要思想
使命意识	拼搏进取		文化传播		科学发展观
	时代精神	文化制度自信	文体事业		习近平新时代中国特色社会主义
国家富强	奥运会	经济制度自信	社会主义市场经济	全面依法治国	法律
	生态建设		农业发展		
民族振兴	民族复兴		工业发展		
	奥运会	社会制度自信	社会制度		

共有 49 个小类,该 49 个小类对于计算机处理而言比 21 个大维度更具有区分度。同时这 49 个小类之间的耦合度较小,文本会较容易划分至 49 个类别。之后再经过组合即可成为最终的 21 维。

2. 标签拓展

标签首先需要人工定义的一些词汇,之后通过相似度的算法建立相似度阈值,基于语料库不断扩充每一个维度下的候选词。上节举例的"文化自信"的下位词就是这一维度下的人工标签。

如图 2.15 所示,举例说明,对于"疫情"这个维度,"疫苗""防控""核酸"等词都是人工定义的标签词,我们认为这几个词对于"疫情"而言最具有代表性,而后面的"卫生""科兴"都是基于相似度从语料库中得到的词,我们设置的相似度分数阈值为 0.5。

```
1#疫情 疫苗#防控#核酸#抗疫#免疫#接种#疫苗#感染者#清零#病例#卫生#世卫#科兴#无症状#肺
1#教育 教师#小学生#中学生#高考#学校#中学#人才#学生#教师#人文#教育部#义务教育#知识#
1#养老 老人#养老保险#赡养#老年人#养老金#社会保险#儿童#老年人#老人#老年#独居#孤寡老人
1#公共服务 房租#公积金#教育#公共服务#补贴#社会保障#人力资源#医疗保障#养老保险#养老金
1#粮食安全 饮食#食物#菜价#食物中毒#农业#粮食#气候变化#粮食安全#农产品#水资源#南南合
1#幸福 快乐#幸福感#温暖#希望#满足#青春#追求幸福#梦想#美丽#幸福#人生#美好#美好生活#
1#就业 失业#劳动力#就业率#工厂#大厂#中小企业#支出#公共服务#补贴#社会保障#人力资源#
1#治安 稳定#保安#小偷#治理#秩序#公安#警务#治安#警察#维稳#边防#公共安全#稳定#平稳#
1#诚信 诚实#老实人#欺骗#法治#公平正义#公正#廉洁#道德#诚信#职业道德#公平竞争#公平#
1#道德 法律#讲道理#素质#包容#法治#平等#公平正义#认同#理性#道德#价值观#诚信#思想#主
1#医疗 医生#生病#买药#挂水#医保#医疗#健康#卫生#药品#重症#医疗保障#收治#医疗机构#公
1#和谐 社会和谐#安定#协调#善良#和谐#人与自然#安定#部门#事务#政策措施#管理工作#人员
2#农村发展 耕地#基层#农业#农业#耕地#水稻#农田#森林#草原#农户#土地#牧草#冬小麦#果园
2#贫富差距 城乡发展#GDP#城市化#贫困#失业率#劳动力#物价#宏观经济#税收#市场经济#经济
3#战争 美国#坦克#军事#海陆空#军队#战争#冷战#战役#主战场#第二次世界大战#军事行动#盟
3#大国外交 中美关系#联合国#中日关系#中方#美方#中美关系#战略伙伴#两国关系#两国人民#
3#国际会议 联合国#东盟#北约#欧盟#人权#联合国#外长#决议#欧盟#成员国#世贸组织#公约#
4#农业发展 灌溉#庄稼#化肥#袁隆平#耕地#农田#水资源#水利#河湖#水库#水利工程#污水#水源
```

图 2.15 基于语料库的标签拓展

3. 维度预测

即分析新闻的各级维度归类。预测的方法是获得新闻中 TF/IDF 值较高的词,计算这些词与每一个维度的相似度分数。如图 2.16 所示是计算得到的按排名分数最高的类别归属。

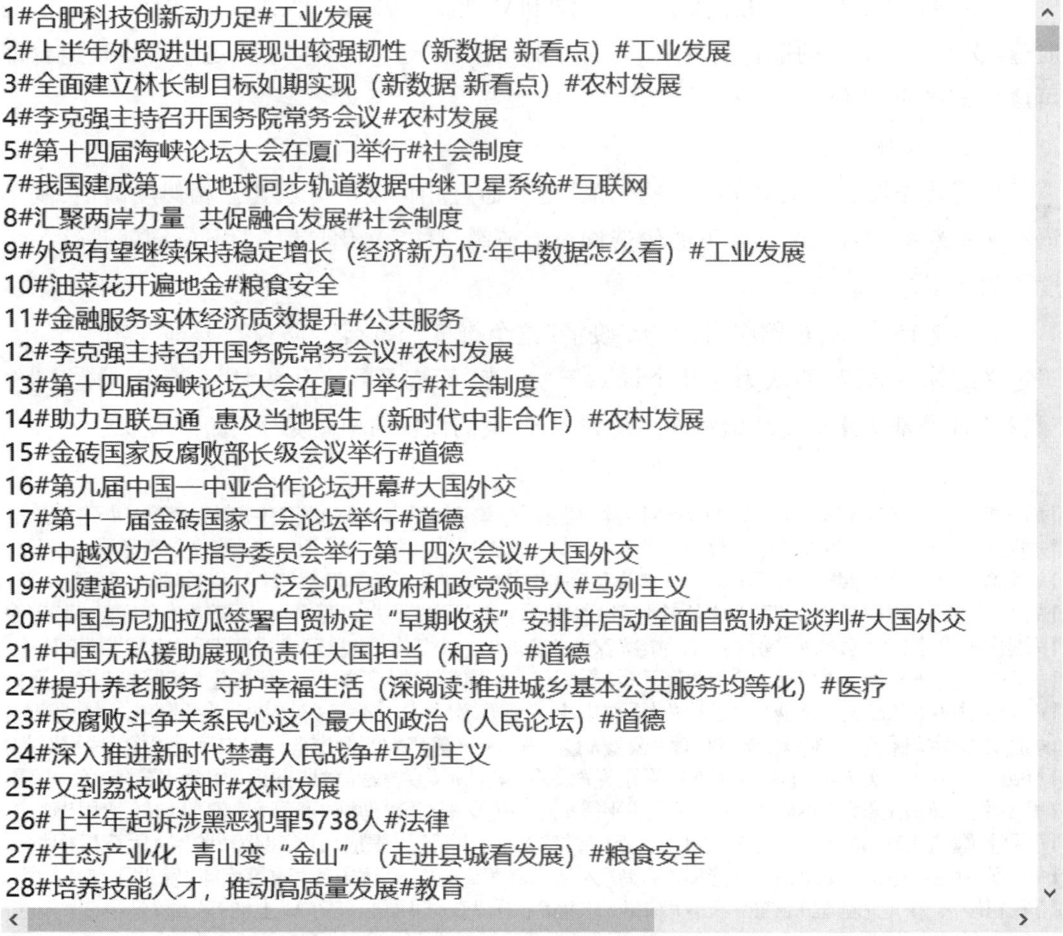

```
1#合肥科技创新动力足#工业发展
2#上半年外贸进出口展现出较强韧性（新数据 新看点）#工业发展
3#全面建立林长制目标如期实现（新数据 新看点）#农村发展
4#李克强主持召开国务院常务会议#农村发展
5#第十四届海峡论坛大会在厦门举行#社会制度
7#我国建成第二代地球同步轨道数据中继卫星系统#互联网
8#汇聚两岸力量 共促融合发展#社会制度
9#外贸有望继续保持稳定增长（经济新方位·年中数据怎么看）#工业发展
10#油菜花开遍地金#粮食安全
11#金融服务实体经济质效提升#公共服务
12#李克强主持召开国务院常务会议#农村发展
13#第十四届海峡论坛大会在厦门举行#社会制度
14#助力互联互通 惠及当地民生（新时代中非合作）#农村发展
15#金砖国家反腐败部长级会议举行#道德
16#第九届中国—中亚合作论坛开幕#大国外交
17#第十一届金砖国家工会论坛举行#道德
18#中越双边合作指导委员会举行第十四次会议#大国外交
19#刘建超访问尼泊尔广泛会见尼政府和政党领导人#马列主义
20#中国与尼加拉瓜签署自贸协定"早期收获"安排并启动全面自贸协定谈判#大国外交
21#中国无私援助展现负责任大国担当（和音）#道德
22#提升养老服务 守护幸福生活（深阅读·推进城乡基本公共服务均等化）#医疗
23#反腐败斗争关系民心这个最大的政治（人民论坛）#道德
24#深入推进新时代禁毒人民战争#马列主义
25#又到荔枝收获时#农村发展
26#上半年起诉涉黑恶犯罪5738人#法律
27#生态产业化 青山变"金山"（走进县城看发展）#粮食安全
28#培养技能人才，推动高质量发展#教育
```

图 2.16 基于相似度计算的新闻类别归属

三、新闻的特征属性分布

价值观之所以能够称之为价值观，是因为其包含了各种元素的复杂组织形式，这些元素通常由领域元素、人物、地点等方面组成，例如"人工智能"维度，领域内知识一定是科技、计算机等，同时还会包含马斯克、马云这样的人物。因此我们认为单独出现的一个元素不可以称之为维度，一个维度一定是尽可能地符合维度的分布，才可以称之为"维度"。所以我们需要计算每一个维度下各种属性的分布，这里的属性一般包括场景、情感、题材、领域、引用、人物、地标、实体等。下面我们对情感、领域、实体、任务、地标、词性等几个属性通过文本分析的方式获取并对其分布进行计算。

1.属性及属性下权重设置

对于情感、领域、实体、任务、地标、词性这六个属性,为了可解释性,需要分层次考虑。如表 2.12 所示,对于每一个属性,都有相应的值与之对应。我们希望每一个维度下这六个属性都有非常明确的划分。

表 2.12 新闻的六个属性

属性	0	1	2	3	4	5	6	7	8	9
情感	中性	幸福	奉献	爱国						
领域	其他	政治	历史	军事	经济	社会	文化	科研	卫生	体育
实体	非实体	人名	地名	机构名	时间					
人物	非人物	一般人物	知名人物	国家人物						
地标	非地标	普通城市	大城市	其他风景						
词性	其他	人名	地名	机构名	时间	名词	动词	形容词		

举例说明:"医疗"这个维度,在"情感"上,一定是 2 最多,在"领域"上,一定是 8 最多,这两个都是直观上去考虑,其他的属性上可能符合人物上的 0 比地标上的 0 少等特点。

因此最终的结果应该是每一个维度下的六个属性都有着不同占比的划分,可以将其看成是一个 6*n 的向量,这里的 n 就表示这个维度在这个属性下的划分。需要说明的是,这里的属性划分是针对于词来说的,也就是观察词在这六个属性下的分布。

2.维度下属性分布统计

由上节知,可以直接预测每篇新闻所属的维度,计算每个维度下每一篇新闻中的词的属性分布,最终统计出每一个维度下的词的属性分布。如图 2.17 所示,每一个维度下每一个属性后面的数字就是该属性在这个维度下的分布。第一个数字是总

医疗
情感#2640#2557#41#32#10
领域#2640#1593#40#2#55#38#46#27#81#737#21
实体#2640#2156#250#230#4
人物#2640#2390#238#1#11
地标#2640#2410#53#18#147#12
词性#2640#163#250#230#4#1458#359#176
--
国际会议
情感#595#502#3#40#50
领域#595#347#43#7#66#40#33#17#34#7#1
实体#595#505#52#38
人物#595#543#49#3
地标#595#557#23#14#1
词性#595#65#52#38#318#66#56
--
大国外交
情感#1482#1354#9#79#40
领域#1482#932#106#12#278#34#49#18#34#19
实体#1482#1062#274#145#1
人物#1482#1208#255#1#18
地标#1482#1337#138#5#2
词性#1482#114#274#145#1#640#186#122

图 2.17 维度的属性分布

和,也就是新闻数量,后面的数字可以与表2.12做一一对应。

3.对维度的属性分布进行归一

将上节的分布转换成概率分布,例如针对"医疗"下的领域分布,"卫生"这个信息占的概率应该是比较大的。对此我们进行SoftMax映射,SoftMax的特点就是可以强化占比较大的特征的概率。而占比较大的属性往往对应预测的正确值,所以我们使用SoftMax归一化函数。

四、新闻的主流价值观内容维度归属计算

1.计算新闻的属性特征

如表2.13所示,"民生、团结、两岸"等词均是该新闻通过TF/IDF得到的最能代表其特征的关键词。对每一个关键词分别与六个属性进行相似性计算等处理,获得n*6的单篇新闻特征矩阵M,其中n是关键词数量,我们设定n≤20。

表2.13 新闻的属性特征矩阵 M

属性 词	情感	领域	实体	人物	地标	词性
民生	0.3	0.7	0	0	0	0.2
团结	0.6	0.4	0	0	0	0.1
两岸	0.5	0.4	0.8	0	1	0.8
……						

2.主流价值观内容维度的新闻特征属性分布计算

对于49个内容维度,根据上节维度的属性分布归一等方法计算,获得49*6的内容维度属性矩阵N。

3.单篇新闻的主流价值观内容维度归属计算

计算 $M*N^T$ 得到 n*49 的矩阵,如表2.14所示。例如 S_{11} 代表民生在D1下的预测分数,或者D1在关键词"民生"下的表现程度。最终将每一列维度的分数进行累加,得分最高的几个维度就是最终的预测结果。

表2.14 单篇新闻的维度归属矩阵

维度 词	D1	D2	D3	D4	……	D49
民生	S_{11}	S_{12}	S_{13}	S_{14}	……	S_{149}
团结	S_{21}	……	……	……	……	S_{249}
两岸	S_{31}	……	……	……	……	S_{349}
……	……	……	……	……	……	……
海峡	S_{201}	……	……	……	……	S_{2049}

4.前端界面

如图 2.18 所示,左边为新闻内容,右边为主流价值观知识图谱。方形为维度,圆点为新闻中的词。

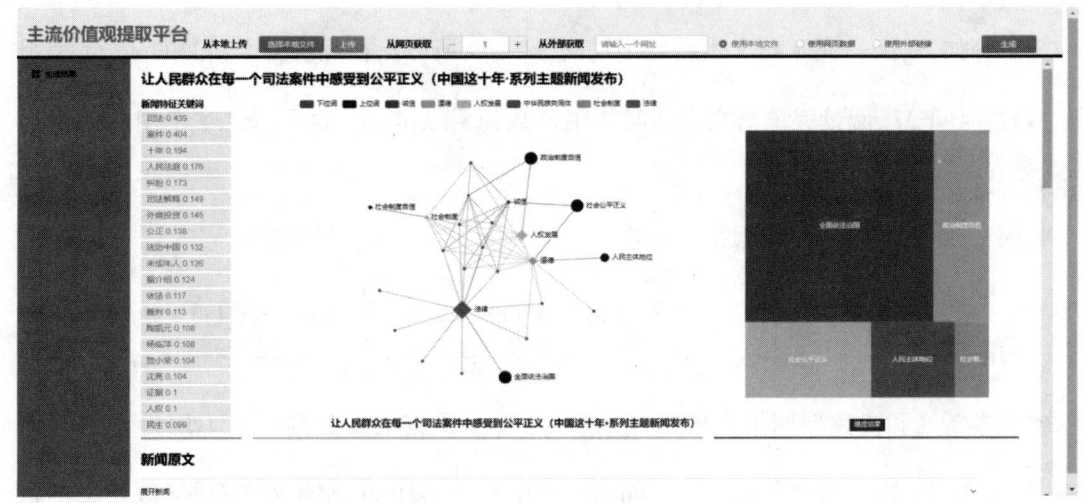

图 2.18 前端界面

第六节 异构渠道内容发布量的控制

某事件新闻在异构渠道同时报道时,如何控制在不同渠道的报道量以实现最大的用户观看量?例如"中央厨房"可以同时生产面向不同发布渠道的某新闻事件的文本新闻和音视频新闻。如何选择文本新闻条数和视频新闻条数,使其在总生产、发布成本的约束下观看的人次最多?

假设 u_1、u_2 分别为生产和发布文本、视频新闻的条数。总成本 $c = au_1 + bu_2$,a、b 分别为生产发布文本、视频新闻的单位成本。有 $u_1 = \left\lfloor \dfrac{c - bu_2}{a} \right\rfloor$。

设 $x_1(t)$、$x_2(t)$ 分别为 t 时刻在文本渠道、视频渠道正在观看的用户人数,$x_3(t)$ 为潜在观看人数(非正在观看但后面可能观看的人数),p_1、p_2 分别为潜在观看用户观看文本渠道新闻和视频渠道新闻的概率,r_1、r_2 分别为观看一条文本新闻和视频新闻需要的平均观看时间。则正在观看用户人数的变化情况满足如下微分方程组:

$$\dot{x}_1 = x_3 p_1 - \dfrac{x_1}{r_1}$$

$$\dot{x}_2 = x_3 p_2 - \frac{x_2}{r_2}$$

$$\dot{x}_3 = \frac{x_1}{r_1} \cdot \frac{u_1 - 1}{u_1} + \frac{x_2}{r_2} \cdot \frac{u_2 - 1}{u_2} - x_3(p_1 + p_2)$$

其中，$x_3(0) = n, x_1(0) = x_2(0) = 0$

解释如下，因 r_1 是单篇文本新闻平均阅读时间，所以正在观看文本新闻的 $x_1(t)$ 个用户，经过时间 Δt，阅读完单篇文本新闻的用户数为 $\frac{\Delta t}{r_1} x_1(t)$。这 $\frac{\Delta t}{r_1} x_1(t)$ 个用户不再是正在观看的用户。

因 $\dot{x}_1$ 是 $x_1(t)$ 的导数，根据导数定义：

$$\dot{x}_1 = \lim_{\Delta t \to 0} \frac{x_1(t+\Delta t) - x_1(t)}{\Delta t} = \lim_{\Delta t \to 0} \frac{(x_1(t) + x_3(t) p_1 \Delta t - \frac{x_1(t)}{r_1}\Delta t) - x_1(t)}{\Delta t} = x_3 p_1 - \frac{x_1}{r_1}$$

文本新闻和视频新闻报道的是同一事件，看了所有文本新闻的就不用再看视频新闻，反之亦然。而在看完单篇文本新闻的用户中有 $\frac{1}{u_1}$ 阅读了所有文本新闻（假设文本新闻正在阅读者的阅读篇数是均匀分布的），他们不会再成为潜在观看者。因此 $\frac{x_1}{r_1} \cdot \frac{u_1 - 1}{u_1}$ 可表示阅读完单篇文本新闻后重新成为潜在阅读者的用户数。

设 l 为该事件新闻的有效性时长。

求解的目标是：u_1、u_2 如何取值，使 $\int_0^l x_3(p_1 + p_2) dt$ 最大，即 l 时长内阅读（观看）人次最多。

微分方程组写成矩阵形式：

$$\begin{bmatrix} \dot{x}_1 \\ \dot{x}_2 \\ \dot{x}_3 \end{bmatrix} = \begin{bmatrix} -\frac{1}{r_1} & 0 & p_1 \\ 0 & -\frac{1}{r_2} & p_2 \\ \frac{u_1 - 1}{r_1 u_1} & \frac{u_2 - 1}{r_2 u_2} & -p_1 - p_2 \end{bmatrix} \begin{bmatrix} x_1 \\ x_2 \\ x_3 \end{bmatrix}$$

为简单起见设 $r_1 = 1, r_2 = 2, p_1 = 0.1, p_2 = 0.2, a = 1, b = 2, c = 10$，因为 $u_1 > 0$，所以 $\lfloor \frac{c - b u_2}{a} \rfloor > 0$ 即 $10 - 2u_2 > 0$，u_2 只能取 1, 2, 3 或 4，对应的 u_1 取 8, 6, 4, 2。

用 A 表示这个 $3*3$ 矩阵，代入上述值有四种情况：

(1) $u_2 = 1, A = \begin{bmatrix} -\dfrac{1}{2} & 0 & 0.1 \\ 0 & -1 & 0.2 \\ \dfrac{7}{8} & 0 & -0.3 \end{bmatrix}$

(2) $u_2 = 2, A = \begin{bmatrix} -\dfrac{1}{2} & 0 & 0.1 \\ 0 & -1 & 0.2 \\ \dfrac{5}{6} & \dfrac{1}{4} & -0.3 \end{bmatrix}$

(3) $u_2 = 3, A = \begin{bmatrix} -\dfrac{1}{2} & 0 & 0.1 \\ 0 & -1 & 0.2 \\ \dfrac{3}{4} & \dfrac{1}{3} & -0.3 \end{bmatrix}$

(4) $u_2 = 4, A = \begin{bmatrix} -\dfrac{1}{2} & 0 & 0.1 \\ 0 & -1 & 0.2 \\ \dfrac{1}{2} & \dfrac{3}{8} & -0.3 \end{bmatrix}$

可通过拉普拉斯变换对微分方程组求解。

对于(1) $[sI - A]^{-1} = \begin{bmatrix} s + \dfrac{1}{2} & 0 & -0.1 \\ 0 & s+1 & -0.2 \\ -\dfrac{7}{8} & 0 & s+0.3 \end{bmatrix}^{-1}$

$= \dfrac{\begin{bmatrix} (s+1)(s+0.3) & 0 & -0.1(s+1) \\ -0.175 & (s+0.5)(s+0.3) - 0.0875 & 0.2(s+0.5) \\ \dfrac{7}{8}(s+1) & 0 & (s+1)(s+0.5) \end{bmatrix}}{(s+1)\left(s+0.4-\dfrac{\sqrt{0.39}}{2}\right)\left(s+0.4+\dfrac{\sqrt{0.39}}{2}\right)}$

$$
= \begin{bmatrix} \dfrac{s+0.3}{(s+0.4-\dfrac{\sqrt{0.39}}{2})(s+0.4+\dfrac{\sqrt{0.39}}{2})} & 0 & \dfrac{-0.1}{(s+0.4-\dfrac{\sqrt{0.39}}{2})(s+0.4+\dfrac{\sqrt{0.39}}{2})} \\ \dfrac{-0.175}{(s+1)(s+0.4-\dfrac{\sqrt{0.39}}{2})(s+0.4+\dfrac{\sqrt{0.39}}{2})} & \dfrac{1}{s+1} & \dfrac{0.2(s+0.5)}{(s+1)(s+0.4-\dfrac{\sqrt{0.39}}{2})(s+0.4+\dfrac{\sqrt{0.39}}{2})} \\ \dfrac{0.0875}{(s+0.4-\dfrac{\sqrt{0.39}}{2})(s+0.4+\dfrac{\sqrt{0.39}}{2})} & 0 & \dfrac{s+0.5}{(s+0.4-\dfrac{\sqrt{0.39}}{2})(s+0.4+\dfrac{\sqrt{0.39}}{2})} \end{bmatrix}
$$

$$
= \begin{bmatrix} \dfrac{0.5-\dfrac{0.1}{\sqrt{0.39}}}{s+0.4-\dfrac{\sqrt{0.39}}{2}} + \dfrac{0.5+\dfrac{0.1}{\sqrt{0.39}}}{s+0.4+\dfrac{\sqrt{0.39}}{2}} & 0 & \dfrac{\dfrac{0.1}{\sqrt{0.39}}}{s+0.4+\dfrac{\sqrt{0.39}}{2}} - \dfrac{\dfrac{0.1}{\sqrt{0.39}}}{s+0.4-\dfrac{\sqrt{0.39}}{2}} \\ \dfrac{\dfrac{1.75\sqrt{0.39}+2.1}{5.25\sqrt{0.39}}}{s+0.4+\dfrac{\sqrt{0.39}}{2}} + \dfrac{\dfrac{1.75\sqrt{0.39}-2.1}{5.25\sqrt{0.39}}}{s+0.4-\dfrac{\sqrt{0.39}}{2}} - \dfrac{\dfrac{1.75}{2.625}}{s+1} & \dfrac{1}{s+1} & \dfrac{\dfrac{\sqrt{0.39}+0.15}{5.25\sqrt{0.39}}}{s+0.4+\dfrac{\sqrt{0.39}}{2}} + \dfrac{\dfrac{\sqrt{0.39}-0.15}{5.25\sqrt{0.39}}}{s+0.4-\dfrac{\sqrt{0.39}}{2}} - \dfrac{\dfrac{1}{2.625}}{s+1} \\ \dfrac{\dfrac{0.0875}{\sqrt{0.39}}}{s+0.4-\dfrac{\sqrt{0.39}}{2}} - \dfrac{\dfrac{0.0875}{\sqrt{0.39}}}{s+0.4+\dfrac{\sqrt{0.39}}{2}} & 0 & \dfrac{0.5+\dfrac{0.1}{\sqrt{0.39}}}{s+0.4-\dfrac{\sqrt{0.39}}{2}} + \dfrac{0.5-\dfrac{0.1}{\sqrt{0.39}}}{s+0.4+\dfrac{\sqrt{0.39}}{2}} \end{bmatrix}
$$

$$L^{-1}[(sI-A)^{-1}] =$$

$$
\begin{bmatrix} (0.5-\dfrac{0.1}{\sqrt{0.39}})e^{(0.5\sqrt{0.39}-0.4)t} + (0.5+\dfrac{0.1}{\sqrt{0.39}})e^{(-0.5\sqrt{0.39}-0.4)t} & 0 & \dfrac{0.1}{\sqrt{0.39}}e^{(-0.5\sqrt{0.39}-0.4)t} - \dfrac{0.1}{\sqrt{0.39}}e^{(0.5\sqrt{0.39}-0.4)t} \\ \dfrac{1.75\sqrt{0.39}+2.1}{5.25\sqrt{0.39}}e^{(-0.5\sqrt{0.39}-0.4)t} + \dfrac{1.75\sqrt{0.39}-2.1}{5.25\sqrt{0.39}}e^{(0.5\sqrt{0.39}-0.4)t} - \dfrac{1.75}{2.625}e^{-t} & e^{-t} & \dfrac{\sqrt{0.39}+0.15}{5.25\sqrt{0.39}}e^{(-0.5\sqrt{0.39}-0.4)t} + \dfrac{\sqrt{0.39}-0.15}{5.25\sqrt{0.39}}e^{(0.5\sqrt{0.39}-0.4)t} - \dfrac{1}{2.625}e^{-t} \\ \dfrac{0.0875}{\sqrt{0.39}}e^{(0.5\sqrt{0.39}-0.4)t} - \dfrac{0.0875}{\sqrt{0.39}}e^{(-0.5\sqrt{0.39}-0.4)t} & 0 & (0.5-\dfrac{0.1}{\sqrt{0.39}})e^{(-0.5\sqrt{0.39}-0.4)t} + (0.5+\dfrac{0.1}{\sqrt{0.39}})e^{(0.5\sqrt{0.39}-0.4)t} \end{bmatrix}
$$

$$
\begin{bmatrix} x_1(t) \\ x_2(t) \\ x_3(t) \end{bmatrix} = L^{-1}[(sI-A)^{-1}]\begin{bmatrix} x_1(0) \\ x_2(0) \\ x_3(0) \end{bmatrix} = L^{-1}[(sI-A)^{-1}]\begin{bmatrix} 0 \\ 0 \\ n \end{bmatrix}
$$

$$
= \begin{bmatrix} \dfrac{0.1n}{\sqrt{0.39}}e^{(-0.5\sqrt{0.39}-0.4)t} - \dfrac{0.1n}{\sqrt{0.39}}e^{(0.5\sqrt{0.39}-0.4)t} \\ \dfrac{\sqrt{0.39}+0.15}{5.25\sqrt{0.39}}n\,e^{(-0.5\sqrt{0.39}-0.4)t} + \dfrac{\sqrt{0.39}-0.15}{5.25\sqrt{0.39}}n\,e^{(0.5\sqrt{0.39}-0.4)t} - \dfrac{n}{2.625}e^{-t} \\ (0.5-\dfrac{0.1}{\sqrt{0.39}})\,ne^{(-0.5\sqrt{0.39}-0.4)t} + (0.5+\dfrac{0.1}{\sqrt{0.39}})\,ne^{(0.5\sqrt{0.39}-0.4)t} \end{bmatrix}
$$

$$x_3(t) = (0.5-\dfrac{0.1}{\sqrt{0.39}})ne^{(-0.5\sqrt{0.39}-0.4)t} + (0.5+\dfrac{0.1}{\sqrt{0.39}})ne^{(0.5\sqrt{0.39}-0.4)t}$$

$$\int_0^l x_3(p_1+p_2)dt$$

$$= 0.3n\left[\dfrac{0.5-\dfrac{0.1}{\sqrt{0.39}}}{-0.5\sqrt{0.39}-0.4}(e^{(-0.5\sqrt{0.39}-0.4)l}-1) + \dfrac{0.5+\dfrac{0.1}{\sqrt{0.39}}}{0.5\sqrt{0.39}-0.4}(e^{(0.5\sqrt{0.39}-0.4)l}-1)\right]$$

$$\approx 0.3n\left(8 - \dfrac{0.48}{e^{0.712l}} - \dfrac{7.52}{e^{0.088l}}\right)$$

实际上,上述齐次微分方程组可以方便地利用 MatLab 求解。

同理可求(2)、(3)、(4)时的 $\int_0^l x_3(p_1+p_2)dt$ 值。$\int_0^l x_3(p_1+p_2)dt$ 值最大者对应的 u_2 即为最优的视频条数,$10-2u_2$ 即为文本条数。

对于(1)

当 $l=10$ 时,$\int_0^l x_3(p_1+p_2)dt \approx 1.46n$;

当 $l=20$ 时,$\int_0^l x_3(p_1+p_2)dt \approx 2n$;

当 $l=30$ 时,$\int_0^l x_3(p_1+p_2)dt \approx 2.24n$;

当 $l=80$ 时,$\int_0^l x_3(p_1+p_2)dt \approx 2.4n$;

当 $l=100$ 时,$\int_0^l x_3(p_1+p_2)dt \approx 2.4n$。

从上述数据可以看出,事件新闻的有效性时间越长阅读(观看)的人次越多,但有效时长达到临界值后阅读的人次不再增长。

第七节 多社交网络渠道对齐及传播效果分析

在当前这样一个以社交媒体为代表的新媒体时代,用户既是受众也是内容的发布者。他们通常同时参与多个在线社交网络,在多个在线社交网络媒体上发布内容,即每一个用户有多个内容发布渠道。下面我们引用 Jiawei Zhang 等人论文中的定义[64]展示这种多社交网络渠道内容发布场景下传播效果分析方法。要实现这种传播效果分析,首先需要给出多社交网络渠道对齐方法。

一、跨社交网络的网络对齐

首先给出几个概念的描述。

异构信息网络:异构信息网络可以表示为:$G=(\mathcal{V},\mathcal{E})$,其中集合 $\mathcal{V}=\cup_i \mathcal{V}_i$ 中的节点和集合 $\mathcal{E}=\cup_i \mathcal{E}_i$ 中的链接分别是不同的类别。

多对齐社交网络：多对齐社交网络可以表示为 $(\{G^i\}_i, \{\mathcal{A}^{(i,j)}\}_{i,j})$，其中 $G^i = (\mathcal{V}^i, \mathcal{E}^i)$ 表示第 i 个异构信息网络，$\mathcal{A}^{(i,j)}$ 表示网络 G^i 和 G^j 之间的无向锚定链接集。

锚定链接：网络 G^i 和 G^j，一组无向的链接 $\mathcal{A}^{(i,j)}$ 可以被表示为：

$$\mathcal{A}^{(i,j)} = \{(u_m^i, v_n^j) \mid u_m^i \in \mathcal{U}^i, v_n^j \in \mathcal{U}^j, u_m^i \text{ 和 } v_n^j \text{ 是同一用户的帐户}\}$$

其中 $\mathcal{U}^i \subset V^i$，$\mathcal{U}^j \subset V^j$ 分别是网络中 G^i 和 G^j 的用户节点集。

网内元路径：给定一个异构信息网络 $G^i = (\mathcal{V}^i, \mathcal{E}^i)$，我们可以将其网络模式表示为 $S(G^i) = (\mathcal{T}^i, \mathcal{R}^i)$，其中 $\mathcal{T}^i$ 表示 $\mathcal{V}^i$ 中的节点类型，$\mathcal{R}^i$ 表示 $\mathcal{E}^i$ 中的链接类型。形式化的，基于网络模式，我们可以将元路径定义为一个序列：

$$P: T_1^i \xrightarrow{R_1^i} T_2^i \xrightarrow{R_2^i} \cdots \xrightarrow{R_m^i} T_{m+1}^i$$

其中 $T_m^i \in \mathcal{T}^i$ 和 $R_n^i \in \mathcal{R}^i$ 分别是在网络 G^i 中可用的节点和链接类型。

除了网内的元路径外，通过锚定链路和其他共享的信息实体，不同网络间的节点也可以通过网间的元路径进行连接。

网间元路径：给定一个由链接类型序列组成的元路径 P，P 是网络 G^i 和 G^j 之间的网间元路径，当且仅当 P 包含 G^i 和 G^j 两个网络模式中的节点类型和链接类型时。

网络 G^i 和 G^j 之间最简单的网间元路径可能是用户节点类型属于 G^i 或 G^j、链接类型属于 G^i 和 G^j 之间的链接的锚定元路径。

元路径实际上可以从网络中连接各种类别的节点类型，而那些以用户节点类型开始和结束的节点路径被正式命名为社交元路径。

1. 跨网络网络对齐的目标

网络对齐问题的目标是识别跨不同社交平台的共同用户的帐户（锚定链接）。形式化地，给定网络 $G^1, G^2, \cdots, G^n$ 并结合其中可用的信息，网络对齐问题的目标是识别成对网络之间的锚链集 $\mathcal{A}^{(1,2)}, \mathcal{A}^{(2,3)}, \cdots, \mathcal{A}^{(n-1,n)}$。

设 $\mathcal{A}^{(i,j)}$ 是网络 G^i 和 G^j 之间要推断的锚链接集，其在网络 G^i 和 G^j 之间映射用户。考虑到不同社交网络中的用户通过链接、属性信息建立联系，推断锚链接 $\mathcal{A}^{(i,j)}$ 的质量可以通过使用用户的链接和属性信息计算出的这些映射所引入的成本来衡量，即：

$$cost(\mathcal{A}^{(i,j)}) = cost_{链接}(\mathcal{A}^{(i,j)}) + \alpha \cdot cost_{属性}(\mathcal{A}^{(i,j)})$$

其中 α 表示从所述属性信息中获得的成本的权重。

2. 基于社会结构信息的网络对齐

基于网络 G^i 和 G^j 中用户之间的社交联系（$\mathcal{E}_{u,u}^i$、$\mathcal{E}_{u,u}^j$），可以分别为网络 G^i 和 G^j 构造二元社会邻接矩阵 $S^i \in \mathbb{R}^{|U^i| \times |U^i|}$ 和 $S^j \in \mathbb{R}^{|U^j| \times |U^j|}$。$S^i(p,q)$ 和 $S^j(l,m)$ 将被赋值 1，当且仅当相应的社会链接 (u_p^i, u_q^i) 和 (u_l^j, u_m^j) 在 G^i 和 G^j 中存在。

通过推断出的用户锚定链接 $\mathcal{A}^{(i,j)}$，用户以及他们的社交联系都可以在网络 G^i 和 G^j 之间进行映射。方法是用二进制用户转换矩阵 $P \in \mathbb{R}^{|U^i| \times |U^j|}$ 表示推断出的用户锚定链

接。矩阵的第 i,j 项 $P(p,q)=1$ 当且仅当 $(u_p^i, u_q^j) \in \mathscr{A}^{(i,j)}$。考虑到对用户锚定链接的约束是一对一的，$P$ 的每一列和每一行最多可以包含一个项赋值为 1，即：$P1^{|U^j|\times 1} \leq 1^{|U^i|\times 1}$，$P^T 1^{|U^i|\times 1} \leq 1^{|U^j|\times 1}$，其中 $P1^{|U^j|\times 1}$ 和 $P^T 1^{|U^i|\times 1}$ 可以分别得到矩阵 P 的行和列的和。方程 $P1^{|U^j|\times 1} \leq 1^{|U^i|\times 1}$ 表示左向量的每个项都不大于右向量中对应的项。

矩阵 P 是用户锚定链接集 $\mathscr{A}^{(i,j)}$ 的等价表示。通过推断出最优用户转换矩阵 P，可以得到最优锚链集 $\mathscr{A}^{(i,j)}$。

最优的用户锚定链接是那些可以最小化跨网络映射的不一致性的社会链接。由推断的用户锚定链接集 $\mathscr{A}^{(i,j)}$ 所引入的链接信息相关的成本可以表示为：

$$cost_{\text{链接}}(\mathscr{A}^{(i,j)}) = cost_{\text{链接}}(P) = \|P^T S^i P - S^j\|_F^2$$

其中 $\|\cdot\|_F$ 表示对应矩阵的斐波那契（Frobenius）范数，P^T 是矩阵 P 的转置。

3.基于社会属性信息的网络对齐

通过使用这些不同的属性信息（用户名、活动和文本内容），可以基于网络间的社交元路径计算跨网络 G^i 和 G^j 用户之间的相似性。为了衡量有向异构信息网络用户之间的社会亲近度，一种亲近度度量方法 INMP-Sim（基于网内元路径的相似度）被提出，定义如下。

设 $\mathscr{P}_i(x \twoheadrightarrow y)$ 和 $\mathscr{P}_i(x \twoheadrightarrow \cdot)$ 分别是网间元路径 #i 的 x 到 y 路径实例集和从 x 到网络中其他节点的路径实例集。节点对 (x,y) 的 INMP-Sim 定义为：

$$INMP-Sim(x,y) = \sum_i \omega_i \left(\frac{|\mathscr{P}_i(x \twoheadrightarrow y)| + |\mathscr{P}_i(y \twoheadrightarrow x)|}{|\mathscr{P}_i(x \twoheadrightarrow \cdot)| + |\mathscr{P}_i(y \twoheadrightarrow \cdot)|} \right)$$

其中，ω_i 是网间元路径 #i 的权重且 $\sum_i \omega_i = 1$。

形式化地，设这些相似度矩阵为 $\Lambda \in \mathbb{R}^{|U^i|\times|U^j|}$，其中项 $\Lambda(p,q)$ 是 u_p^i 和 u_p^j 之间的相似性。在社交网络上的相似用户更有可能是相同的用户，且用户锚定链接 $A_u^{(i,j)}$ 将相似的用户对齐应该会导致更低的成本。由推断的用户属性信息的锚定链接 $\mathscr{A}_u^{(i,j)}$ 引入的成本函数可以被表示为：

$$cost_{\text{属性}}(\mathscr{A}_u^{(i,j)}) = cost_{\text{属性}}(P) = -\|P \circ \Lambda\|_1$$

其中 $\|\cdot\|_1$ 是对应矩阵的 L_1 范数，项 $P \circ \Lambda(i,l)$ 可以表示为 $P(i,l) \cdot \Lambda(i,l)$，$P \circ \Lambda$ 表示矩阵 P 和 Λ 的哈达玛（Hadamard）积。

4.用于网络对齐的联合目标函数

链接信息和属性信息对于用户锚定链接的推断都很重要。通过同时考虑这两类信息，可导致最低成本的最优用户转换矩阵 P^* 可以表示如下：

$$P^* = arg\ min cost_P\ (\mathscr{A}_u^{(i,j)})$$
$$= argmin_P \|P^T S^i P - S^j\|_F^2 - \alpha \cdot \|P \circ \Lambda\|_1$$

$$s.t. P \in \{0,1\}^{|U^i| \times |U^j|},$$
$$P1^{|U^j| \times 1} \leq 1^{|U^i| \times 1}, P^T 1^{|U^i| \times 1} \leq 1^{|U^j| \times 1}.$$

目标函数是一个受约束的 0-1 整数规划问题,在数学上很难解决。到目前为止,已经提出了许多松弛算法。

二、跨网络影响最大化

通过锚定用户,信息不仅可以在社交网络内部传播,也可以通过社交网络传播。在传统的单一网络设置中,锚定用户的社会影响力被严重低估了。通过识别具有跨网络影响的种子,可以在减少种子数量的同时影响相同数量的人。或者,也可以使用一个容易访问的网络,如推特,来影响其他网络,如四方或脸书。Q. Zhan 等人[65]研究了跨网络影响最大化问题,其目标是识别将在对齐网络中引入最大影响的最优种子用户,即解决跨网络病毒式营销问题。

病毒式营销:跨多个对齐的网络($\{G^1, G^2, \cdots, G^n\}$,$\{\mathscr{A}^{(1,2)}, \mathscr{A}^{(2,3)}, \cdots, \mathscr{A}^{(n-1,n)}\}$),跨网络病毒式营销问题的目的是对对齐网络之间的信息传播过程进行建模,并选择将产生最大影响的最佳种子用户。

1.跨对齐的异构社交网络的信息传播模型

在异构社交网络中,每个元路径定义了用户之间的一个影响传播通道。

在此基础上,可以为对齐的异构网络构建多对齐的多路径网络。多对齐多路径网络的形式化定义如下:

多对齐多路径网络(MMNs):对于两个给定的异构网络 G^i 和 G^j,可以将基于上述网络内和网络间社会元路径构建的多对齐多路径网络定义为 $G = (\mathscr{U}, \mathscr{E}, \mathscr{R})$,其中 $\mathscr{U} = \mathscr{U}^i \cup \mathscr{U}^j$ 表示 MMNs G 中的用户节点。集合 $\mathscr{E}$ 是 $\mathscr{U}$ 中节点和元素 $e \in \mathscr{E}$ 之间的链接集合。e 可以表示为 $e = (u,v,r)$,指至少存在一个链接类型为 $r \in \mathscr{R} = \mathscr{R}^i \cup \mathscr{R}^j \cup$ {锚定链接} 的链接 (u,v),其中 $\mathscr{R}^i$、$\mathscr{R}^j$ 分别是网络 G^i、G^j 的网内链路类型,{锚定链接} 是 G^i 和 G^j 之间的网间锚定连接类型。

Q. Zhan 等人的论文[65]中提出将 LT 模型扩展到 MMNs 的情况,并提出了一种信息扩散模型 MMLT(基于 MMNs 的 LT 模型)。特别地,在 MMNs 下,它们将邻居的定义推广为任何可以通过一组给定的元路径进行连接的人,就是 在同一网络中,网络内公共词元路径下共享相同发布词的人,或在网络间公共词元路径下跨网络的人。为了简化表达,假设每个对象的阈值在[0,1]中遵循均匀分布,这样激活邻居的加权百分比决定了对象激活概率,其中权重由链接的权重决定。接下来,重点通过基于 MMLT 模型的跨网络多元路径传播的影响力来计算网络中所有用户的对象激活概率。如果个体的激活概率可以超过他的阈值,他将在 MMLT 模型中被激活。

同时，基于 MMNs $M = (U,E,R)$，Y. Sun 等人的论文[66]中提出可以量化网络内或跨网络不同元路径的用户对之间传播的影响力。形式上，在网络 G^i 中用户 u 和 v 之间通过网内元路径# l 和网间元路径# m 传播的影响力量化值可以分别表示为：

$$\varphi_{(u,v)}^{i,l} \frac{2|P_{(u,v)}^{i,l}|}{|P_{(u,\cdot)}^{i,l}| + |P_{(\cdot,v)}^{i,l}|}, \psi_{(u,v)}^{i,m} = \frac{2|Q_{(u,v)}^{i,m}|}{|Q_{(u,\cdot)}^{i,m}| + |Q_{(\cdot,v)}^{i,m}|}$$

其中，$P_{(u,v)}^{i,l}$（$Q_{(u,v)}^{i,m}$）为元路径# l（# m）中从 u 开始到 v 结束的网络内（网络间）扩散通道的集合。

此外，按 MMLT 模型，基于网内（网间）元路径# l（# m）影响力的信息按离散步扩散的网络 G^i 中个体在 $t + 1$ 步的激活概率，可分别表示为：

$$g_v^{i,l}(t+1) = \frac{\sum_{u \in \Gamma_{in}^{i,l}(v)} \varphi_{(u,v)}^{i,l} I(u,t)}{\sum_{u \in \Gamma_{in}^{i,l}(v)} \varphi_{(u,v)}^{i,l}}, \quad h_v^{i,m}(t+1) = \frac{\sum_{u \in \Gamma_{in}^{i,m}(v)} \psi_{(u,v)}^{i,m} I(u,t)}{\sum_{u \in \Gamma_{in}^{i,m}(v)} \psi_{(u,v)}^{i,m}}$$

其中 $\Gamma_{in}^{i,l}(v)$（$\Gamma_{in}^{i,m}(v)$）是用户 v 在网内元路径# l（网间元路径# m）中的邻居集，并且如果用户 u 在步骤 t 被激活，函数 $I(u,t) = 1$，否则 $I(u,t) = 0$。

通过对各种网络内和网络间的关系进行聚合，可以得到 v^i 的累积的激活概率，其中使用 logistic 函数作为聚合函数。

$$p_v^i(t+1) = \frac{e^{\sum_{l,\rho} \rho^{i,l} g_v^{i,l}(t+1) + \sum_m \omega^{i,m} h_v^{i,m}(t+1)}}{1 + e^{\sum_{l,\rho} \rho^{i,l} g_v^{i,l}(t+1) + \sum_m \omega^{i,m} h_v^{i,m}(t+1)}},$$

其中 $\rho^{i,l}$ 和 $\omega^{i,m}$ 表示扩散过程中网内关系和网间关系的权重值，其值满足：
$\sum_l \rho^{i,l} + \sum_m \omega^{i,m} = 1, \rho^{i,l} \geq 0, \omega^{i,m} \geq 0$。同理可得 $G^{(j)}$ 中用户 $u^{(j)}$ 的激活概率。

2. 种子用户选择

形式化地，让映射 $\sigma: \mathcal{T} \to \mathbb{R}$ 表示将种子用户集映射到可以被 $\mathcal{T}$ 激活的用户数量的影响函数。如 Q. Zhan 等人的论文[65]中所提出的，基于上一小节所介绍的跨网络信息传播模型，确定能够带来最大影响的一定大小的最优种子用户集是 NP 难的。同时，基于该信息扩散模型，影响力函数是单调的和子模（submodular）的。在这种情况下，使用传统的逐步贪婪种子用户选择方法，通过选择能最大限度提高影响力的用户，可以实现最优解的 $1 - \frac{1}{e}$ 近似。

3. 其他应用问题

跨平台的社交网络分析，其前提步骤是将不同的网络对齐在一起，即网络对齐。同时，为了研究用户的社交活动和信息在不同社交平台上的传播，在网络对齐后除研究病毒式营销外，还应研究链接预测、社区检测等问题。

链路预测：给定多个对齐网络（$\{G^1, G^2, \cdots, G^n\}$，$\{\mathscr{A}^{(1,2)}, \mathscr{A}^{(2,3)}, \cdots, \mathscr{A}^{(n-1,n)}\}$），网络链路预测问题的目标是推断在不久的将来将在网络 $G^1, G^2, \cdots, G^n$ 中各自形成的潜在社会联系。

社区检测：给定多个对齐网络（$\{G^1, G^2, \cdots, G^n\}$，$\{\mathscr{A}^{(1,2)}, \mathscr{A}^{(2,3)}, \cdots, \mathscr{A}^{(n-1,n)}\}$），跨网络社区检测问题旨在检测网络 $G^1, G^2, \cdots, G^n$ 各自的社区结构。

第三章
媒体多主体体系结构建模

本章首先从宏观视角讨论媒体多主体协同的策略问题,其次以广电+报业为例讨论媒体主体跨行业跨平台协作方法,最后按层次结构分析协同需要的相关主要技术。

这里我们假设多个媒体主体组成一个动态联盟,因为即使媒体多主体长期协作,其协作期限也是有时限的,所以这样假设更具一般性。如图 3.1 所示,A、B、C、D 表示四个媒体主体,它们之间的连线表示它们直接的协作关系,M 是它们的协调(机构)平台,左上角这四个媒体主体和一个协调(机构)平台组成一个协作联盟。其他三个角是与左上角类似的协作联盟。这四个协作联盟又组成了更大的协作联盟,它通过 M1、M2、M3、M4 的协调来实现协作。

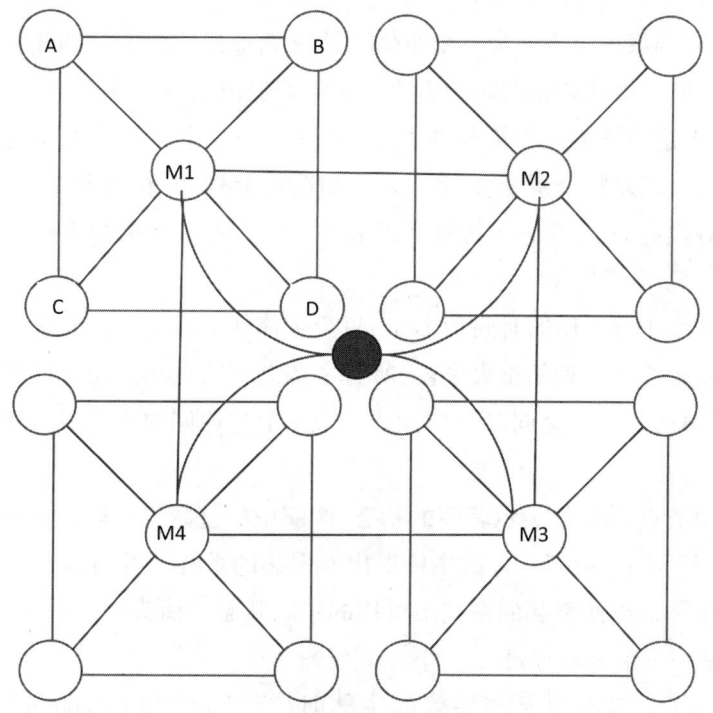

图 3.1　媒体多主体协作联盟示意图

第一节 面向融媒体服务可用性的多主体组织策略

媒体动态联盟组成原则要求联盟系统具有主体退出与加入满足系统可用性、各方主体资源受限共享性、联盟服务能力和管理复杂度的平衡性、多主体效益分成与成本分摊的公平性。

一、基于主体退出与加入的动态联盟功能可用性

如果联盟中各媒体主体的功能具有不可替代性且所有功能都具备才能提供融媒体服务,则在缺少任一主体时联盟都是不可用的。所以最好联盟中各主体都有备份主体。下面我们分析主体可替代的情况,不妨假设系统中所有主体都是互相可替代的。

(联盟)系统中主体媒体服务能力是相同或相似的,主体具有可替代性。系统的可用性会因为主体的退出而变小,而后又会因新主体的加入而变大。主体退出的时机将影响系统的可用性。

一旦有主体退出,系统因需要调整而变得不可用。若退出的这一主体,目前没有正执行的系统任务,则系统只需按少一个主体的情况调整系统对主体的任务分配办法便可恢复整个系统可用。设其调整的时长需要 $1/\delta$。若退出的这一主体,目前正执行系统任务,则系统需要把这一任务迁移给其他主体,并按少一个主体的情况调整系统对主体的任务分配办法从而恢复整个系统可用。设其迁移并调整的时长需要 $1/\beta$ ($1/\beta > 1/\delta$)。设退出主体当时没有正执行的系统任务的概率为 c,则有正执行系统任务的概率为 $1-c$。

每个主体平均正常工作的时间为 $1/\lambda$,每个主体从退出到替代主体加入的平均时间为 $1/\mu$。由于联盟系统管理的重大失误,所有主体会同时退出。由于联盟系统的重大利好,所有同时退出的主体又会同时重新加入。设 i 个主体同时退出的速率为 γ_i,同时加入的速率为 θ_i。

下面我们用节点(圆圈)表示联盟的状态,圆圈中的整数表示联盟中可替代的主体数量,圆圈中的 c 表示因未执行任务的主体退出而引起的系统不可用的中间状态,u 表示因正执行任务的主体退出而引起的系统不可用的中间状态。箭头表示系统状态转换。

1.系统只有一个主体的可用性分析

图3.2 给出了在没有可互相替代的主体时,节点的 CTMC(continuous time Markov chains)。主体退出(失效)的速率为 λ,从系统失效状态到系统可用状态的恢复速率为 μ。

状态 0 表示系统没有可运行的主体,所以系统不可用,状态 i (i 为正整数)表示有 i 个正常运行的可替代主体。图 3.2 中,状态 1 表示有一个正常运行的主体,所以系统可用。

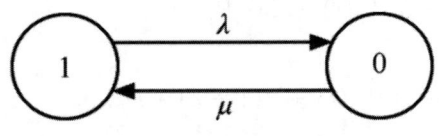

图 3.2 一个主体的 CTMC

可用性在数值上等于系统处于状态 1 的概率。于是可得描述系统的长时间稳态概率的方程组:

$$\begin{cases} \lambda \pi_1 - \mu \pi_0 = 0 \\ \pi_1 + \pi_0 = 1 \end{cases}$$

求解此方程组,可得系统处于状态 1(可用)的概率:$\pi_1 = \dfrac{\mu}{\lambda + \mu}$

接着,考虑由 2 个可互相替代主体组成的服务系统的情形。

2.方案 P1——"单步修复"情形下的可用性分析

在方案 P1 下,两个主体可通过一定的实施速率从同时可用转变到同时失效的状态。然而,同时失效后只能采用"单步修复"(一个一个主体串行加入)的方式返回到同时可用的状态。为此,构建如图 3.3 所示的两个主体在"单步修复"情形下的 CTMC。

如图 3.3 所示,两个主体通过实施速率 γ_2 来实现同时失效。以 $2c$ 或 $2(1-c)$ 的概率,两个主体中的任一个退出,系统处于只有一个主体可用而整个系统需要调整的中间状态(也是一种系统不可用状态)。

设在 t 时刻系统在状态 i 的概率为 $P_i(t)$。在给定初始状态分布概率 $P_i(0)$ 时,则如图 3.3 所示的 Markov 链可用如下方程组来表示:

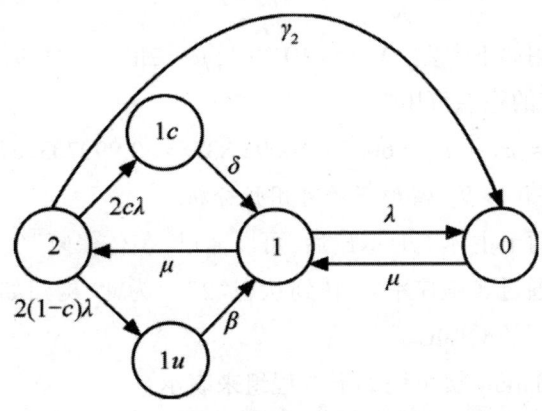

图 3.3 两个平台在"单步修复"情形下的 CTMC

$$\begin{cases} \dfrac{dP_2(t)}{dt} = -2\lambda P_2(t) - \gamma_2 P_2(t) + \mu P_1(t) \\ \dfrac{dP_{1c}(t)}{dt} = -\delta P_{1c}(t) + 2\lambda c P_2(t) \\ \dfrac{dP_{1u}(t)}{dt} = -\beta P_{1u}(t) + 2(1-c)\lambda P_2(t) \\ \dfrac{dP_1(t)}{dt} = -(\lambda+\mu) P_1(t) + \delta P_{1c}(t) + \beta P_{1u}(t) + \mu P_0(t) \\ \dfrac{dP_0(t)}{dt} = -\mu P_0(t) + \lambda P_1(t) + \gamma_2 P_2(t) \end{cases}$$

假设在时间 $t=0$ 时,系统处于状态 2,即 $P_2(0)=1$。求解这个微分方程组,可以得到暂态解:($P_2(t)$,$P_{1c}(t)$,$P_{1u}(t)$,$P_1(t)$,$P_0(t)$)。一般地,考察长期的稳态概率。在稳定状态下有:

$$\dfrac{dP_k(t)}{dt} = 0, k = 0,1,2,1c,1u$$

稳态概率可以通过以上的微分方程组求极限得到:

$$\begin{cases} \pi_2 = \dfrac{\mu}{2\lambda + \gamma_2} \pi_1 \\ \pi_{1c} = \dfrac{2\lambda c}{\delta} \pi_2 \\ \pi_{1u} = \dfrac{2(1-c)\lambda}{\beta} \pi_2 \\ \pi_1 = \dfrac{1}{\lambda + \mu}(\delta \pi_{1c} + \beta \pi_{1u} + \mu \pi_0) \\ \pi_0 = \dfrac{1}{\mu}(\lambda \pi_1 + \gamma_2 \pi_2) \end{cases}$$

在方案 P1 中,使用如下参数:$\lambda = 1\times 10^{-3} h^{-1}$,$\mu = 2 h^{-1}$,$c = 0.9$,$\delta = 60 h^{-1}$,$\beta = 12 h^{-1}$,$\gamma_2 = 5\times 10^{-4} h^{-1}$,则系统的稳态可用性:

$$A = \pi_1 + \pi_2 = 60075/60092.8375 = 0.9997031676$$

3.方案 P2——"整体修复"情形下的可用性分析

在方案 P2 下,当两个主体同时退出后,可以通过"整体修复"实现两个主体的同时可用,即从状态"0"可以通过实施速率 θ_2 转到状态"2"。为此,构建如图 3.4 所示的两个主体在"整体修复"情形下的 CTMC。

如图 3.4 所示的 Markov 链可用如下方程组来表示:

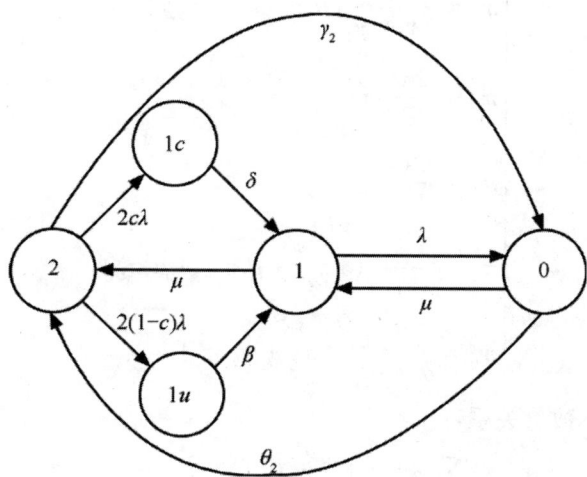

图 3.4 两个平台在"整体修复"情形下的 CTMC

$$\begin{cases}
\dfrac{dP_2(t)}{dt} = -2\lambda P_2(t) - \gamma_2 P_2(t) + \mu P_1(t) + \theta_2 P_0(t) \\[4pt]
\dfrac{dP_{1c}(t)}{dt} = -\delta P_{1c}(t) + 2\lambda c P_2(t) \\[4pt]
\dfrac{dP_{1u}(t)}{dt} = -\beta P_{1u}(t) + 2(1-c)\lambda P_2(t) \\[4pt]
\dfrac{dP_1(t)}{dt} = -(\lambda+\mu) P_1(t) + \delta P_{1c}(t) + \beta P_{1u}(t) + \mu P_0(t) \\[4pt]
\dfrac{dP_0(t)}{dt} = -(\mu+\theta_2) P_0(t) + \lambda P_1(t) + \gamma_2 P_2(t)
\end{cases}$$

同样的,在稳定状态下有:

$$\dfrac{dP_k(t)\mu}{dt} = 0, k = 0,1,2,1c,1u$$

稳态概率可以通过以上的微分方程组求极限得到:

$$\begin{cases} \pi_2 = \dfrac{1}{2\lambda + \gamma_2}(\mu\pi_1 + \theta_2\pi_0) \\ \pi_{1c} = \dfrac{2\lambda c}{\delta}\pi_2 \\ \pi_{1u} = \dfrac{2(1-c)\lambda}{\beta}\pi_2 \\ \pi_1 = \dfrac{1}{\lambda + \mu}(\delta\pi_{1c} + \beta\pi_{1u} + \mu\pi_0) \\ \pi_0 = \dfrac{1}{\mu + \theta_2}(\lambda\pi_1 + \gamma_2\pi_2) \end{cases}$$

同时还满足如下数量关系：

$$\sum_k \pi_k = 1, k = 0,1,2,1c,1u$$

在方案 P2 中，使用如下参数：$\lambda = 1\times10^{-3}\text{h}^{-1}$，$\mu = 2\text{h}^{-1}$，$c = 0.9$，$\delta = 60\text{h}^{-1}$，$\beta = 12\text{h}^{-1}$，$\gamma_2 = 5\times10^{-4}\text{h}^{-1}$，$\theta_2 = 1\text{ h}^{-1}$，则系统的稳态可用性：

$$A = \pi_1 + \pi_2 = 0.9997885739$$

4. 基于随机回报网（SRN）的仿真

针对图 3.3、图 3.4 所示的方案 P1 和方案 P2 的 CTMC，通过对其转移状态的分析，我们分别构建了方案 P1 和方案 P2 下系统可用性的 SRN 模型，如图 3.5 和图 3.6 所示。

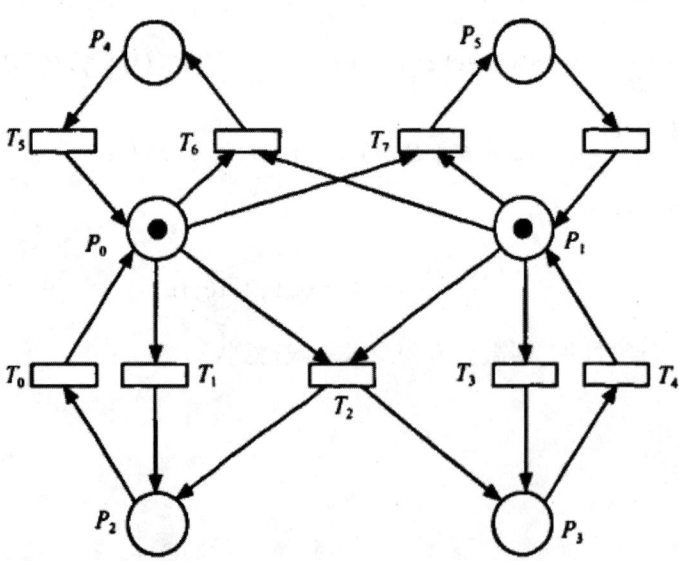

图 3.5　方案 P1 下系统可用性的 SRN 模型

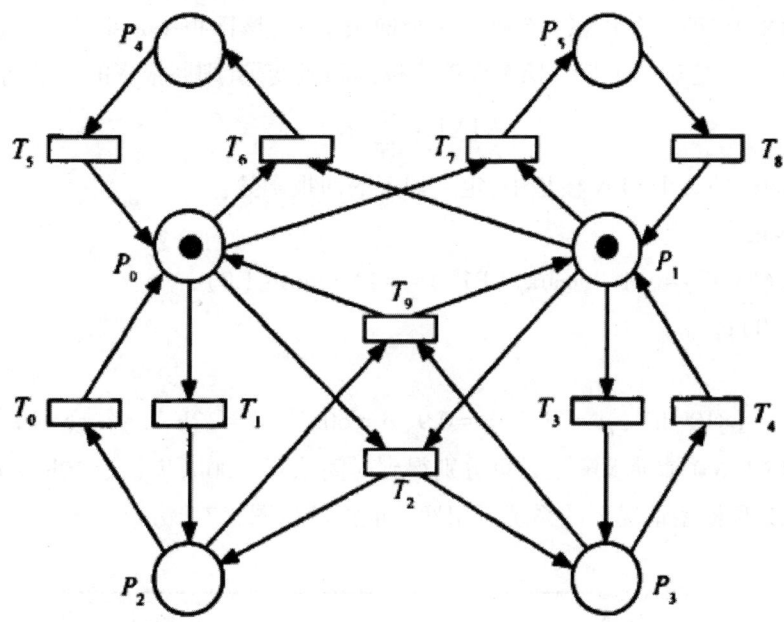

图 3.6 方案 P2 下系统可用性的 SRN 模型

表 3.1 给出了方案 P1、P2 两种情形下的 SRN 模型对象表。

为了便于计算系统的可用性数值,利用 SRN 模型中的回报函数,将每一个标识赋予一个回报率,这样系统模型的输出值就可以用回报函数的期望值来表示。

表 3.1 方案 P1、P2 两种情形下的 SRN 模型对象表

名称	意义	标志	速率
P_0	主体 1 处于可用状态	1	
P_1	主体 2 处于可用状态	1	
P_2	主体 1 处于不可用状态	0	
P_3	主体 2 处于不可用状态	0	
P_4	因一个没任务的主体退出,系统处于调整状态	0	
P_5	因一个有任务的主体退出,系统处于调整状态	0	
T_0	主体 1 退出,替代主体加入;或者称主体 1 修复		μ
T_1	主体 1 退出,或者称主体 1 失效		λ
T_2	主体 1、主体 2 同时退出		γ_2
T_3	主体 2 退出		λ
T_4	主体 2 修复,或称主体 2 退出,替代主体加入		μ
T_5	因未执行任务的主体退出而进行的系统调整(任务重分配)		δ
T_6	未执行任务主体退出		$2c\lambda$
T_7	正执行任务主体退出		$2(1-c)\lambda$
T_8	因正执行任务的主体退出而进行的系统调整(正执行的任务迁移和其他任务的重分配)		β
T_9	主体 1、主体 2 同时修复		θ_2

设在 SRN 中,每一个状态 i 都赋予一个回报率 r_i,该回报率是系统处于该状态时的一个性能指标。X 是对应于某一稳态性能指标的随机变量,则回报率的数学期望值为:

$$E[X] = \sum_i r_i \pi_i$$

在上述构建的 2 个 SRN 模型中,定义如下的回报函数:
double reliab( ){
if (mark("P0") = = 1 || mark("P1") = = 1) return(1.0);
return(0.0);
}

参数:$\lambda = 1 \times 10^{-3} h^{-1}$,$\mu = 2 h^{-1}$,$c = 0.9$,$\delta = 60 h^{-1}$,$\beta = 12 h^{-1}$,$\gamma_2 = 5 \times 10^{-4} h^{-1}$,$\theta_2 = 1 h^{-1}$。采用 SPNP 6.0 辅助求解工具可分别得到时间从 0~100h、步长为 10h 情形下系统的可用性数值,2 种模型情况下的系统可用性数值比较如图 3.7 所示。

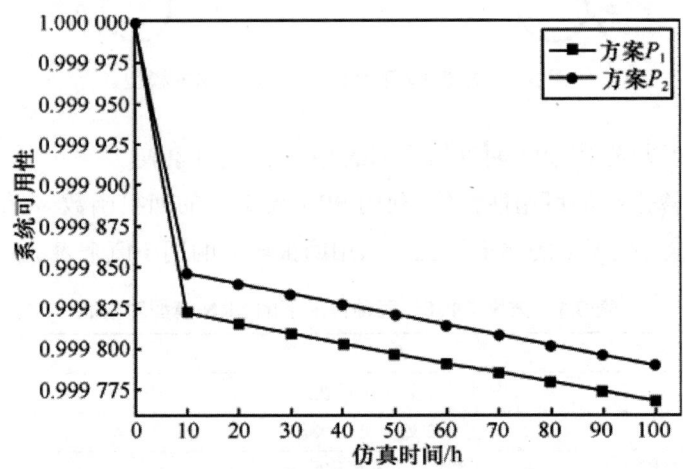

图 3.7 方案 P1 和方案 P2 的系统可用性随时间的变化对比

由此可见,2 种方案下的初始状态(仿真时间 = 0 时)是两个主体均处于可用状态,随着仿真时间的推进,方案 P2 的优势得以充分体现,表现为在仿真时间达到 10h 以后,方案 P2 所在曲线的数值始终高于方案 P1 所在曲线的数值,说明在上述参数设置情形下,以系统可用性为性能评价指标,方案 P2 优于方案 P1。

5. n(n>2)个主体的可用性分析

同样的,可以对 $n(n > 2)$ 个主体组成的联盟系统进行扩展分析。设系统的总主体数为 n,当其中的 $k(k \in (2,n])$ 个主体同时退出时,系统有能力同时引入 k 个主体而恢复整个系统可用。为此,构建了如图 3.8 所示的 $n(n > 2)$ 个主体的 CTMC。其中 $\gamma_i(i = 2,\cdots,n)$ 表示 i 个主体同时退出的实施速率,$\theta_j(j = 2,\cdots,n)$ 表示 j 个主体同时加入而使系统从失效状态转变为可用状态的实施速率。

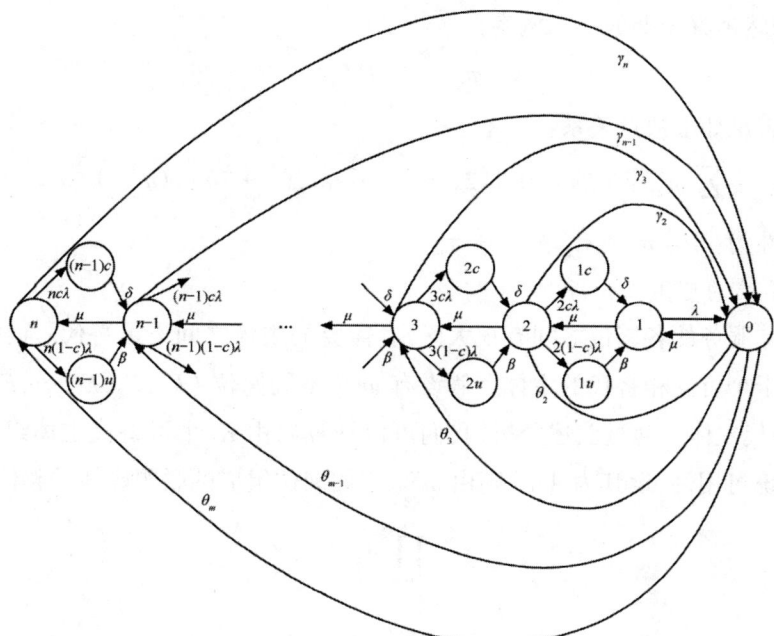

图 3.8　n 个主体的 CTMC

有如下的微分方程组：

$$\begin{cases}
\dfrac{dP_n(t)}{dt} = -n\lambda P_n(t) - \gamma_n P_n(t) + \mu P_{n-1}(t) + \theta_n P_0(t) \\[4pt]
\dfrac{dP_{(n-1)c}(t)}{dt} = -\delta P_{(n-1)c}(t) + n\lambda c P_n(t) \\[4pt]
\dfrac{dP_{(n-1)u}(t)}{dt} = -\beta P_{(n-1)u}(t) + n(1-c)\lambda P_n(t) \\[4pt]
\dfrac{dP_{n-1}(t)}{dt} = -[(n-1)\lambda + \mu + \gamma_{n-1}]P_{n-1}(t) + \mu P_{n-2}(t) + \theta_{n-1}P_0(t) + \delta P_{(n-1)c}(t) + \beta P_{(n-1)u}(t) \\[4pt]
\quad\quad\quad \cdots \\[4pt]
\dfrac{dP_2(t)}{dt} = -[2\lambda + \mu + \gamma_2]P_2(t) + \mu P_1(t) + \theta_2 P_0(t) + \delta P_{2c}(t) + \beta P_{2u}(t) \\[4pt]
\dfrac{dP_{1c}(t)}{dt} = -\delta P_{1c}(t) + 2\lambda c P_2(t) \\[4pt]
\dfrac{dP_{1u}(t)}{dt} = -\beta P_{1u}(t) + 2(1-c)\lambda P_2(t) \\[4pt]
\dfrac{dP_1(t)}{dt} = -(\lambda + \mu)P_1(t) + \delta P_{1c}(t) + \beta P_{1u}(t) + \mu P_0(t) \\[4pt]
\dfrac{dP_0(t)}{dt} = \lambda P_1(t) + \gamma_2 P_2(t) + \cdots + \gamma_n P_n(t) - (\mu + \theta_2 + \theta_3 + \cdots + \theta_n)P_0(t)
\end{cases}$$

进一步在稳定状态下有：

$$\dfrac{dP_m(t)}{dt} = 0, k = 0,1,2,1c,1u,\cdots,n,(n-1)c,(n-1)u$$

在此,仍然考察长期的稳态概率:

$$\pi_i = \lim_{t \to \infty} P_i(t)$$

同时还满足如下数量关系:

$$\sum_m \pi_m = 1, m = 0,1,2,1c,1u,\cdots,n,(n-1)c,(n-1)u$$

则可用性为:$A = \pi_1 + \pi_2 + \cdots + \pi_n$

6.联盟系统的可用性分析

联盟媒体服务的各岗位之间有很大区别,需要的主体之间不可替代。而每一个岗位可以安排若干个可互相替代的主体。假设有 m 个不同岗位 $(F_1, F_2, F_i, \cdots, F_m)$,对于 F_i 有 K_i 个可替代主体。通过前述分析,我们可以计算出由 K_i 个可替代主体组成系统到达稳态时的系统可用性,设其为 A_i。则由 m 个不同岗位组成的联盟媒体的整体可用性为:

$$\prod_{i=1}^{m} A_i$$

二、各方主体资源受限共享性

现存各媒体机构都拥有自己的媒体资源库,在媒体融合过程中要考虑如何在媒资库归属和地理位置不变的情况下有效地实现媒体资源的交换和利益结算,同时从版权、审核等角度,还要考虑对媒体资源的来源进行追溯。针对以上这些问题,我们可以结合区块链去中心化、可溯源等特性,根据融媒体机构间的关系网络构建媒体资源交换网络,如图3.9所示。在这个媒体资源网络上,利用智能合约构建一种实时结算的媒体资源交换机制,并利用相似度算法替代哈希来实现媒体资源溯源机制。

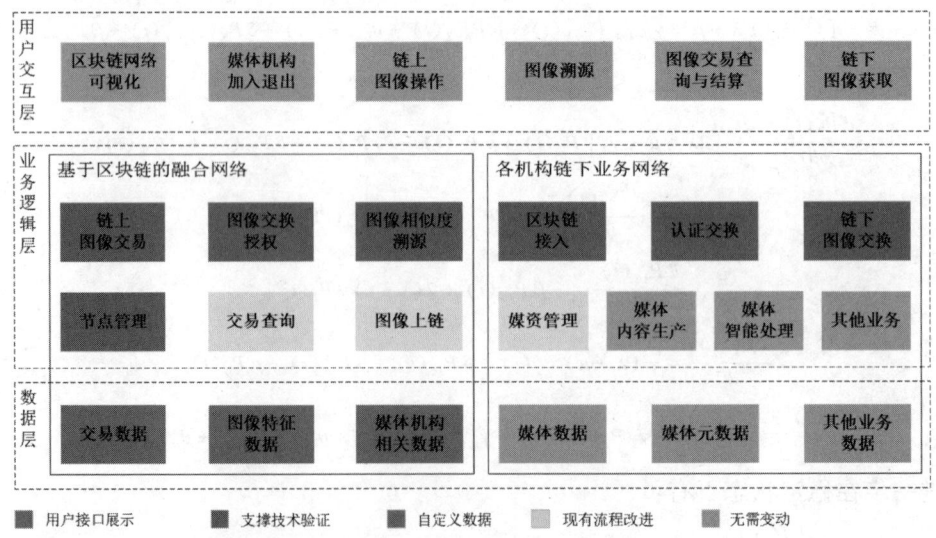

图3.9 基于区块链的融媒体交易可信溯源

我们可以利用区块链智能合约实现媒资交易的实时结算和过程记录。链上链下相结合的方式,可以解决现有知识版权领域区块链网络需要将媒体资源公开托管的问题,既最大限度地保护了各媒体机构的私有权益,又使资源实现了共享。在上链和查询过程中,采用图像相似度替代常见的哈希算法作为匹配算法,可以实现模糊匹配的溯源,能够有效地对二创、篡改等常见行为进行检索,一定程度上提升了溯源的查全率。

三、多主体总体服务能力和管理复杂度的平衡性

图 3.10 中 1,2,3 三个媒体平台由协调机构 CNTL 按联盟方式组织实现协同服务。每个媒体平台拥有媒体主体(机构或个人) A,B,C,具有自我管理、自我组织、自我协调的基本分形功能。主体 Ai,Bi,Ci(i=1,2,3)处于相对独立的地位。各主体通过交流、共享、互补,使各种媒体业务的交叉和互补成为可能。

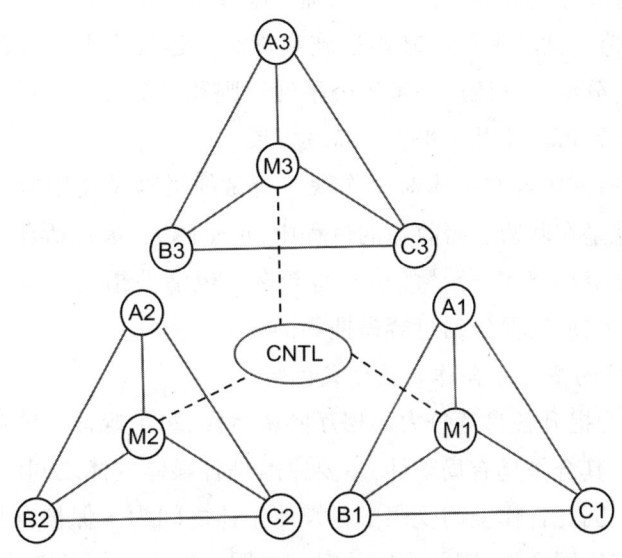

图 3.10　各级各类大量媒体协作关系模型

在媒体平台中有 M1,M2,M3 三个分形子单元,三个子单元又可以进一步分解为相应的基本分形单元。其自相似性表现在,整体的任何部分进行扩大,都与原整体存在着相似性。而且,任何层级的分形单元都有媒体协调机构,对面临的问题和任务进行决策。同时,其决策的结果又受到其较高层次单元的监督和约束。

基于豪斯多夫维数定义:

$$lnK/lnL$$

其中,L 为该主体沿其每个独立方向皆扩大的倍数,K 为得到的新主体的分形数量是原主体的倍数。

如图 3.10 的分形维数为：

$$\text{分形维数} = \ln K / \ln L = \ln 3 / \ln 2 = 1.585$$

分形维度越高，主体间协同的复杂程度就越高。由于各主体认识、处理能力的局限，其有效协同处理联盟整体问题就变得更加困难。分形维度变小，更利于各主体对联盟整体目标的一致理解和认同；更利于联盟的分形单元发挥自组织的功能；更利于联盟各分形单元的信息沟通、共享和协同。所以在保证相同复杂的媒体业务实现的前提下，降低分形维度是优化目标。当然，分形维度也并非越低越好，当分形维度降低到一定程度时，联盟的部分必要的媒体功能就可能会受到影响，复杂的媒体业务更是难以实现。

四、多主体效益分成与成本分摊的公平性

各媒体主体在协同的过程中，涉及的利益可分为两部分：一是各媒体主体合作的效益分成问题，二是各媒体主体共享某平台基础设施及资源的平台成本分摊问题。各媒体主体融合创造的价值及共享平台的基础设施和资源的建设成本应该在各合作主体之间合理地分配和分摊，分配和分摊应该基于公平性原则和灵活性。通过合理分配可以稳定合作联盟，成本分摊则可以使共享平台可持续发展。

公平性原则是指依照合作主体对合作联盟所做的贡献及使用资源的量进行收益分配及成本分摊，也就是在联盟获得收益的过程中，贡献越大，最终所获得的收益也应该越多。同时，使用共享资源越多，分摊的成本也越多。灵活性指的是效益分配及成本分摊办法的计算过程简单，所需要的信息容易搜集等。

1. 基于价值补偿的多主体合作效益分成机制

多个媒体主体为提升各自竞争力而相互协调运作，每个媒体主体都是一个整体且处于同等地位。同时，其合作具有局限性，主要原因是各媒体主体之间既合作又竞争，合作是为了特定的利益，因此合作空间受限。各媒体主体之间为了保护自身利益很难实现全过程、全要素的高度协同合作，因此合作的时间受限。随着环境的改变，合作形式和内容也会不断改变。

在上述情形之下，合理的价值分配机制将为媒体主体之间的协同合作提供基础，同时也为媒体主体扩大价值活动提供了机会。

（1）价值分配的顺序

价值分配是一项复杂的工作。价值分配的依据是合作过程中各媒体主体投入的资源、承担的风险、合作的积极性和效率。价值分配首先是投入资源和承担风险的补偿，其次是剩余价值的分配。

（2）投入资源的价值补偿

在价值分配中，首选对各媒体主体由于协作而投入的资源进行价值补偿。投入的资

源包括有形资源和无形资源,以及为了维持合作关系投入的资源,如数据资源、素材资源等。在对投入资源进行补偿时,首先要对投入资源的数量进行计算,其次考虑媒体主体的平均利润率,确定补偿标准。

$$V_{1i} = I_i \times K_i \times M_1$$

其中,V_{1i} 为某一媒体主体 i 投入资源的价值补偿量,I_i、K_i 分别是媒体主体 i 投入资源量和所处地域的平均投资报酬率,M_1 为调整系数,根据投入资源总量和创造价值量来确定。

(3)承担风险的价值补偿

在媒体主体协同合作的过程中,各主体为维护合作关系都需要承担一定风险,根据风险补偿原则,风险共担、收益共享,需要根据合作主体承担的风险大小进行一定的风险补偿。

$$V_{2i} = R_i \times \beta_i \times M_2$$

其中,V_{2i} 为媒体主体 i 承担风险的价值补偿量,R_i、β_i 分别为媒体主体 i 承担的风险大小和平均风险报酬率,M_2 为风险报酬调整系数。

(4)剩余价值的分配

剩余价值指各媒体主体合作创造的价值除去投入资源创造的价值和承担风险后剩余的价值。对于这部分价值分配有很多方式,可以按照平均分配的方法分配,也可以按照媒体主体的绩效水平分配。媒体主体作为合作主体,因为其贡献已经通过资源的价值补偿和风险补偿体现,所以为了体现"共同创造价值"的理念,一种方式是将剩余价值平均分配,以体现公平、平等的分配原则,而且可以更好地调动媒体主体的积极性。

2.基于合作博弈论的多主体合作效益分成机制

媒体主体可以结合相互优势成立媒体主体联盟,从而创造更大的价值。在联盟形成的过程中,一个重要的问题是如何解决好协同效益分配的问题。对收益分配的研究,常用的方法是博弈论。博弈论分为两种:一种是合作博弈,一种是非合作博弈。合作博弈是相对于已经合作的媒体主体而言的,是研究如何分配其合作后的效益。无论是对于媒体主体相互合作还是媒体主体利用共享平台的资源来说,其总体上是一种合作的关系,因此我们可以从合作博弈论的角度对效益分成机制进行研究。

(1)收益分配的博弈模型

依据媒体主体协作的特点,我们采用 Shapley 博弈模型对联盟效益分配进行研究和探讨。Shapely 的核心思想是收益分配只考虑每个主体对其所在联盟贡献的大小,也就是说在联盟获得收益的过程中,贡献越大的主体最终所分配到的收益也越大。很显然这符合公平性的原则。

设所有参与合作的媒体主体集合 $N = \{1,2,3,\cdots,n\}$,如果对于任一子集都对应着一个实值函数 $v(c)$,满足如下条件:

$$V(\emptyset) = 0; V(C_1 \cup C_2) \geq V(C_1) + V(C_2), 如果 C_1 \cap C_2 = \emptyset$$

则认为 $[N,V]$ 是合作博弈，V 为特征函数。对于任意 n 个媒体主体的合作博弈 $[N,V]$，存在一个向量函数：

$$\varphi_v = [\varphi_1(v), \varphi_2(v), \varphi_3(v), \cdots, \varphi_n(v)]$$

$$\varphi_i(v) = \sum w(|c|)[v(c) - v(c\backslash i)], i = 1, 2, 3, \cdots, n$$

$$w(|c|) = \frac{(n-|c|)!(|c|-1)!}{n!}$$

上述公式即为 Shapely 值模型，其中，N 为所有参与合作的媒体主体个数；$v(c)$ 为子集 c 能得到的最大效益；$v(c\backslash i)$ 是子集 c 除去媒体主体 i 后得到的最大效益；$w(|c|)$ 为加权因子，由协作的媒体主体数决定。

（2）模型应用

假设有包含 S, M, W, R 四个媒体主体的合作联盟，利用 Shapely 值模型对其收益进行分配，则每个媒体主体参加协作的形式有 8 种。

假设四个媒体主体在单独运营时的效益均为 $r = S, S \cup M, S \cup W, S \cup R, S \cup M \cup W, S \cup M \cup R, S \cup W \cup R, S \cup M \cup W \cup R$ 时获得的利润分别为 $1, 5, 7, 4, 10, 9, 12, 13$；$W \cup M, R \cup M, W \cup R, W \cup M \cup R$ 时获得的利润分别是 $5, 6, 8, 10$；根据 Shapely 值模型，则媒体主体 S 的效益分配情况如表 3.2 所示：

表 3.2 Shapely 值收益分配过程

C	S	S∪M	S∪W	S∪R	S∪M∪W	S∪M∪R	S∪W∪R	S∪M∪W∪R
$v(c)$	1	5	7	4	10	9	12	13
$v(c\backslash s)$	0	1	1	1	5	6	8	10
$v(c) - v(c\backslash s)$	1	4	6	3	5	3	4	3
$|c|$	1	2	2	2	3	3	3	3
$w(|c|)$	1/4	1/12	1/12	1/12	1/12	1/12	1/12	1/4
$w(|c|) * [v(c) - v(c\backslash s)]$	1/4	1/3	1/2	1/4	5/12	1/4	1/3	3/4

则 $\varphi_s(v) = \frac{1}{4} + \frac{1}{3} + \frac{1}{2} + \frac{1}{4} + \frac{5}{12} + \frac{1}{4} + \frac{1}{3} + \frac{3}{4} = \frac{37}{12}$

同理可求得 $\varphi_M(v) = \frac{29}{12}$，$\varphi_W(v) = \frac{45}{12}$，$\varphi_R(v) = \frac{41}{12}$。

通过以上计算结果，我们可以进行帕累托最优化检验：

$$\varphi_M(v) > 1$$
$$\varphi_S(v) > 1$$
$$\varphi_W(v) > 1$$
$$\varphi_R(v) > 1$$
$$\varphi_S(v) + \varphi_M(v) = \frac{66}{12} > r_{S \cup M} = 5$$

$$\varphi_W(v) + \varphi_M(v) = \frac{74}{12} > r_{W \cup M} = 5$$

同理可得到 $\varphi_W(v) + \varphi_R(v) > r_{W \cup R}$

$$\varphi_S(v) + \varphi_W(v) + \varphi_R(v) > r_{S \cup W \cup R}$$

$$\varphi_M(v) + \varphi_W(v) + \varphi_R(v) > r_{M \cup W \cup R}$$

$$\varphi_S(v) + \varphi_M(v) + \varphi_W(v) + \varphi_R(v) > r_{S \cup W \cup R \cup M}$$

从以上结果分析可知，效益的分配达到了帕累托最优，即各媒体主体通过协作所产生的收益，通过 Shapely 值模型进行分配后，会使至少一方的收益比不协作所产生的收益更好。从以上例子的计算结果可以得到多主体合作效益划分的一个重要思想：考虑每个媒体主体对合作联盟的收益做了多少贡献，也就是说联盟获得收益的过程中，某媒体主体所做的贡献越多，应该获得的收益也越大。很显然，这符合公平性原则。因此，对联盟没有贡献的媒体主体没有任何收益。

(3) 优化措施

通过以上分析可知，利用 Shapely 值模型对效益进行分配具有公平性，但是因为每个媒体主体在能力、创新、风险分担等方面具有很大的差异，所以在实际的效益分配过程中还需要考虑其他因素。

3. 多媒体主体对其共享平台资源的成本分摊模式

(1) 媒体主体直接可以使用的共享平台资源的成本分摊方法

目前，一些媒体主体采用多租户的模式，实现不同的用户选择不同的工具或服务，并且确保各用户间数据的隔离性和安全性，这种模式需采用业务多租户的技术架构来实现。采用这种方式，可以根据各个单位的需求，按需选择，构建个性化的媒体主体，如图 3.11 所示。

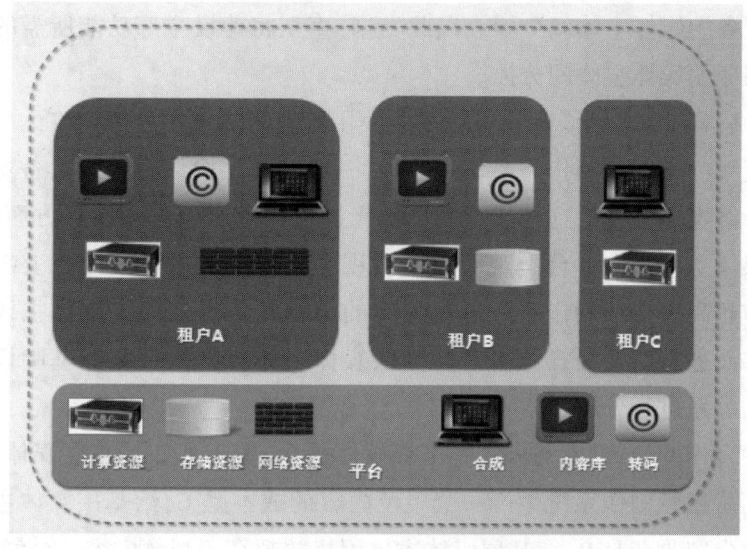

图 3.11 资源多租户运营模式示意图

以多租户运营模式为参考,结合共享平台的业务定位,共享平台可通过整合资源及优化资源配置有效地降低各媒体主体的运营成本,避免重复建设造成的资源浪费。因此,建立统一的共享平台,使媒体主体共享资源,成为一种理性的选择,而成本分摊则是确保共享平台能够稳定有效运行需要解决的重要问题。我们可以采用 Shapely 法来解决 N 个媒体主体共享资源的成本分摊问题。

N 家媒体主体共同分摊共享平台的建设成本,每个媒体主体可根据业务需求选择不同的服务类型,而不同的服务类型需要不同的建设成本。我们将协调平台服务类型分为三层:基础设施层、融媒生产服务层、内容资源库及内容处理服务层,其分层模式如表 3.3 所示:

表 3.3　多租户模式服务类型层次

服务类型层次	作用	服务内容
第三层	内容资源库及内容处理服务	服务内容包括媒体内容资源库、内容处理、协同中心、运营中心等。
第二层	融媒生产服务	融媒生产服务包括融媒体生产工具集、融媒体工作平台等。
第一层	基础设施	基础设施包括混合云以及建立在云环境之上的综合云管平台。

在此分层体系中,下层服务是基础,上层服务依赖于下层服务的支撑。其中,基础设施层为共享平台提供必备的软硬件环境,为上层服务建设提供环境基础。融媒体生产服务层提供媒体主体运营的基本功能。内容资源库及内容处理服务层基于融媒生产服务层为媒体主体提供扩展功能。

根据 Shapely 的基本原则,针对上述分层体系,我们假设基础设施的建设成本为 c_3,由于基础设施服务于每个媒体主体,则此部分成本应该由所有媒体主体分摊。提供融媒生产服务所涉及的建设成本为 c_2。建设融媒生产服务所增加的建设成本 $c_2 - c_3$ 应该在所有使用该服务的媒体主体间分摊。以此类推,直至将建设全部功能所需的建设成本仅在使用全部服务的媒体主体间分摊。

(2) 媒体主体自身基础设施升级后才能使用的资源的成本分摊策略

超高清视频(4K/8K)制作需要较高能力,一般的基层媒体主体不具备这种能力。我们有必要将上级媒体平台的这种能力共享出来以支撑基层媒体主体这方面的应用,满足用户在基层媒体主体播出平台上观看超高清视频内容的需求。下面就上级媒体平台对基层媒体主体超高清视频制作服务进行收费的策略与为提高基层媒体主体用户对超高清视频的需求而进行的上级媒体平台与基层媒体主体对网络带宽等基础设施的升级投入策略之间的关系进行分析。

这是一种合作博弈,设参与人 1 是上级媒体平台,参与人 2 是基层媒体主体,上级媒体平台的超高清视频制作系统生产一个单位内容的成本是 C,给基层媒体主体制作超高清视频的单位内容收费是 P_1。基层媒体主体因播放超高清视频内容,比播放标清视频相同内容提高了本媒体主体的影响力,从而提高了广告等收入,假设每一个内容单位增加

收入 P_2，当然，假定 $P_2 > P_1$，否则基层媒体主体就会缺乏使用上级媒体平台的超高清视频制作系统的积极性。

超高清视频是新生事物，对网络带宽等基础设施提出了更高要求。为了提高基层媒体主体超高清视频的播出效果，上级媒体平台与基层媒体主体都对网络带宽等基础设施的升级进行投入。用 I_0 表示上级媒体平台在这方面的投入，用 I_1 表示基层媒体主体在这方面的投入。假设不进行任何基础设施升级，因超高清视频播出能力的限制，基层媒体主体用户对超高清视频的需求为 k 个内容单位。双方的基础设施的升级投入具有互补性，即一家增加投入，另一家可以减少投入而不影响基层媒体主体用户对超高清视频的需求。同时，各家的投入对基层媒体主体用户对超高清视频需求的影响程度不同。不妨设上级媒体平台的投入更能产生效果。该类投入对需求的影响是正向的，即需求是投入的增函数，另外需求增加的速度是递减的。为此，我们假设分别投入 I_0、I_1 的基础设施的升级费用，对每一个内容单位能增加收入 P_2，基层媒体主体超高清视频的需求是：

$$q(I_0, I_1) = k(1+I_0)^{\alpha}(1+I_1)^{\beta}$$

其中 $\frac{1}{2} \leq \alpha < 1; 0 < \beta \leq \frac{1}{2}; \alpha + \beta < 1$。$\alpha + \beta < 1$ 能确保需求的增加速度是递减的。

上级媒体平台以单位内容量收费 P_1 与基础设施投入 I_0 为决策变量。上级媒体平台是先行动的一方，基层媒体主体可在获得确实的 P_1 与 I_0 的信息后再决定 I_1 的投入。这构成了一个斯坦克伯格博弈，下面来讨论这种结构下的均衡的特征。

上级媒体平台的效用函数为：

$$\pi_0(I_0, I_1, P_1) = (P_1 - c)k(1+I_0)^{\alpha}(1+I_1)^{\beta} - I_0$$

基层媒体主体的效用函数为：

$$\pi_1(I_0, I_1, P_1) = (P_2 - P_1)k(1+I_0)^{\alpha}(1+I_1)^{\beta} - I_1$$

根据逆向归纳法的思路，先求后行动者的最优策略：

一阶条件为：

$$\frac{\partial \pi_1}{\partial I_1} = \beta(P_2 - P_1)k(1+I_0)^{\alpha}(1+I_1)^{\beta-1} - 1 = 0$$

得 $I_1^*(I_0, P_1) = [(P_2 - P_1)k\beta(1+I_0)^{\alpha}]^{\frac{1}{1-\beta}} - 1$

把上式代入 $\pi_0(I_0, I_1, P_1)$：

$$\pi_0(I_0, I_1^*(I_0, P_1), P_1)$$
$$= (P_1 - c)(1+I_0)^{\alpha}(k\beta)^{\frac{\beta}{1-\beta}}k[(P_2-P_1)(1+I_0)^{\alpha}]^{\frac{\beta}{1-\beta}} - I_0$$
$$= k^{\frac{1}{1-\beta}}\beta^{\frac{\beta}{1-\beta}}(1+I_0)^{\frac{\alpha}{1-\beta}}(P_1-c)(P_2-P_1)^{\frac{\beta}{1-\beta}} - I_0$$

对上式分别求 I_0，P_1 的偏导数，并令为 0。

$$\frac{\partial \pi_0(I_0, I_1^*(I_0, P_1), P_1)}{\partial I_0} = \frac{\alpha}{1-\beta}k^{\frac{1}{1-\beta}}\beta^{\frac{\beta}{1-\beta}}(1+I_0)^{\frac{\alpha+\beta-1}{1-\beta}}(P_1-c)(P_2-P_1)^{\frac{\beta}{1-\beta}} - 1 = 0$$

$$\frac{\partial \pi_0(I_0, I_1^*(I_0, P_1), P_1)}{\partial P_1}$$

$$= k^{\frac{1}{1-\beta}} \beta^{\frac{\beta}{1-\beta}} (1+I_0)^{\frac{\alpha}{1-\beta}} \left[(P_2 - P_1)^{\frac{\beta}{1-\beta}} - (P_1 - c) \left(\frac{\beta}{1-\beta}\right) (P_2 - P_1)^{\frac{2\beta-1}{1-\beta}} \right] = 0$$

分别化简可得：

$$k\beta^\beta (P_1 - c)^{1-\beta} (P_2 - P_1)^\beta \left(\frac{\alpha}{1-\beta}\right)^{1-\beta} (1+I_0)^{\alpha+\beta-1} = 1$$

$$(P_2 - P_1) = (P_1 - c) \frac{\beta}{1-\beta}$$

可解得：

$$P_1^* = (1-\beta) P_2 + \beta c$$

$$I_0^* = \left[k\beta^{2\beta} \alpha^{(1-\beta)} (P_2 - c) \right]^{\frac{1}{(\alpha+\beta-1)}} - 1$$

通过以上关系可以看到，在此博弈均衡的结果上，上级媒体平台给基层媒体主体制作超高清视频的内容收费标准由基层媒体主体的网络带宽等基础设施升级投入效率（β）决定，基层媒体主体的网络带宽等基础设施升级投入效率越高，上级媒体平台越倾向于确定较低的超高清视频制作收费标准（P_1）。也就是说，对不同的基层媒体主体，上级媒体平台在对该项服务进行收费时，并不一定采用统一价格，而是基于基层媒体主体基础设施升级时自有资金投入的效率确定。

第二节 广电媒体+报业媒体的跨平台媒体融合研究

图 3.12 所示是我们提出的"广电媒体+报业媒体"跨平台融合模型。在该模型中，广电平台及广电媒体机构的超分辨率重建等视频能力可以弥补报业平台高清及超高清（4K/8K）视频制作能力的不足，广电渠道可以弥补报业渠道高清视频发布能力的不足。广电的大屏应用，例如有线电视，只能按家庭获得对内容的收视数据，即便通过将商业社交平台作为渠道，广电仍不能获得及时精细的内容收视数据。通过与报业的合作，打通双屏受众的大小屏，广电可以及时精细地获得双屏受众的内容收视数据，并通过群组推荐算法有效指导有线电视内容播放计划和广告计划的制定。在该模型中，广电媒体与报业媒体可以共享新闻线索，使新闻策划更及时更有针对性；可以共享内容素材，提高内容制作质量；可以共享内容，提高内容的供给能力；可以共享内容发布渠道，增强内容的可见性和内容与渠道的匹配性；可以协同议程设置，更好地进行舆论引导。

第三章 媒体多主体体系结构建模

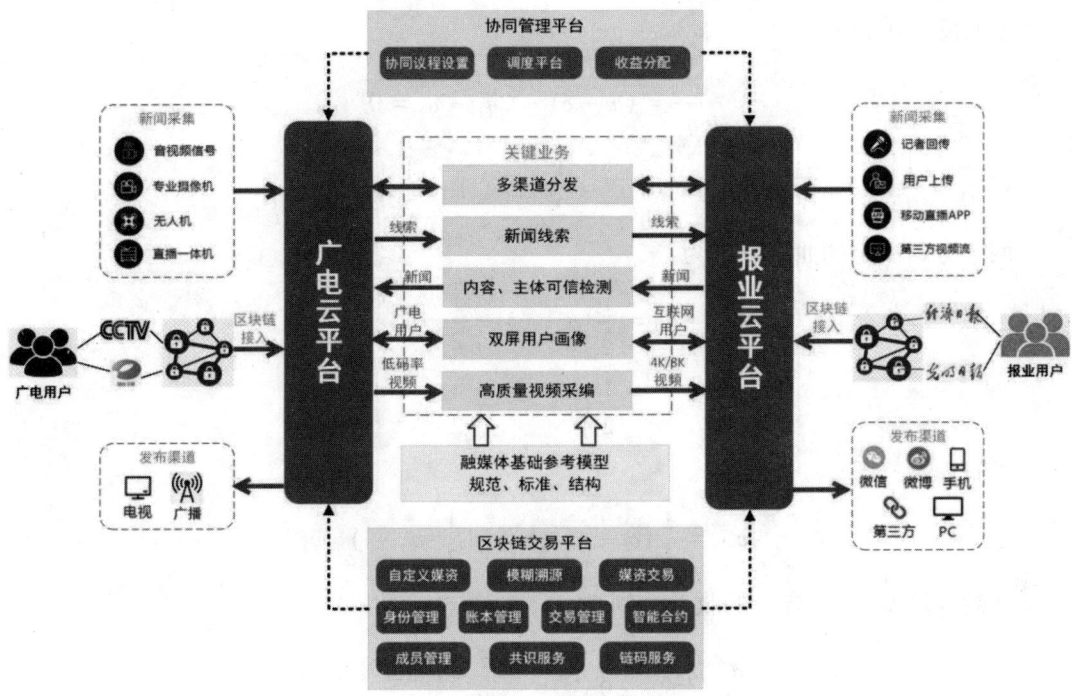

图 3.12 广电媒体、报业媒体跨平台协同

在该模型中,广电媒体和报业媒体可以打通视频超分重建、虚假新闻识别等关键业务,基于区块链技术保障终端用户接入、交互、业务推进等过程的安全,实现资源通融、内容兼容、宣传互融、利益共融。

一、降低舆论引导成本

我们用博弈论分析比较了通过一定数量的新闻稿件应对突发舆论事件时,媒体间协同应对或独立应对所需要撰写并发布的新闻稿件篇数,结论是协同应对可以用更少的稿件达到更好的效果。

面对某舆情事件,一些媒体主体会为应对该事件进行媒体议程设置,并撰写和发布系列应对新闻。为简单起见,假设只有两个媒介主体 A 和 B 发布应对新闻,A 发的篇数为 q_1,B 的篇数是 q_2,每篇新闻的成本均为常数 c,因针对同一事件的新闻单篇平均价值与总篇数负相关,所以我们采用库诺特竞争模型,设单篇平均价值为 $(a - q_1 - q_2 - c)$,其中 a 为常数。

则 A 和 B 收益函数分别为:

$$\pi_1(q_1, q_2) = q_1(a - q_1 - q_2 - c)$$
$$\pi_2(q_1, q_2) = q_2(a - q_1 - q_2 - c)$$

(1) 模式 1：应对该舆情事件，A 和 B 同时发舆情应对新闻。

A 的反应函数为

$$\frac{\partial \pi_1}{\partial q_1} = (a-c) - 2q_1 - q_2 = 0$$

得 $\bar{q_1} = \frac{1}{2}(a-c) - \frac{1}{2}q_2$，同理 $\bar{q_2} = \frac{1}{2}(a-c) - \frac{1}{2}q_1$。

两个方程决定的曲线交点为：

$$\bar{q_1} = \frac{1}{2}(a-c) - \frac{1}{2}\bar{q_2}$$

$$\bar{q_2} = \frac{1}{2}(a-c) - \frac{1}{2}\bar{q_1}$$

可解得：

$$q_1^* = \frac{1}{3}(a-c) \ ; \ q_2^* = \frac{1}{3}(a-c)$$

在纳什均衡下，A 与 B 的收益分别是：

$$\pi_1(q_1^*, q_2^*) = \frac{1}{9}(a-c)^2 = \pi_2(q_1^*, q_2^*)$$

(2) 模式 2：应对该舆情事件，A 和 B 成为一个联盟，则可以理解为应对该事件时两家媒体合并为一家媒体，Q 是发文量，则：

$$\pi(Q) = Q(a-Q) - cQ$$

由 $\frac{\partial \pi}{\partial Q} = 0$，得 $Q^* = \frac{(a-c)}{2}$，收益为 $\pi = \frac{1}{4}(a-c)^2$

比较模式 1、模式 2 可知：

模式 1 的总收益 $\frac{2}{9}(a-c)^2$，小于模式 2 的总收益 $\frac{1}{4}(a-c)^2$。模式 1 的总发文量 $\frac{2}{3}(a-c)$，大于模式 2 的总发文量 $\frac{1}{2}(a-c)$。所以我们得出结论，A 和 B 两家协同成一个联盟，可使两家的总收益更好而总工作量却更小。协同的价值体现在 $\frac{1}{4}(a-c)^2 - \frac{2}{9}(a-c)^2 = \frac{1}{36}(a-c)^2$ 的收益和 $\frac{1}{2}(a-c) - \frac{2}{3}(a-c) = -\frac{1}{6}(a-c)$ 的工作量上。

二、广电协同报业提高新闻传播力和有线电视影响力

新闻价值的要素主要包括可信性、及时性、接近性、显著性、重要性和人情味。可信性说明假新闻没有价值，及时性说明新闻是易碎品，昨天的新闻是今天的历史，只有当天

的新闻才能吸引更多读者的目光。接近性说明新闻事件发生的地理位置越接近读者,新闻价值越大,接近性还指年龄、职业、性别、爱好、民族等的接近。显著性,例如因为名人自身的显著性,新闻事件更受瞩目。一个事件影响深远体现了它的重要性,重要的新闻首先是热点、焦点新闻。构成人情味的要素包括反常、冒险、冲突、两性,这类饱含人情味的新闻人们总是百看不厌。

我们定义双屏用户为既是广播电视音视频的电视观众,又是报业网站的用户,则
$$m = | 有线电视机顶盒活跃用户 \cap 报业网站活跃用户 |$$ 为双屏用户数。

对双屏用户,在广电协同报业的融媒体服务模式下,舆论引导新闻将会协同发布,所以只要听了广播音频、看了电视视频或报业网站文本三者的其中之一,就不会错过相关新闻。所以说该模式下新闻可见性显著提高。同时,因为双屏用户有广电、报业两类渠道可以自行选择,他们会自认为看到的是更可信的新闻。他们也能更好地选择自认为更有实效性、接近性、重要性、显著性、人情味的新闻。所以,对双屏用户来说,新闻吸引力更高,他们观看的概率也会显著高于单屏用户。

文本默读速度是朗读的三倍,这是文本发布相较于音视频播报的优势所在,而且文本制作的成本和时间远远低于视频,所以基于文本的新闻发布更有"及时性"。这可以看成在面对重大舆情进行及时的舆论引导时,报业相较于广电的优势所在。广电音视频的优势是新闻更具"可信性"(有视频有真相),现场视频使受众感觉离新闻事件现场更近,即更有"接近性"。对于双屏用户来说,他既可以拥有报业网站文本新闻的"及时性",又可以拥有广电音视频新闻的"可信性""接近性",因此新闻对他们吸引力更大,他们观看的概率也更高。这进一步说明在广电协同报业的融媒体服务模式下,对双屏用户来说,新闻观看概率会显著高于单屏用户。总之,在广电协同报业的融媒体服务模式下,由于新闻线索、新闻素材、新闻内容、新闻渠道等的共享,增加了新闻吸引力,从而提高了新闻传播力。

由于在广电协同报业的融媒体服务模式中打通了报业和广电,有线电视平台可以获得家庭成员中双屏用户的兴趣偏好。基于获得的不同家庭成员的偏好,有线电视平台可以运用多种算法提高有线电视的内容和广告推荐水平,由此提高有线电视开机率和广告投放量,从而提高有线电视的影响力。

三、广电协同报业提高有线电视内容推荐能力

在广电的有线电视应用中,家庭电视终端往往由多名家庭成员共用,现有推荐算法难以从终端历史数据中分析出家庭成员的不同兴趣偏好。因此,通过报业网站的用户信息去丰富家庭成员的表征是具有实际意义的。由于在"广电+报业"的融媒体服务模式中打通了报业和广电(这里我们默认家庭成员中存在报业网站的用户),考虑到不同家庭成员的偏好,我们提出一种双通道、多兴趣有线电视节目推荐模型。模型包含两个部分:一

个是基于报业网站用户的浏览信息向其推荐新闻,并获取新闻文本信息,以家庭为单位聚合推荐的新闻;另一个是基于胶囊网络的有线电视节目推荐,获取推荐的节目名称。利用 Hugging Face(huggingface.co)工具,我们在同一中文语义空间中生成新闻文本信息和节目名称的句表征。最终同时约束有线电视节目推荐和语义相似性,从而实现更加精确的推荐。

有线电视(cable television,CATV)采用同轴电缆作为介质传输,通过数字机顶盒将数字信号解码输出到电视上观看。一个电视终端往往由多名家庭成员共享,不同成员的兴趣偏好往往不同。而对于机顶盒来说,其无法识别出当前收看电视节目的家庭成员身份,因而也无法获取不同家庭成员的偏好。当今社会,人们更偏向于从网络中获取更多的信息,无论是手机还是电脑都会记录用户丰富的浏览信息,这些信息对于提升推荐效果有很大的帮助。将报业网站用户的历史行为数据融入家庭观看电视节目的推荐中具有积极意义。

报业网站的家庭成员信息是指在报业网站上注册的家庭成员的浏览信息。诚然,并非所有家庭成员都会在报业网站上注册(比如家中的老人小孩),但只要能够获取家庭中某一个或几个成员的报业网站浏览信息,就能在有线电视节目推荐中考虑到其个人偏好,并体现在最终推荐的节目中。

1. 相关策略和技术

报业网站可能包含文字新闻和视频新闻,但用户的历史记录只包含文字信息,即新闻标题,因此这里我们获取的新闻信息都以文字的形式表示。

有线电视中的节目信息如图 3.13 所示,其包含时间信息和节目名称,这里以一天的时间为例。

这里我们没有考虑家庭用户在开通机顶盒以及报业网站时的注册信息,因为注册信息作为用户的辅助信息包含较少的信息量,对这些信息进行表征的时候会造成用户的表征稀疏问题,同时也会增加模型的时间和空间复杂度。

02:23	精彩一刻-2022-57字从车	12:27	爱乐之都(10):严厉的爱
02:28	精彩一刻-2022-59字从郭	12:34	功勋-袁隆平的梦(4)
02:34	美术里的中国-2	13:20	功勋-袁隆平的梦(5)
02:49	故事中国2022-59	14:04	功勋-袁隆平的梦(6)
03:39	故事中国2022-60	14:48	林深见鹿(40)
04:29	今日说法-2022-179	15:34	<大江大河II>前情回顾
04:57	新闻联播	15:38	大江大河II(1)
05:27	人与自然-2022-128	16:19	开播!情景喜剧精编
06:00	朝闻天下	17:17	百кий大看点
08:38	生活早参考-特别节目(生活圈)2022-123	17:35	名医话养生(593):放不下的手机

图 3.13 有线电视中的节目信息

Hugging Face 是一个开源库,用于构建、训练和部署 NLP 模型。transformers 是 Hugging Face 提供的预训练模型库,可以轻松调用 API 来得到输入文本的词向量。

2. 群组推荐方法

(1)新闻推荐

因为我们关注的重点是获取目标用户感兴趣的新闻的语义表征,所以这里我们并不关注具体的新闻推荐模型。因为报业网站包含的是中文新闻,我们选择注入注意力机制的深度特征融合新闻推荐模型[67]作为新闻推荐模型。模型架构如图 3.14 所示。该模型是基于内容的推荐,能够对新闻特征和用户兴趣显式建模。模型在特征建模中融合了新闻的标题信息、上下文信息以及文本中不同词语在句子中的影响力,使用注意力机制提取细粒度层面的新闻信息。该模型还使用了序列建模,考虑了过往新闻之间的关联,并使用了多头注意力机制。最后在预测层获取损失值。我们的目标是从候选新闻中选出用户最佳偏好新闻。

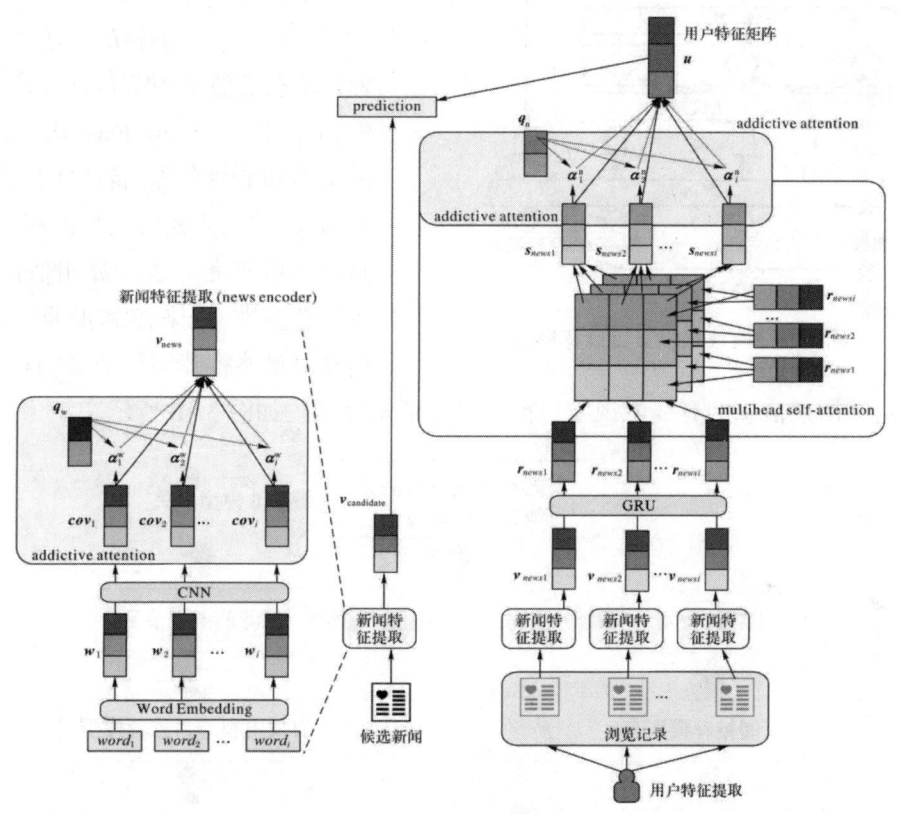

图 3.14　新闻推荐模型

获得推荐新闻后,根据新闻 ID 索引到新闻标题及文本信息,利用 Hugging Face 生成文本表征。这里我们已根据家庭成员信息,将同一家庭中的用户成员所有被推荐的新闻聚合起来,聚合方式可以采用均值的形式。

(2)有线电视节目推荐

为了挖掘不同家庭成员的兴趣,我们使用了多兴趣推荐模型,让家庭中每个用户都被考虑到。因此,我们选择基于胶囊网络的交互式网络电视视频点播推荐模型[68]作为有线电视节目推荐模型。该模型使用胶囊网络,考虑了用户序列行为,并生成多个兴趣胶囊,通过使用注意力机制融合兴趣胶囊,将节目推荐给用户(模型结构如图 3.15 所示)。

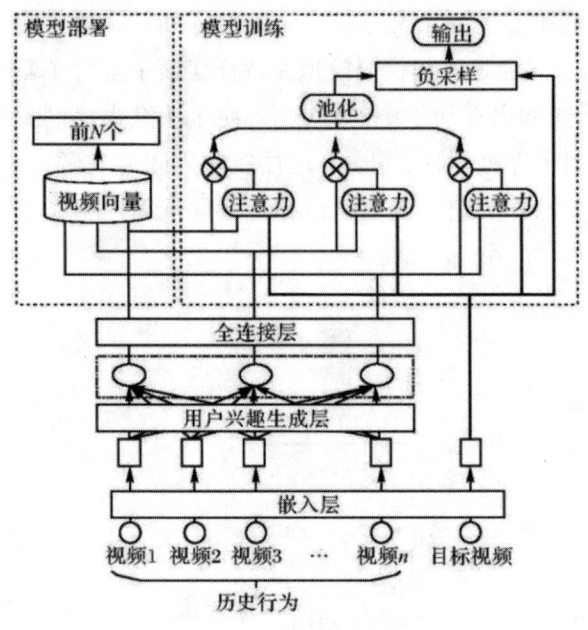

目标视频中包含了我们所需要的推荐节目。根据获取的推荐节目 ID 索引到节目名称,利用 Hugging Face 在和新闻推荐的同一语义空间中生成节目名称的文本表征。

(3)群组推荐的目标函数

最终的目标函数可以表示为 $L_{loss} = L_{CATV} + \alpha L_{emb}$,其中 L_{CATV} 表示基于胶囊网络的有线电视节目推荐模型的损失,L_{emb} 即 Hugging Face 表征后的新闻文本和节目名称两者之间的语义表征损失,损失方式可以是内积,也可以是通过相似度方法计算相似性。α 是一个超参数,用来控制报业网站用户信息对最终推荐结果的影响程度。融

图 3.15 有线电视节目推荐模型

合报业网站用户信息的有线电视节目推荐模型的整体架构如图 3.16 所示。

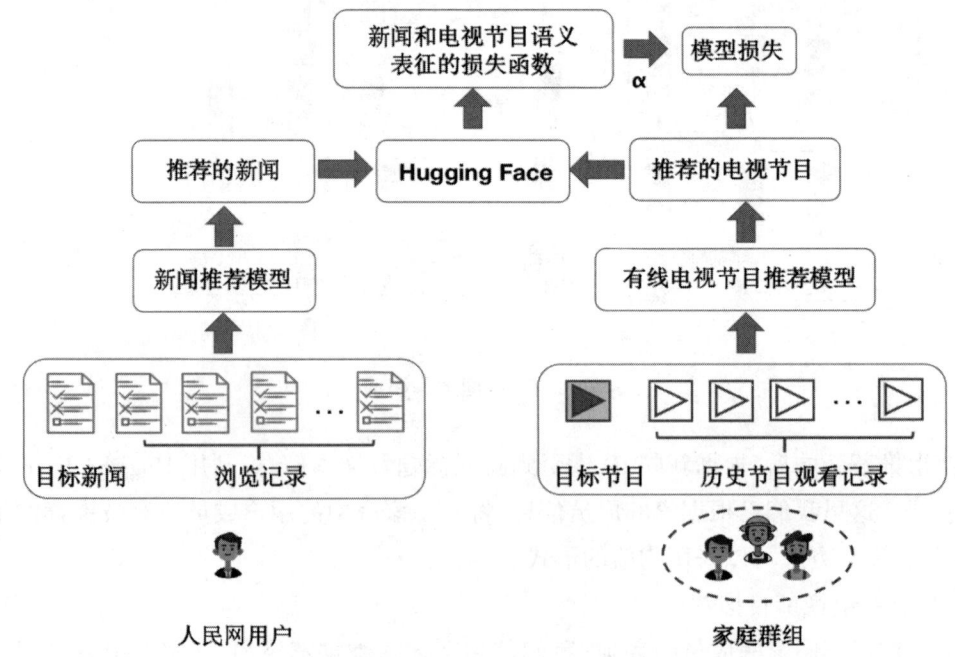

图 3.16 融合报业网站用户信息的有线电视节目推荐模型的整体架构

四、跨平台多模态的可行性

在"广电媒体+报业媒体的媒体融合模型"中,广电、报业相关云平台具有异构性,媒体形态也有很大不同,也各自发展了自己的客户端。如何在多模态应用中规避这种不同或异构并统一客户端结构?下面给出两个实验案例。

1.基于 Web AR(增强现实)技术的媒体多模态展示实验

对文本、数字图像和三维模型等新闻多模态信息实现 AR(Augmented Reality,增强现实)融合展示,为了打通异构性,采用互联网浏览器技术。

增强现实是一种将虚拟信息与真实世界巧妙融合的技术,运用多媒体、三维建模、实时跟踪注册、智能交互等多种技术,将计算机生成的虚拟信息与真实环境叠加或融合显示,从而实现对真实世界的"增强",由于其良好的交互性与趣味性,近年来在很多领域都有创新应用。传统的 AR 解决方案包括两种:一是依赖专用硬件,如 AR 头显,沉浸感强但价格昂贵、便携性差;二是基于移动端 App,独立开发或集成在其他 App 中,虽然解决了可移动性问题,但需要用户额外下载安装,跨平台性差。然而,在社交平台、融媒体业务不断发展的现阶段,用户在不同的 App、网站、手机电脑终端设备间频繁切换,媒体也开始支持跨平台应用,局限于某个 App 的 AR 应用体验性越来越差,需要寻求普适性更高、跨平台、易传播的 AR 应用模式。基于此,Web AR——基于 Web 端运行在浏览器上的 AR 解决方案——开始发展,依靠 Web 原生的跨平台特性,用户无须下载 App,通过手机、电脑浏览器访问 URL 链接即可获得 AR 体验,并易于在社交媒体转发分享,很好地适应了社交融媒体时代的特点。

Web AR 作为计算机学科中一种较新颖的技术,具有较强的交叉融合性。如图 3.17 所示,Web AR 工作流程的终点是在网页达到虚实相生的效果,而在此之前,需要设备实

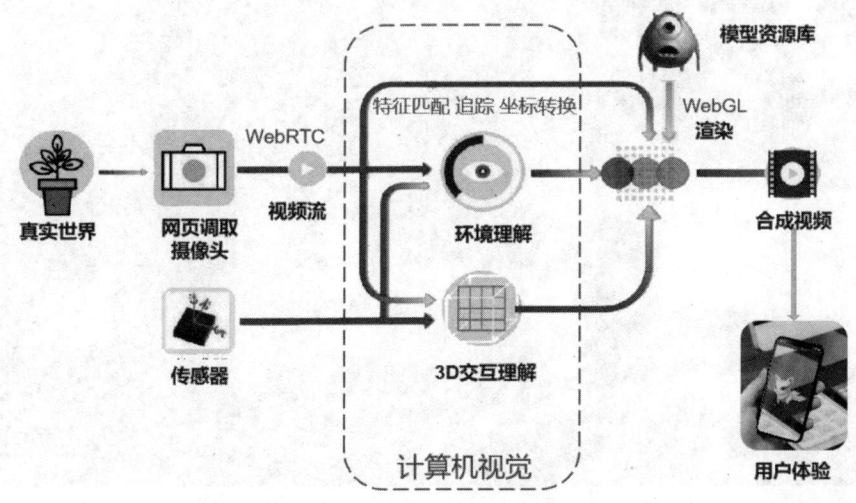

图 3.17 Web AR 系统工作流程

时处理真实环境视频流,输入算法模块执行环境理解,然后从服务器端加载预设的虚拟资源,根据环境感知结果进行三维模型的绑定和渲染,最后与真实环境合成视频,呈现给用户。另外,优秀的 AR 系统还具备手机陀螺仪传感器感知控制和用户手势与仿真模型互动的能力。

我们开发的新闻网页 Web AR 特效的实验系统,能从一个侧面展现跨平台多模态的可行性。用手机扫描电脑上用浏览器打开的新闻网页中的图片后,手机上可产生增强现实效果的图,体现了媒体内容的融合性:内容跨大屏小屏、跨模态。例如对于图 3.18 所示电脑上报道熊猫的新闻网页,借助这一实验系统,我们可以看到如图 3.19 所示的手机上有增强现实效果的熊猫模型图,即实现了数字图像和三维模型等跨平台的融媒体展示。

图 3.18　电脑新闻网页中的图片

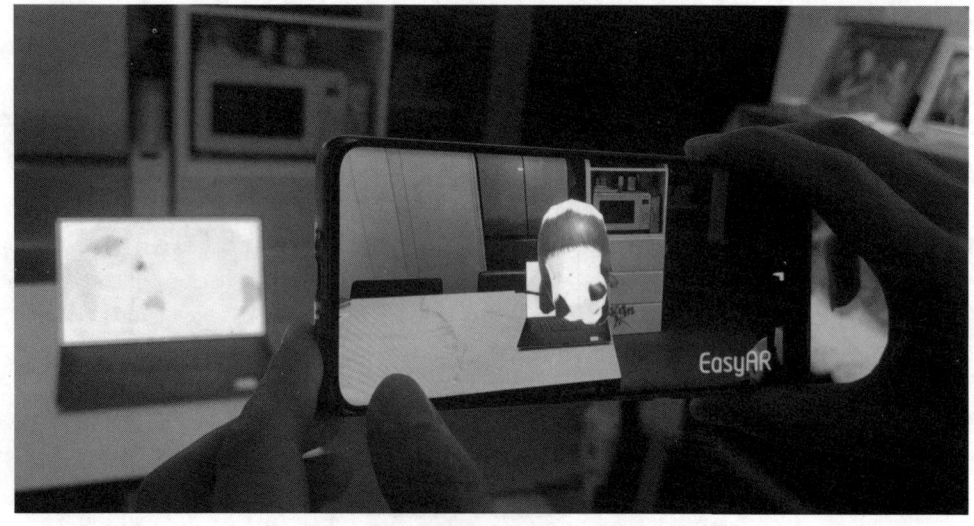

图 3.19　有增强现实效果的熊猫模型图

针对 Web AR 存在的识别标记单一、追踪自然图像帧率低等问题,我们改进并开发了 Web AR 系统:

(1)设计了图像识别算法,结合 DBSCAN 聚类和动态阈值改进 ORB 特征检测算法,实现了 AR 服务场景中常见类型自然图像更精准的识别效果;

(2)设计了前后端分配策略,优化了图像数据在用户浏览器与服务端之间的传输模式;

(3)搭建了全流程的 Web AR 系统,满足管理端活动发布以及用户侧 H5 页面 AR 效果体验的需求。

该 Web AR 系统支持对新闻网页中的数字图像、二维码以及 LOGO 等的识别,以 Web AR 方式展现多模态融合的增强现实效果。

2.平台互操作技术实验

我们研究了多种远程过程调用技术,并开展了互操作技术支撑实验测试。首先,调研分析了不同远程调用过程技术,最终选择 gRPC 作为基础来实现多主体私有服务之间的互操作和调用;gRPC 基于二进制的协议性能更强,为所有平台和语言提供相关工具,具备完全双向流式传输能力。随后以文本情感计算服务为例设计了应用场景并进行了设计验证,验证结果表明,基于远程过程调用的技术框架能够满足多主体将原来的私有服务实现共享调用和互操作的需求。

我们主要通过模拟某机构提供的情感计算服务来构建实验场景;该机构提供了一个文本情感计算的服务,能够通过机器学习模型来计算输入文本的情感倾向,并提供五种不同情感的反馈结果;另一个机构则通过 gRPC 来使用该模型向其他用户提供服务。

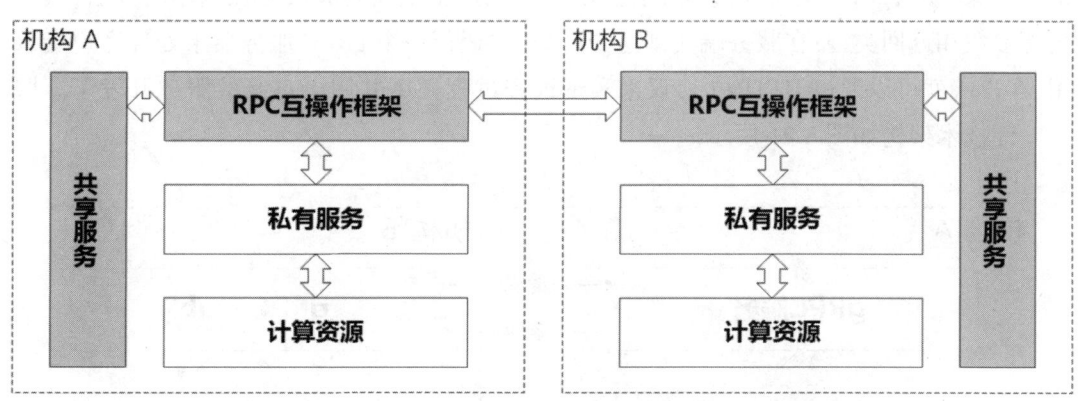

图 3.20 RPC 实验场景

图 3.20 所示为两个不同机构采用基于 RPC 的互操作模式实现私有服务互相调用的实验场景。现有场景下,媒体机构利用所拥有的计算资源搭建私有服务,以便为媒体用户提供服务。在媒体融合过程中,媒体机构可以通过增加基于 RPC 的互操作框架来互相

调用对方的私有服务,甚至可以在对方的原有服务上构建自己的共享服务,来服务自有用户。这种形式使媒体机构在融合过程中能够结合得更加紧密,解决了融合过程中私有算力和服务共享的问题。

在 RPC 解决方案选型过程中,我们对比了多种开源 RPC 框架的功能,其结果如表 3.4 所示。

表 3.4 RPC 框架对比

功能	Dubbo	Montan	rpcx	Thrift	gRPC
开发语言	Java	Java	Go	跨语言	跨语言
分布式	√	√	√	×	×
多序列化框架	√	√	√	×	×
跨语言开发	√	×	×	√	√
运维成本	中	中	中	低	中
响应时长中位数	慢	较慢	中等	较快	快

根据表 3.4 可以看出,在跨语言和响应性能方面,gRPC 有较大优势。媒体机构技术团队不同,往往采用不同的开发语言维护私有服务,因此兼容性是我们首要考虑的方面,再结合运维成本和响应性能,最终我们选择使用 gRPC 作为基础框架来进行技术验证。

gRPC 的客户端应用可以像调用本地服务一样调用不同服务器上应用提供的方法,这使得媒体机构能够方便地调用其他媒体机构提供的应用来创建自有服务。与其他 RPC 框架类似,gRPC 的实现过程是:定义一个服务,指定其能够被远程调用的方法,其中包含参数和返回类型;在服务端实现这个接口,并运行一个 gRPC 服务器来处理客户端调用;客户端就可以通过 HTTP/2 协议来实现远程过程调用并用于自己的服务开发了。服务验证技术架构如图 3.21 所示。

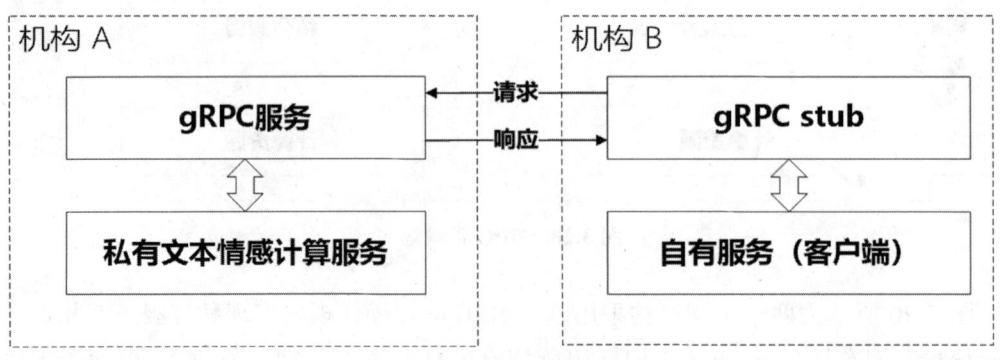

图 3.21 服务验证技术架构

我们在技术验证过程中,使用一个文本情感计算服务作为调用对象,模拟媒体机构 A 提供了这一服务,并在其应用所在服务器上新增了 gRPC 的服务端,定义了 RPC 接口。随后在另一台用于模拟机构 B 的服务器上,编写了一个 gRPC stub 接口并完成了客户端;该客户端可以向其他用户提供文本情感分析服务。

五、区块链内容交易与溯源技术实验

我们基于区块链技术设计了一套相对独立的媒体融合协作网络,在尽可能不影响各机构现有媒资系统的前提下,各媒体机构可根据自身需求接入网络,实现平等的媒体资源和利益交换。鉴于各媒体机构无法将私有媒资库公开托管,我们以图像资源为例验证了链上交易授权、链下确权获取资源的技术可行性。这种链上链下结合的方式,在可用的前提下最大程度地保护了各媒体机构的私有权益。同时,我们提出了一种将图像相似度算法与区块链相结合的图像溯源机制,提升了媒体融合场景下图像溯源的全面性,缓解了小幅度二次创作带来的确权问题。最后构建了媒体融合的多主体协作技术验证平台,实现了可用、可信、公平的图像资源交易,验证了基于区块链的融媒体内容交易可信机制的技术可行性,为报业与广电提供了一种能够有效地促进媒体融合的技术方案。

1.技术方案总览

(1)媒体融合技术验证典型场景

以代表报业机构的人民科技 CaaS 内容服务平台与代表广电机构的索贝 MOC 融媒办公生产平台进行融合的场景作为方案设计与实验:报业平台中接入《人民日报》与《北京日报》作为代表示例机构,广电平台中接入央视 CCTV 与中国环球电视网 CGTN 作为代表示例机构。在该案例中,已将报业机构与广电机构进行分类,并各自以对应的内容生产平台为单位进行接入管理。利用区块链技术构建二者融合场景,可实现一个多主体全连接且多方协作的媒体融合网络。区块链技术消除了对可信中介的需要,其安全机制支持主体之间进行点对点通信,且所有节点均持有可访问交易账本。

图 3.22 所示为引入区块链网络后,各主体融媒体协作网络的结构设计。图左为网络结构的整体设计。以超级账本框架为基础,以节点、组织和链为单位均能进行网络结构扩展。当以链为单位进行扩展时,为在相同节点、不同链的情况下保证交易不发生冲突,超级账本框架设计了通道(Channel)结构以隔离不同链。图右为媒体融合多主体协作网络的详细结构设计,将广电与报业作为代表机构接入网络,在组织已接入联盟链的情况下,需继续接入最小网络单位——节点(Peer),才能支持点对点的可信通信,因此将代表机构作为节点接入各自原本应接入的平台中。

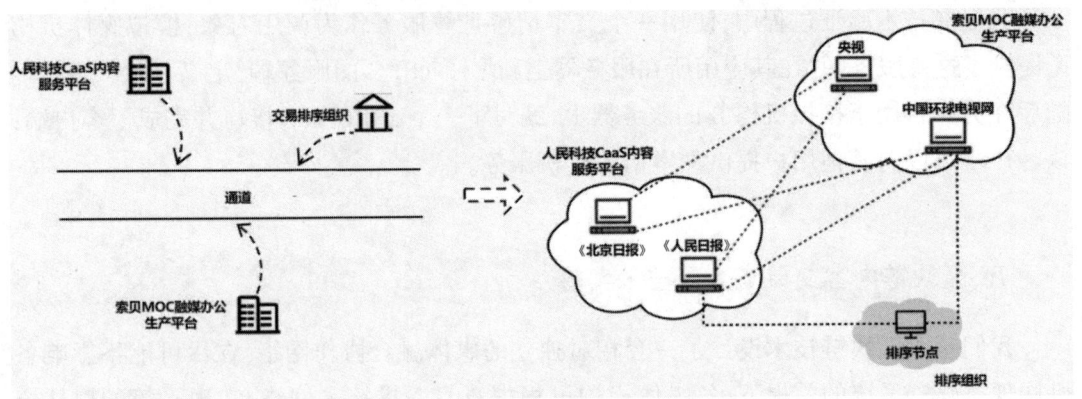

图 3.22 实验网络结构

(2) 验证平台技术架构

参考现有的基于区块链技术的分布式应用,面向融媒体的区块链图像资源交换平台的架构如图 3.23 所示,由下至上分别为数据层、业务逻辑层与用户交互层。数据层与业务逻辑层共同包含报业与广电媒体融合的多主体协作网络,为技术验证平台的核心。数据层主要负责链下链上相关数据定义与存储,业务逻辑层负责将设计完成的交易过程可信机制、支撑交易过程可信机制的其他机制以及融合于多主体协作网络的主体加入退出机制等划分为不同的逻辑业务进行功能区分。用户交互层为平台的操作展示层,分为网络操作的可视化与区块链网络的可视化。网络操作的可视化部分将多主体协作网络中的所有相关交易过程可信机制测试通过按钮与输入框的形式进行美化,以简化操作,能更清晰地反馈交易机制的测试结果,也更贴近于真实的资源交换测试平台。

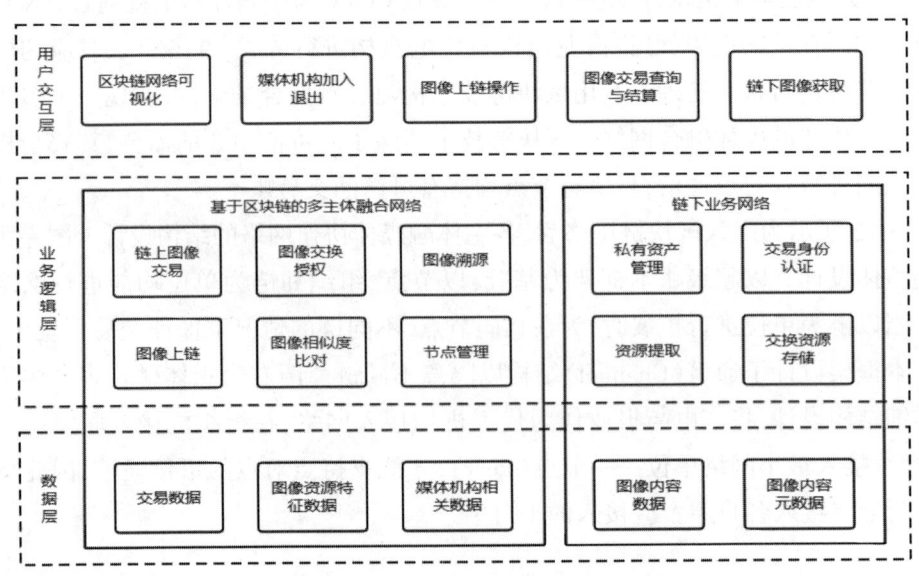

图 3.23 技术验证平台架构图

2. 媒体资源可信交易机制

(1) 资源存储架构

在媒体融合过程中，各主体并不能一开始就将私有媒资库进行共享。那么，为了既能保证参与交易各主体间的资源能够实现交换，又满足媒资系统的私有需求，我们设计出链下链上相结合的数据存储服务。图 3.24 为基于资源私有管理的数据存储服务结构设计图，分为链下与链上两部分存储。链上存储媒体资源也即存储图像的特征，并将其交易、结算过程写入区块中，链下存储实际图像，通过区块链结算后的授权令牌来完成文件的交换。

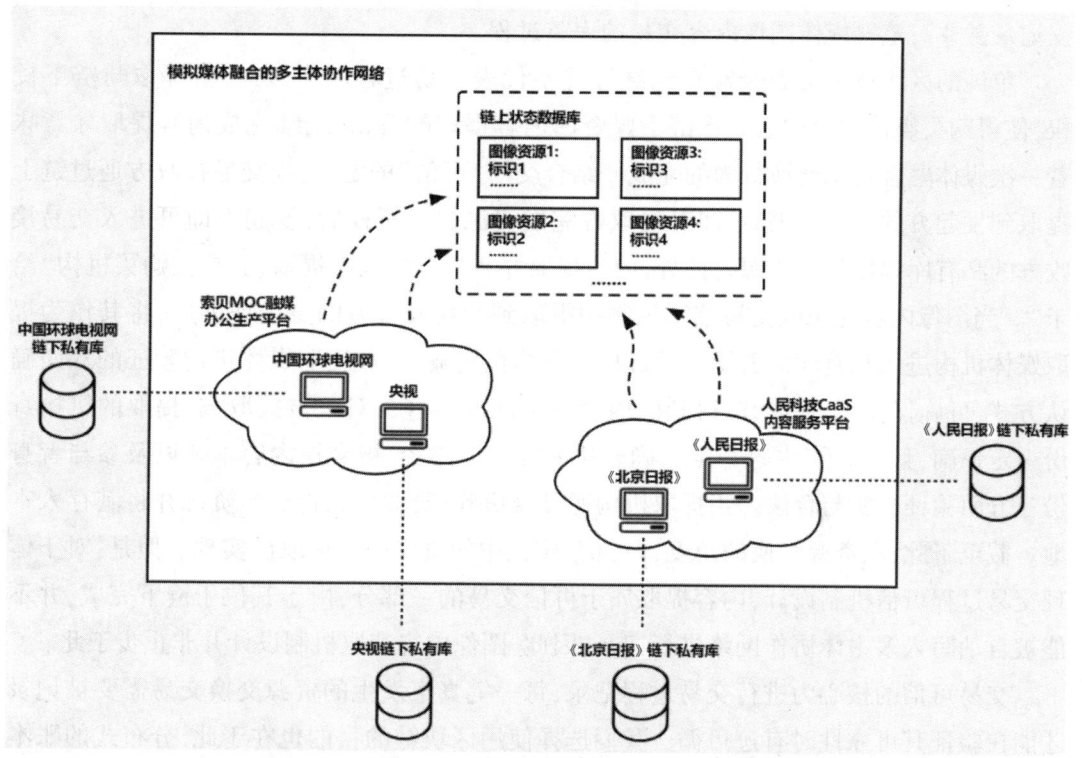

图 3.24 资源私有的链下链上数据存储服务结构图

(2) 可信交易过程

我们对于交易可信，做出如下定义：在区块链技术的支撑下，对于以节点身份接入网络的媒体机构，使用图像内容交易过程可信机制进行媒体融合内容交易时，首先可于其中完成抛开第三方参与监督的金额交易；其次，能够获得真实的融媒体内容；最后，利用区块链技术的分布式存储特性，完整记录交易，且可被查询。基于以上对"可信"的定义，采用利益交换与内容提取分离的方式完成如下交易机制设计。图像内容使用权交易结算机制与图像内容获取机制为交易过程可信机制的核心，根据链下链上的存储服务框架进行划分。图像内容使用权交易结算机制为第一部分，完成金额交易是实现媒体融合资源交换的前提,也是保障各机构利益的核心。由于在超级账本框架所营造的媒体融合环境下,所有机制均通过智能合约实现机构间身份平等、点对点的不可中断的金额自动结算,且在由多方参与的共识机制下,多节点的交易背书、打包排序以及交易验证过程可在不依赖第三方机构监督的情况下获得正确、可靠的交易结果与备份,因此设计出合理的金额计算方式可完成部分图像内容交易过程可信机制的设计。金额的计算通过最简单的方式实现,即发起方扣除相应金额,被发起方添加相应金额,则代表完成了金额支付与收取。该方式也是超级账本框架中最简单的转账方式。但是,参照交易"可信"定义,单纯的金额自动结算并不能满足支撑交易过程可信的图像内容使用权交易结算机制,该过程记录并非一笔融媒体图像内容交易的完整过程。

单纯的区块链上资源金额自动结算并不代表交易过程的完成,身份提取与链下授权,使得购买媒体的机构已具备链下媒资库内容提取的资格,继续完成内容提取才意味着一次媒体融合资源交换行为的完成。结合交易"可信"的定义,当交易接收方通过链上提取到发起方的身份证书后,即对提取方完成资源提取授权后,发起方即可进入交易接收方的私有库提取目标资源。此处,内容提取并非真正的入库提取,而是被购买机构"给予"。当图像内容使用权交易结算机制中提取到交易发起方的身份证书后,将其作为提取媒体机构进入私有库的密钥。通过提取媒体机构输入、被提取媒体机构验证的双向确认方式,可确保:对于提取方,得到的内容一定匹配、真实;对于被提取方,提取的机构身份一定正确,且"给予"内容一定正确。从内容获取路径、被交换内容本体以及参与者身份三方面验证真实与合法。当提取机构通过身份验证,即可获得交易资源并将其存入本地。截至于此,从资源交换的角度,"可信"定义中的真实内容提取已实现。但是,对于体现交易过程可信机制设计,内容提取属于可信交易的一部分,由于其位于链下完成,并不能被自动写入多主体协作网络进行记录,因此,图像内容获取机制设计并非止步于此。

交易可信的核心为进行交易过程记录,每一笔真实发生的资源交换交易需要被记录才能在验证其可靠性时有迹可循。我们选择使用区块链的目的也在于此,分布式的账本存储能够安全地保障每笔交易数据的真实记录,且不可篡改与删除。当资源交换完成之后,需要将其交易信息存入基于区块链技术的多方主体协作网络中,才能保证交易后可信特性的延续,交易的真实记录不被修改。同时,通过利益交换获取的资源,虽仅拥有使用权,可利用其合法地进行内容生产,但为防止链下私有库存储的误操作导致数据丢失并保持链上链下存储一致,同样需以备份为目的将该资源的元数据存入安全、可信的链上库中。因此,提取完成之后,还需加入交易记录与新资源上链,即组合为完整的图像内容获取机制,实现我们对交易"可信"的定义。

3. 基于相似度算法的图像溯源机制

(1)图像相似度算法评估

图像相似度算法方面,为了让用户在使用系统时有良好的用户体验,应满足用户对数据查询的实时性需求，同时使数据存储在区块上且不造成太大的负担，满足区块链链上环境对数据存储格式和数据大小的限制。基于此选取的图像相似度算法的计算速度要尽可能地快，提取出的图像特征要尽可能地小，这两点是重要的评估指标。实用性则从图像相似度算法在分辨率变换的鲁棒性、图像内容修改的鲁棒性和图像相似度误判率三方面的表现进行评估，这是为了满足在对同一张图像经过分辨率改变或对图像添加文字标注后仍能通过图像相似度算法检测出其相似性。因此评估中认为在对同一图像数据集进行相似度计算的算法中，算法提取的特征大小较小、计算速度快、表现比较稳定且误判率较低的算法具有优势。通过 5 个维度，综合评估实验的结果，选择一个合适的、鲁棒性好、易移植的图像相似度算法作为对图像溯源机制的技术支撑。

数据集则采用科雷尔 5K（Corel5K）数据库作为此次评估所使用的图像数据集基础。Corel 图像库是由科雷尔（Corel）公司收集并整理的公开图像数据集。该图像数据集的图像种类十分丰富，涵盖人物、动物、风景、建筑等多个图像类别，高度覆盖了融媒体场景下所需的图像类型。在该图像数据集的 40 个训练集 CD 中选取 50 张分辨率为 198×128 大小的图像，构成一个拥有 40 个图像类别的图像数据集 ImageSim2k，该图像数据集中共有 2000 张图像。为了评估图像相似度算法对图像分辨率变换和图像内容修改方面的鲁棒性，还需对 ImageSim2k 图像数据集中的部分图像进行分辨率变换、添加文字标注等操作，作为实验数据的输入，与 ImageSim2k 数据库中的图像进行相似性比较，以便从更多的维度来评估算法，使选出来的算法更具可用性。

对五种图像相似度算法的性能进行总体评估，如表 3.5 图像相似度算法整体比较结果所示。

表 3.5　图像相似度算法整体比较结果

算法名称	图像特征平均大小（B）	算法平均执行时间（s）	分辨率变换	图像内容修改	图像相似度误判率
平均值哈希算法	64	0.0014	97.26%	97.65%	8%
差异值哈希算法	64	0.0010	94.92%	98.03%	0
感知哈希算法	64	0.0058	97.26%	96.05%	0
SIFT	1647	0.0198	52.69%	62.83%	4%
ORB	339	0.0076	31.03%	74.12%	2%

根据表 3.5 可以看出平均值哈希算法、差异值哈希算法和感知哈希算法三种传统图像相似度算法在图像特征平均大小、算法平均执行时间、分辨率变换和图像内容修改、图像相似度误判率五个维度的数据表现较好。在图像特征大小相同的情况下，差异值哈希算法的执行时间最短，且分辨率变换和图像内容修改的鲁棒性表现也处于上游，图像相似度误判率最低，可以有效地识别出图像之间的相似性。结合前述评估标准进行综合评估，选择差异值哈希算法作为溯源机制中使用的图像相似度算法，并将相似度计算结果为 80% 及以上的图像认定为相似图像，相似度结果小于 80% 的图像认定为不同图像。

（2）图像溯源机制

确定图像相似度算法后,我们结合该算法及区块链交易查询机制,实现了图像溯源机制,包括图像上链和图像溯源查询两部分。图像上链功能是验证平台的核心功能之一,媒体机构通过客户端上传图像进行图像上链操作。图像上链时会使用差异值哈希算法提取图像的哈希特征,并与区块链上已存储的所有图像哈希特征值逐一进行比对,计算出相似度。只有相似度小于规定阈值的图像才能上链,否则就拒绝上链,达到阻止相同图像或者相似图像重复上链的目的,维护图像所有者的权益。

系统构造一个图像上链的交易,图像锁定的脚本是使用当前机构的公钥生成的,说明该机构是图像的原创方,其他机构若想使用该图像则需要花费数据库设计中图像金额 Price 字段的金额值来购买。接下来使用私钥对该交易进行签名,保证其他机构能验证该交易是真实有效的,最后将图像信息写入资产信息,将该交易写入账本,并将消息广播到各节点处,确保账本的同步性,完成图像上链。图像上链的实现流程如图 3.25 所示。

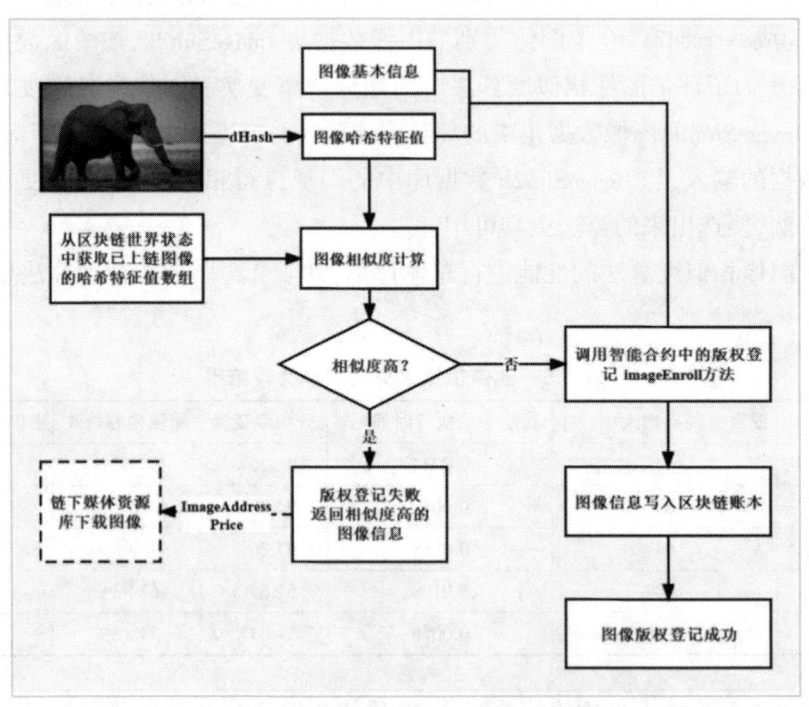

图 3.25　图像上链实现流程

媒体融合场景下,有两种需要溯源的场景:一是任何机构都可以查询所有已上链图像资产的交易记录,满足用户对图像的溯源需求;二是当媒体机构不能对图像上链时,说明该图像或者该图像的相似图像已经存储在区块链上,此时机构可以查询到与该图像高相似的所有图像的图像交易记录。这一机制扩大了溯源范围,实现媒体融合场景下对图像的溯源需求。

使用差异值哈希算法对媒体机构上传的图像在区块链中进行相似性检测并溯源，若在区块链中存在与待上链图像高度相似的图像，则返回给媒体机构高相似图像的信息和交易记录。媒体机构上传图像并填写图像信息后，发起图像上链请求，将图像文件上传到服务器，通过使用差异值哈希算法提取图像的差异值哈希特征，并调用区块链查询方法遍历整个区块链上的图像哈希特征字段进行相似度计算。若在区块链中存在与待上传图像相似度较高的图像，则不允许该图像上链；若在区块链中不存在与待上传图像相似的图像，则允许该图像上链。具体的检测流程如图 3.26 所示。

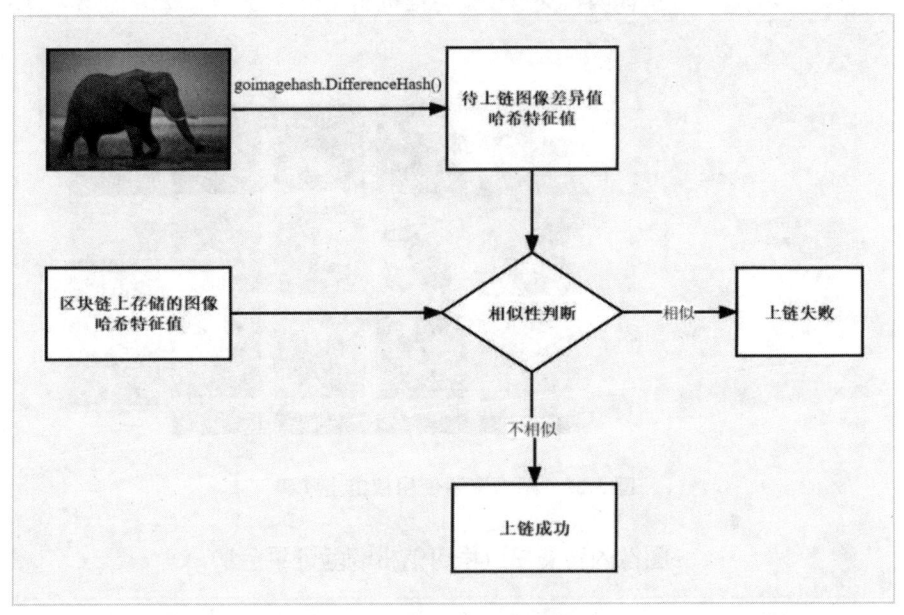

图 3.26　图像相似性检测流程图

4. 交易流程展示

资产交易包含图像内容交易过程可信机制进行技术可行性验证的核心页面，分为三个分支，其中包含了所有交易机制过程可信机制的核心测试。代币分支用于机构账户代币余额查询与充值，通常充值的金额以交易金额为参考。进行交易前，通过查询余额的方式进行代币充值。进行资源交易时，用户可通过浏览点击的方式查看资源，点击选择即可实时显示待购买资源的持有机构名、资产名与价格信息，点击"购买"将上述参数传至图像内容使用权购买机制，触发自动结算完成一次金额交易。

如图 3.27 所示，购买机构通过点击选择"amani.jpg"图像，将立即从链上获取该资产数据所属机构名 CCTV、资产名 amani 及其价格 2500，信息显示于左侧界面，点击"购买"即可发起资源交易。完成该步骤即结束图像内容使用权结算机制技术可信性验证。当转账成功后，平台提示将返回资产 ID，用户进入提取分支，输入提取资产 ID 与身份信息完成双向身份验证即可读取资源，将资源下载至本地。如图 3.28 所示，通过左侧私有库身份验证界面输入完成链上提取授权机构名称 psdo 及其身份证书,并输入链下确权待提取所属媒体机构 CCTV 与私有库内 ID,身份验证成功后即可资源读取,返回至页面显示于页面右侧,可通过读取显示的方式验证提取资源是否正确。点击"存储"即可下载至本地。至此即完成图像内容获取机制可信性验证。以上所有操作,即完成一次图像内容交易过程可信机制的技术可信性验证。通过多主次协作融合网络链上利益交换,实现链下真实图像资源获取。

图 3.27　图像资源使用权链上购买

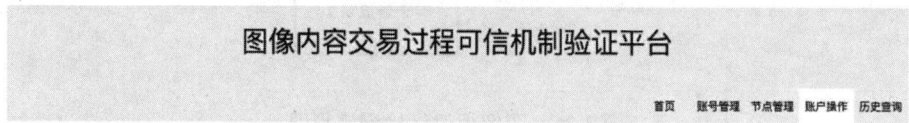

图 3.28　图像资源链下提取

5. 图像溯源展示

由中国环球电视网 CGTN 机构在机制中发起对图像上链的请求,如图 3.29 所示,点击查询上链资格按钮发起图像信息上链的请求,上链交易提案由系统的 peer0.org2.exm 节点发送到区块链网络。图像相似度的检测分为以下两种情况:

图 3.29 图像信息上链界面

假设可以对该图像进行上链操作,区块链网络的 peer1.org2.exm 节点进行背书,然后经过排序和记账后,将图像上链成功的结果返回给 CGTN。假设不可以对该图像进行上链操作,如图 3.30 所示返回给用户区块链上相似图像的溯源结果,用户可查看该图像的信息和交易记录。

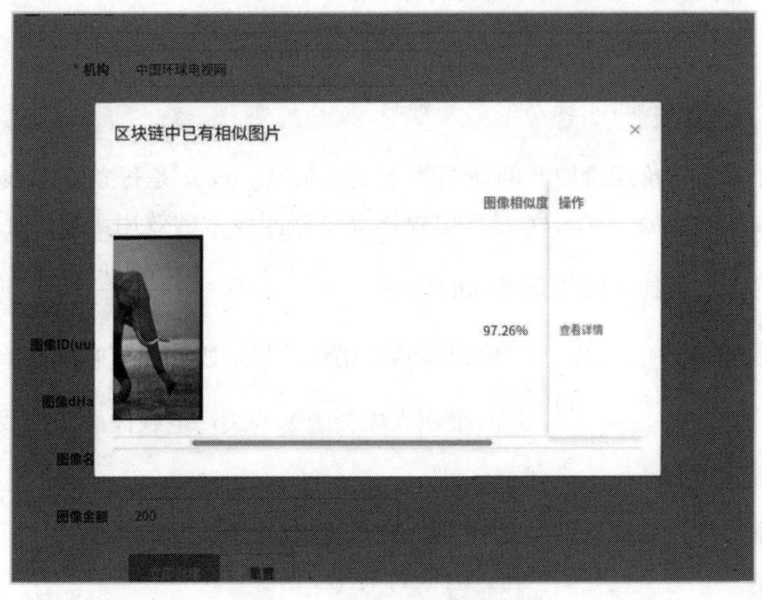

图 3.30 相似图像溯源结果

CGTN 可以通过界面查看已经存在于区块链上的图像,如图 3.31 所示。

图 3.31　图像溯源结果

验证平台展示了融媒体内容可溯源服务的主要流程。平台基于区块链构建了媒体资源交换网络,在不公开共享各主体媒体资源的前提下,通过链上链下相结合的方式,实现了图像交易,并验证了图像溯源机制的有效性。

六、基于博弈论的新闻线索交易策略

可以采用基于讨价还价博弈的新闻线索交易策略。设 w 是每条新闻线索的单价,l 是提供的新闻线索条数,$U(w,l)$ 是广电媒体提供新闻线索的效用函数。$R(l)$ 是报业媒体因从广电媒体购得的新闻线索增加的效益,有 $\dfrac{dR(l)}{dl} > 0$、$\dfrac{d^2R(l)}{d^2l} < 0$,则报业媒体相关的效用函数为 $(R(l) - wl)$。广电媒体希望销售给报业媒体的新闻线索单价高且销量高,即 $\dfrac{\partial U(w,l)}{\partial w} > 0$,$\dfrac{\partial U(w,l)}{\partial l} > 0$,报业媒体会因为购买广电媒体的新闻线索单价高而限制采购量。关于新闻线索的销售单价和采购数量双方需要进行讨价还价,其中讨价还价的解是一个帕累托最优合同(合同曲线),即双方效用函数的纳什积,可表示为:

$$\underset{l \geqslant 0, w \geqslant 0}{Max}\; U(w,l)\,(R(l) - wl)$$

其最优解的一阶条件为:

$$\frac{\partial U(w,l)}{\partial w}(R(l)-wl)-U(w,l)\,l=0$$

$$\frac{\partial U(w,l)}{\partial l}(R(l)-wl)-U(w,l)\left(\frac{dR(l)}{dl}-w\right)=0$$

可得：

$$-\frac{\frac{\partial U(w,l)}{\partial l}}{\frac{\partial U(w,l)}{\partial w}}=\frac{\frac{dR(l)}{dl}-w}{l} \tag{3.1}$$

广电媒体平台希望新闻线索单价在效用函数中的作用更大，这样即使新闻线索数量一般也有收益。假设 $U(w,l)=(w-C)^2\sqrt{l}$，$R(l)=K\sqrt{l}$，常数 K 是 l 的某种上界，C 是单位成本，满足 $\frac{dR(l)}{dl}>0$、$\frac{d^2R(l)}{d^2l}<0$ 和 $\frac{\partial U(w,l)}{\partial w}>0$、$\frac{\partial U(w,l)}{\partial l}>0$ 的要求。

可求得：

$$\frac{\partial U(w,l)}{\partial l}=\frac{(w-C)^2}{2\sqrt{l}}$$

$$\frac{\partial U(w,l)}{\partial w}=2(w-C)\sqrt{l}$$

$$\frac{dR(l)}{dl}=\frac{K}{2\sqrt{l}}$$

带入式(3.1)有：

$$l=\frac{4K^2}{(3w+C)^2}$$

七、合作演化博弈分析

1.博弈背景分析

与报业平台相比，广电平台具有较强的媒体技术支撑能力，特别是音视频处理能力，可以为各类媒体机构提供超高清视频加工制作服务、海量新闻线索服务等高水平技术服务。人民网等国家级报业平台内容发布渠道多，影响力大，可以认为是权威媒体机构。

人民网等权威媒体机构，有大量的自媒体用户，需要广电平台采集的新闻线索以及超高清制作技术的支持。同时，权威媒体机构由于其权威性，具备一定的假新闻识别能力，同样可以为广电平台甄别假新闻提供技术支持和服务。有线电视自身难以获得个人用户行为信息，这会影响其内容推荐和广告效益，但它通过具有海量注册用户的权威媒体获得有线电视用户的个人行为信息是有可能的。因此，报业平台与广电平台的合作是具有互利性的。然而事情都是有正反两面,这种合作是有成本和风险的,例如报业平台需要将一部分商业信息提供给广电平台,从而可能存在使报业平台丧失一定话语权等合作冲突问题。

演化博弈论是把博弈理论分析和动态演化过程分析结合起来的一种理论,主要用来研究群体行为的演化过程及演化稳定性,适用于两个群体的博弈动态过程及演化因素分析。因此,在降本增效的目标下,我们将使用演化博弈论来研究广电相关的媒体技术支撑平台与权威媒体在何种情况下可以维持稳定的合作关系,以及演化过程中超额收益、额外成本、损失成本又是如何影响演化过程的。

这里假设两个博弈群体都是"有限理性"的,即博弈双方对于策略的选择是在演化过程中不断修正和改进的,成功的策略被模仿,进而产生一些一般的规则作为博弈双方的行动标准。在这些一般的规则下,博弈主体获得满意的收益。我们通过构建媒体技术支撑平台以及人民网等权威媒体的非对称演化博弈模型,求解复制动态方程、雅克比行列式判别条件等,讨论不同情况下博弈主体的决策机制与系统的演化机理,从而探讨两者的演化规律,以期为广电平台及报业平台的协同发展提供理论支持。

2. 基本假设和博弈模型构建

(1) 基本假设和模型参数

演化博弈模型中有两个参与群体:以广电平台等为代表的媒体技术支撑平台与以人民网为代表的权威媒体。媒体技术支撑平台的策略为深度合作或传统合作,权威媒体的策略为合作或不合作。

假设1:媒体技术支撑平台选择"深度合作"的概率为$x(0 \leq x \leq 1)$,选择"传统合作"的概率为$1-x$;权威媒体选择"合作"的概率为$y(0 \leq y \leq 1)$,选择"不合作"的概率为$1-y$。

假设2:当媒体技术支撑平台选择"深度合作"策略时,此时双方相互依托、共生进化。即媒体技术支撑平台与权威媒体共享信息与数据,媒体技术支撑平台为权威媒体提供数据(例如新闻线索)、高清视频编辑等支持,而权威媒体可以提供假新闻识别等支持。此时,媒体支撑平台可能利用技术优势、数据优势及合理的定价来吸引更多权威媒体来合作,从而获得一定的超额收益R_1。同时,媒体技术支撑平台可能会因为提供技术与数据而产生投资成本,也可能会因为价值交换不合理而造成权威媒体用户流失等构成商业风险,此时构成的成本记为额外成本C_1。

假设3:媒体技术支撑平台选择"传统合作"时,与权威媒体是一般业务合作关系,媒体技术支撑平台仅根据权威媒体的请求提供服务。这时,媒体技术支撑平台获得的收益为V_1,但是在当前大数据及相关媒体技术快速发展的背景下,为了补充"传统合作"技术支撑能力的不足,权威媒体可能投入资金自建技术平台,从而媒体技术支撑平台可能丧失竞争优势被同类平台所超越。因此,媒体技术支撑平台选择"传统合作"可能会在将来有所损失,记为损失成本 L_1。

假设4:权威媒体选择"合作"策略,媒体技术支撑平台为其提供技术支持和数据共享服务,这有助于权威媒体提高媒体内容质量,降低运营成本,此时权威媒体获得的超额收益为 R_2。然而,如果这样,权威媒体可能因为缺乏自有技术优势且数据共享而丧失行业优势,同时权威媒体还会因与媒体技术支撑平台进行技术对接而产生一定成本,这一额外成本记为 C_2。

假设5:当权威媒体选择"不合作"策略时,此时不使用媒体技术支撑平台的服务,获得的收益记为 V_2。但由于缺少媒体技术支撑平台的数据与服务,尤其是与媒体技术支撑平台合作的权威媒体相比,有可能会导致媒体内容质量下降,从而丧失竞争优势,此时产生的损失成本记为 L_2。模型参数及含义见表3.6。

表3.6 模型参数及含义

参数	含义
V_1	媒体技术支撑平台选择"传统合作"策略时的收益
V_2	权威媒体选择"不合作"策略时的收益
R_1	媒体技术支撑平台选择"深度合作"时的超额收益
R_2	权威媒体选择"合作"时的超额收益
L_1	媒体技术支撑平台选择"传统合作"时的损失成本
L_2	权威媒体选择"不合作"时的损失成本
C_1	媒体技术支撑平台选择"深度合作"时的额外成本
C_2	权威媒体选择"合作"时的额外成本
x	媒体技术支撑平台选择"深度合作"策略的比例
y	权威媒体选择"合作"策略的比例

(2)非对称博弈模型的构建

根据以上假设与参数设计,假设参数均大于零,得到两博弈主体的收益支付矩阵,如表3.7所示。

表3.7 演化博弈两主体收益支付矩阵

媒体技术支撑平台	权威媒体	
	合作(y)	不合作($1-y$)
深度合作(x)	($V_1+R_1-C_1$, $V_2+R_2-C_2$)	(V_1-C_1, V_2-L_2)
传统合作($1-x$)	(V_1-L_1, V_1-C_2)	(V_1-L_1, V_1-L_2)

媒体技术支撑平台选择"深度合作"策略时期望收益记为 E_{11},选择"传统合作"策略时的期望收益为 E_{12},媒体技术支撑平台的平均收益记为 $\overline{E}_1$,根据表3.7可以求得:

$$E_{11}=y(V_1+R_1-C_1)+(1-y)(V_1-C_1)=yR_1+V_1-C_1 \tag{3.2}$$

$$E_{12}=y(V_1-L_1)+(1-y)(V_1-L_1)=V_1-L_1 \tag{3.3}$$

$$\overline{E}_1=xE_{11}+(1-x)E_{12}=xyR_1+x(L_1-C_1)+(V_1-L_1) \tag{3.4}$$

因此，媒体技术支撑平台的复制动态方程为：

$$F(x) = \frac{dx}{dt} = x(E_{11} - \overline{E}_1) = x(1-x)(yR_1 + L_1 - C_1) \quad (3.5)$$

同理权威媒体采取"合作"策略时的期望收益为 E_{21}，采取"不合作"策略时的期望收益为 E_{22}，权威媒体的平均期望收益为 $\overline{E}_2$，计算过程如下：

$$E_{21} = x(V_2 + R_2 - C_2) + (1-x)(V_2 - C_2) = xR_2 + V_2 - C_2 \quad (3.6)$$

$$E_{22} = x(V_2 - L_2) + (1-x)(V_2 - L_2) = V_2 - L_2 \quad (3.7)$$

$$\overline{E}_2 = yE_{21} + (1-y)E_{22} = xyV_2 + y(L_2 - C_2) + (V_2 - L_2) \quad (3.8)$$

权威媒体的复制动态方程为：

$$F(y) = \frac{dy}{dt} = y(E_{21} - \overline{E}_2) = y(1-y)(xR_2 + L_2 - C_2) \quad (3.9)$$

通过以上可知，媒体技术支撑平台与权威媒体之间的复制动态方程组为：

$$\begin{cases} F(x) = \dfrac{dx}{dt} = x(E_{11} - \overline{E}_1) = x(1-x)(yR_1 + L_1 - C_1) \\ F(y) = \dfrac{dy}{dt} = y(E_{21} - \overline{E}_2) = y(1-y)(xR_2 + L_2 - C_2) \end{cases} \quad (3.10)$$

3. 演化博弈稳定性分析

（1）均衡点

根据（3.10）所示的复制动态方程组，可得到群体演化博弈的均衡点，如表3.8所示。令 $F(x)=0, F(y)=0$，可得到博弈的5个系统均衡点 $A(0,0)$、$B(0,1)$、$C(1,0)$、$D(1,1)$ 和 $O(x^*, y^*)$，其中 $x^* = \dfrac{C_2 - L_2}{R_2}$，$y^* = \dfrac{C_1 - L_1}{R_1}$。

表3.8 系统均衡点

均衡点	detJ	trJ
$A(0,0)$	$(L_1-C_1)(L_2-C_2)$	$L_1-C_1+L_2-C_2$
$B(0,1)$	$(R_1+L_1-C_1)(C_2-L_2)$	$R_1+L_1-C_1+C_2-L_2$
$C(1,0)$	$(C_1+L_1)(R_2+L_2-C_2)$	$L_1-C_1+R_2+L_2-C_2$
$D(1,1)$	$(R_1+L_1-C_1)(R_2+L_2-C_2)$	$(C_1+C_2)-(L_1+L_2+R_1+R_2)$

（2）均衡点的稳定性分析

演化稳定策略（ESS）可能只是系统均衡点的一部分，因此以上5个系统均衡点可能有部分不满足 ESS 条件。演化均衡点的稳定性可以从系统的雅克比矩阵 J 的局部稳定性进行分析。其中矩阵 J 可以表示为：

$$J = \begin{bmatrix} \dfrac{\partial F(x)}{\partial x} & \dfrac{\partial F(x)}{\partial y} \\ \dfrac{\partial F(y)}{\partial x} & \dfrac{\partial F(y)}{\partial y} \end{bmatrix}$$

可以求解得：

$$J = \begin{bmatrix} (1-2x)(yR_1 + L_1 - C_1) & x(1-xR_1) \\ y(1-y)R_2 & (1-2y)(xR_1 + L_2 - C_2) \end{bmatrix} \quad (3.11)$$

演化博弈均衡点的稳定性须同时满足雅克比行列式条件与迹条件，即 $detJ > 0$，$trJ < 0$。在满足以上两个条件的情况下，均衡点才是演化稳定策略。

该雅克比矩阵的行列式为：

$$detJ = (1-2x)(yR_1 + L_1 - C_1) \times (1-2y)(xR_1 + L_2 - C_2) - x(1-xR_1) \times y(1-y)R_2 \quad (3.12)$$

该雅克比矩阵的迹为：

$$trJ = (1-2x)(yR_1 + L_1 - C_1) + (1-2y)(xR_1 + L_2 - C_2) \quad (3.13)$$

①媒体技术支撑平台的稳定性分析

为进一步分析博弈双方的损益对双方博弈过程的影响，将媒体技术支撑平台的复制动态方程(3.5)对 x 求导数：

$$F'(x) = (1-2x)(yR_1 + L_1 - C_1) \quad (3.14)$$

媒体技术支撑平台的演化稳定策略的条件为：$F(x) = 0$ 且 $F'(x) < 0$。令 $F(x) = 0$，得出 $x = 0$ 或 1。此外，还可以根据 $yR_1 + L_1 - C_1 = 0$ 解出 y，即：

$$y^* = \frac{C_1 - L_1}{R_1} \quad (3.15)$$

上式表明，当权威媒体采取"合作"的概率 $y = y^*$ 时，所有 x 都是稳定状态。

当 $y > y^*$ 时，当且仅当 $x = 1$ 时，满足 $F(x) = 0$ 且 $F'(x) < 0$，因此 $x = 1$ 是演化稳定策略。此时博弈的结果为：当权威媒体选择"合作"的概率大于 $\frac{C_1 - L_1}{R_1}$ 时，最终媒体技术支撑平台会选择"深度合作"策略。

当 $y < y^*$ 时，当且仅当 $x = 0$ 时，满足 $F(x) = 0$ 且 $F'(x) < 0$，因此 $x = 0$ 是演化稳定策略。此时博弈的结果为：当权威媒体选择"合作"的概率小于 $\frac{C_1 - L_1}{R_1}$ 时，最终媒体技术支撑平台会选择"传统合作"策略。

②权威媒体的稳定性分析

将权威媒体的复制动态方程(3.9)对 y 求导数：

$$F'(y) = (1-2y)(xR_2 + L_2 - C_2) \quad (3.16)$$

权威媒体选择演化稳定策略的条件是 $F(y) = 0$ 且 $F'(y) < 0$。令 $F(y) = 0$，解得 $y = 0$ 或 1。此外，还可以根据 $xR_2 + L_2 - C_2 = 0$ 解出 x，即：

$$x^* = \frac{C_2 - L_2}{R_2} \quad (3.17)$$

公式(3.17)代表当媒体技术支撑平台选择"深度合作"策略的概率$x = x^*$时,不论y为何值都是稳定状态。

当$x > x^*$时,当且仅当$y = 1$时,满足$F(y) = 0$且$F'(y) < 0$,因此$y = 1$是演化稳定策略。此时博弈的结果为:当媒体支撑平台选择"深度合作"的概率大于$\dfrac{C_2 - L_2}{R_2}$时,最终权威媒体会选择"合作"策略。

$x < x^*$时,当且仅当$y = 0$时,满足$F(y) = 0$且$F'(y) < 0$,因此$y = 0$是演化稳定策略。此时博弈的结果为:媒体支撑平台选择"传统合作"的概率小于$\dfrac{C_2 - L_2}{R_2}$时,最终权威媒体会选择"不合作"策略。

③博弈双方演化博弈模型稳定性分析

根据上述分析及复制动态方程,在$R_1 > C_1 - L_1$且$R_2 > C_2 - L_2$的条件下,双方非对称博弈有5个均衡点:$A(0,0)$、$B(0,1)$、$C(1,0)$、$D(1,1)$和$O(x^*, y^*)$,其稳定性分析结果如表3.9所示。

表3.9 系统稳定性分析

均衡点	detJ	trJ	稳定性
$A(0,0)$	+	−	稳定
$B(0,1)$	+	+	不稳定
$C(1,0)$	+	+	不稳定
$D(1,1)$	+	−	稳定
$O(x^*, y^*)$	−	0	鞍点

根据以上分析,5个演化博弈均衡点中,A、D为演化博弈稳定点,B、C为不稳定点,O为鞍点。演化博弈相位图如图3.32所示。

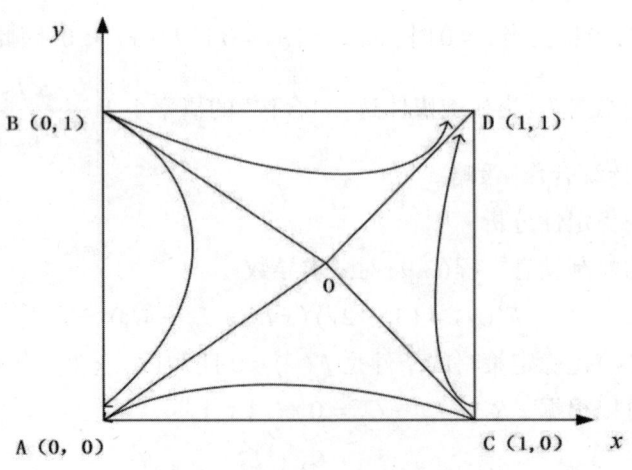

图3.32 双方演化博弈相位图

4. 博弈过程理论分析

根据以上相位图可得出博弈双方的长期演化策略集是(深度合作,合作)以及(传统合作,不合作),即如果权威媒体选择"不合作"策略,那么媒体技术支撑平台最终会选择"传统合作"策略;如果权威媒体选择"合作"策略,媒体技术支撑平台最终会选择"深度合作"策略。如果博弈开始状态落在图 3.32 的 ACOB 区域,那么系统的演化将收敛于 A 点,即博弈双方选择(传统合作,不合作),两者达到最差的博弈结果。如果博弈开始状态落在图 3.32 的 BOCD 区域,那么系统的演化收敛于 D 点,即博弈双方选择(深度合作,合作)状态,达到最好的博弈状态。

显然,博弈双方选择(深度合作,合作)策略集是最好的选择,权威媒体与广电平台可以共享资源、技术及数据,达到利益的双赢。但是,演化的方向如何,取决于 ACOB 的面积 S_1 以及 BOCD 的面积 S_2 的大小。若 $S_1 < S_2$,博弈双方选择(深度合作,合作)的概率更大;若 $S_1 > S_2$,双方选择(传统合作,不合作)的概率更大;当 $S_1 = S_2$ 时,双方选择两种策略的概率一样。从上述分析可知,博弈双方策略选择取决于 S_1 面积的大小。其中 S_1 的面积可以表示为:

$$S_1 = S_{\triangle AOB} + S_{\triangle AOC} = \frac{1}{2}(\frac{C_1 - L_1}{R_1} + \frac{C_2 - L_2}{R_2}) \tag{3.18}$$

(1)参数对媒体技术支撑平台演化的影响

①当媒体技术支撑平台选择"深度合作"获得的超额收益越大,权威媒体选择"合作"的概率越大,双方选择(深度合作,合作)的策略的可能性越大。在这种情况下,媒体技术支撑平台通过提供技术、数据以及合理的定价吸引了人民网等权威媒体的合作,从而逐渐增加超额收益,使博弈进入最优的状态。

证明:$\frac{\partial S_1}{\partial R_1} = -\frac{1}{2}\frac{C_1 - L_1}{R_1^2} < 0$,$S_1$ 是关于 R_1 的单调递减函数,当媒体技术支撑平台的额外收益 R_1 越大时,S_1 越小,整个系统向(深度合作,合作)方向演化的概率越大。

②当媒体技术支撑平台选择"深度合作"需要付出的额外成本越大时,其选择"深度合作"的概率就越低。在这种情况下,媒体技术支撑平台为促进与权威媒体的深度合作需要投入的成本越高,则博弈双方选择(传统合作,不合作)的概率就越高。

证明:$\frac{\partial S_1}{\partial C_1} = \frac{1}{2R_1} > 0$,$S_1$ 是关于 C_1 的单调递增函数,当媒体技术支撑平台的额外成本越大,S_1 就越大,整个系统向(传统合作,不合作)的概率就越大。

③当媒体技术支撑平台选择"传统合作"策略损失成本越大,其选择"传统合作"的概率越低。在这种情况下,若权威媒体投入资金进一步完善技术或构建平台,同时由于媒体技术支撑平台可能丧失竞争优势被同类平台所超越,使媒体技术支撑平台未来增加损失成本,则博弈双方选择(深度合作,合作)的概率越高。

证明：$\frac{\partial S_1}{\partial L_1} = -\frac{1}{2R_1} < 0$，$S_1$ 是关于 L_1 的单调递减函数，当媒体技术支撑平台因为传统合作损失成本增大，S_1 会变小，整个系统向（深度合作，合作）方向演化的概率变大。

(2) 参数对权威媒体演化的影响

①当权威媒体选择"合作"策略时的超额收益越大，权威媒体选择"合作"策略的概率越大，则双方选择（深度合作，合作）的动力越大。这种情况下，当人民网等权威媒体利用媒体技术支撑平台的技术、数据支撑自身媒体内容建设的收益越高，则其进行合作的意愿越大。

证明：$\frac{\partial S_1}{\partial R_2} = -\frac{1}{2}\frac{C_2 - L_2}{R_2^2} < 0$，$S_1$ 是关于 R_2 的单调递减函数，当权威媒体的额外收益 R_2 越大时，S_1 会变小，整个系统向（深度合作，合作）方向演化的概率变大。

②当权威媒体选择"合作"策略付出的额外成本越大，其选择"合作"的概率越低。在这种情况下，权威媒体使用媒体支撑平台需要付出的成本越高，则其选择"不合作"的概率越大。

证明：$\frac{\partial S_1}{\partial C_2} = \frac{1}{2R_2} > 0$，$S_1$ 是关于 C_2 的单调递增函数，当权威媒体的额外成本越大，S_1 就越大，整个系统向（传统合作，不合作）的概率就越大。

5. 结论

（1）系统的演化结果受广电媒体支撑平台与人民网等权威媒体的不同策略选择的共同影响。其中，双方的策略选择不仅影响自身，还会影响对方的策略。

（2）超额收益和损失成本的增加、额外成本的降低，会使博弈双方选择（深度合作，合作）的策略概率变大。

（3）额外成本的增加、损失成本的降低，会使博弈双方选择（传统合作，不合作）策略的概率提高，博弈走向最差状态。

为避免陷入最差的博弈状态，根据上述的研究分析，给出如下建议：

（1）深度的合作需要各方的努力。如广电媒体技术支撑平台对提供的数据、技术进行合理的定价，帮助人民网等权威媒体提高媒体内容的质量，从而创造更大的价值，进一步吸引更多权威媒体加入。

（2）对人民网等权威媒体来说，更要注重降本增效，利用其信息的权威性，向广电提供特色功能，如假新闻识别的功能，通过利益交换来促进双方的深入合作。

（3）提高超额收益、降低额外成本和损失成本是促进双方深度合作的重要前提。因此，需要广电平台、报业平台在服务定价、利益交换、平台建设等方面做出充分考量，从而有利于各方提高收益、降低成本、避免损失。

（4）发挥上层管理部门的协调作用，防止整个系统陷入不合作的困境。

第三节 多主体媒体融合技术的层次体系

如图3.33所示,多主体媒体融合技术的层次体系自下向上分别是:网络互联层、内容兼容层、平台互操作层、协同应用层,以及利益共享层。各层之间是独立的,每一层使用下层提供的服务,并向上层提供服务,同层按照交互协议实现通信。这种分层结构灵活性好,结构上可分割,易于实现和维护,有利于促进标准化工作。

当两个机构协同工作时,机构A可将获取资源的过程进行解析,拆分成若干原操作,包括获取数据的命令和数据内容地址,将这些原操作逐层向下通过网络互联层传递到媒体机构B,机构B接收到操作命令和数据内容地址后进行重构,从而将内容进行还原。在机构A平台上的投入,通过B平台上利益的补贴和交叉捆绑获得收益,实现了资源溢价。[69]

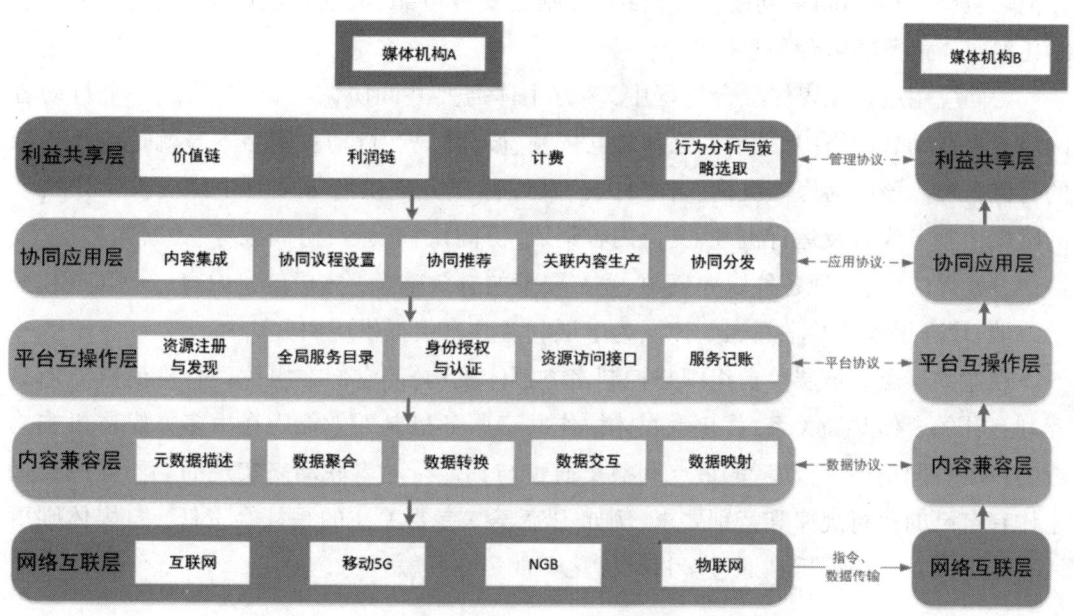

图3.33 多主体媒体融合技术的层次体系[69]

一、体系结构的各层功能

各层功能如下:[69]

网络互联层。该层是为媒体提供网络服务的异构网络集合,该集合内的网络均能独立提供媒体分发传播服务,同时又能通过统一的通信协议体系进行融合,按需提供对等质量的多样化网络服务,使媒体信息被广泛传播。网络互联层的异构网络集合中包括互联网、移动 5G 网络、物联网、下一代广播电视网 NGB 等,为融媒体应用提供高速、可靠、实时、移动、超高容量、安全的网络服务,实现信息的高质量传输,同时也促使融媒体传播格局与模式形态不断演进。

内容兼容层。在媒体融合过程中,多方主体需要在数据层面进行融合,以统一的规范方式交换媒体数据、元数据描述。该层主要梳理参与融媒体的各类主体的媒体数据以及解决相关元数据在描述、转换、聚合、交互、存储等各方面的兼容性问题,在网络互联层的基础上,提供规范的数据交换流程以及接口文件,避免存在资源的冗余存储和数据孤岛。

平台互操作层。该层通过定义良好的服务接口和接入机制将各种融媒体资源进行组合和连接,为不同媒体业务逻辑融合、资源共享提供支持,使平台间具备跨平台、跨领域的协同能力,使不同的媒体系统和组织结构之间实现相互合作、协同工作,实现融媒体业务互相渗透和交叉融合。平台互操作层应实现身份授权与认证、资源注册与发现、服务记账、资源访问接口等功能,最终目的是制定安全可靠、灵活自洽的交互机制,实现多样化融媒体业务的融合和互操作。

协同应用层。在媒体融合过程中,多方主体需要共同协调与合作,构成一个行动者网络。在行动者网络中,行动者之间相互依赖、彼此影响,行动者网络本身就是一个复杂的有机系统。该层为媒体机构、自媒体、公共媒体服务提供商等多方主体提供协作共享的融媒体服务模式及运行机理,支持内容集成、协同议程设置、协同推荐、关联内容生产、协同分发等应用,实现各种媒介资源、生产要素的有效整合,完成信息内容、技术应用、平台终端、管理手段的共融通。该层为上层利益共享层提供应用方法。

利益共享层。该层负责组织与控制多方媒体机构,使它们在媒体融合价值链上形成互利互补的合作共赢关系,优化融媒体协作共享服务机制的效能。在由多方媒体机构构成的行动者网络中,行动者的最终利益是通过与其他行动者联动来实现的。不同的传播主体有自己的运行规律和特别要求,例如主流媒体首要关注的是社会责任,自媒体则更注重经济效益。该层旨在通过多目标优化实现多方共赢。

二、体系结构优化目标

良好的融媒体体系结构需要经过不断迭代优化,来适应新的传播环境,遵循媒体传播规律,形成资源集约、结构合理、差异发展、协同高效的融媒体传播体系。融媒体体系结构的主要优化目标是使融媒体服务更具可用性、公平性、可信性,使融媒体服务模式有更具针对性的技术实现方案。

1. 可用性

由于多方主体融合一般需要解决各主体拥有平台之间的互操作问题,而这些平台是地域分布的,所以这些平台形成的融合平台是分布式系统,存在 CAP 问题,即在一致性、可用性、分区容忍性中只能满足两个条件。由于目前的网络丢包现象不可避免,分区容忍性不可或缺,所以应根据具体需求平衡一致性、可用性。

可用性(Availability):可用性简单地说就是用户在访问系统时可以得到及时的响应。可用性也是对时效性的一种要求,超过一定响应时间的服务会降低服务的价值。

一致性(Consistency):一致性简单地说就是在一个分布式系统中不论数据存放在何处,作为一个整体他们应是完整和一致的。分布式系统中数据的变化,要在各分布节点保持一致。

分区容忍性(Partition tolerance):在同一服务的系统分布在多个节点的条件下,我们说整个系统就存在分区。如果系统中任意分区信息丢失或传输失败(例如节点间网络通信中断或报文丢失)都不会影响整个系统的运作,那么系统具有分区容忍性。

一个分布式系统不可能同时满足一致性、可用性和分区容忍性这三个需求,最多只能同时较好地满足其中两个。在融媒体分布式融合平台应用中,尤其是涉及到数据存储的场景,数据一致性应该是首先被保证的。一些微服务分布式发现组件采用去中心化的 P2P 对等通信方式,实现了高可用与可伸缩的服务发现机制,突出可用性,强调最终一致性,适用于融媒体融合平台业务中的服务发现场景。

2. 公平性

公平性是系统可持续发展的基本要求。这里的公平性指各主体共治共享,实现资源分配公平与利益公平。优化时,需要提供各方主体均能认可的方案。为了进一步说明融媒体服务的公平性这一概念,下面我们从合作博弈论的角度示例。

假设有 n 家媒体主体都需要向某一偏远地区铺设光纤。它们需要的带宽各不相同,假设高带宽可以满足低带宽的需求。如果 n 家媒体主体独立铺设需要的成本分别为 c_1,$c_2,\cdots,c_n$ 有 $c_1 < c_2 < ,\cdots, < c_n$,即花费 c_n 可以铺设带宽最宽的光纤并可同时满足 n 家媒体主体的需求。如果这 n 家融媒体主体合作铺设带宽最宽的光纤,其成本 c_n 需要 n 家媒体主体公平分担。我们可以通过计算 Shapely 值实现这种成本分摊的公平性。

设按光纤带宽需求或带宽成本由小到大排序的各媒体主体的编号为 $1,2,3,\cdots,n$。则第 k 家媒体主体需要分担的费用为 $\sum_{i=1}^{k} \frac{c_i - c_{i-1}}{n - i + 1}$,其中设 $c_0 = 0$。按该公式,c_1 在 n 家媒体主体之间均摊,$c_2 - c_1$ 在除 1 外的 $n-1$ 家媒体主体之间均摊,$\cdots$,$c_{k+1} - c_k$ 在媒体主体 k 与媒体主体 n 之间的 $n-k+1$ 家媒体主体之间均摊,总成本是 c_n。这样,带宽越宽的媒体主体承担的成本越高,但总小于该媒体主体单干的成本。

3. 可信性

信任是正式契约之外的另一个联盟治理机制,对联盟治理具有重要影响。融媒体的可信包括两个方面:内容可信和主体可信。融媒体服务平台汇聚了多方主体协作与资源共享,内容可信是保障平台提供持续有效服务的关键。可以通过研究融媒体内容标识和可溯源服务验证机制,以达到对融媒体内容的全生命周期的有效(持久、一致、完备)识别和确认,为融媒体内容可信提供源头把控机制。良好的主体信任机制将确保主体间协同化的进一步发展。建立协作主体的动态信任评价模型,动态地收集用户历史行为数据和主体特征等相关因素和变化的客观证据,为协作主体信任评价提供参考依据。

传统的主流媒体具有很强的公信力,其所发布的新闻内容当然也具有很高的可信性。一般来说,主体的可信性越高,所发布的内容可信性就越高,反之亦然。随着传统主流媒体与自媒体的融合,其发布的内容因受众难以分清是传统主流媒体的声音还是融合的自媒体的声音,可信性难以维持高位。特别是内容经过跨主体传播或跨渠道传播后,由于其间可能经过了不可信主体或不可信渠道,受众将对其内容的可信性存疑。

三、底层支撑技术的发展

1.网络互联层

网络互联层由一系列异构网络构成,并且这些网络也在不断演进之中。其中,基于TCP/IP 的传统互联网体系发展近 40 年,无疑是覆盖面最广,应用最成功的网络体系。目前互联网的无连接分组交换、端到端原则等核心机制和设计原则是保持互联网活力和推动互联网发展的根本原因。

在互联网迅速发展和扩张的"漫长"40 年中,学术界和产业界意识到传统互联网体系的各种问题,并为尝试设计未来网络的体系结构进行了一系列革命式的研究实践。各国针对未来网络开展的研究项目核心思路和技术包括开放可编程的未来网络体系 SDN(软件定义网络)、软硬件解耦的网络虚拟化、内容寻址与路由(NDN、DONA、PSIRP、SEANet 等)。

(1)开放可编程的未来网络体系 SDN

软件定义网络(Software Defined Network,SDN)是由美国斯坦福大学 clean-slate 课题研究组提出的一种新型网络创新架构,是网络虚拟化的一种实现方式。其核心技术 OpenFlow 通过将网络设备的控制面与数据面分离开,从而实现了网络流量的灵活控制,使网络作为管道变得更加智能,为核心网络及应用的创新提供了良好的平台。[70] SDN 为新型互联网体系结构研究提供了新的实验途径,也极大地推动了下一代互联网的发展。[71] SDN 的概况如图 3.34 所示。

SDN 控制器的作用如图 3.35 所示。SDN 控制器集中控制,具有全局视野,可以动态控制网络。SDN 控制器可以根据应用数据对网络的需求,为其计算出最优路径,并通过下发流表控制交换机转发此类数据,进而实现高效、按需的数据传输。

第三章 媒体多主体体系结构建模

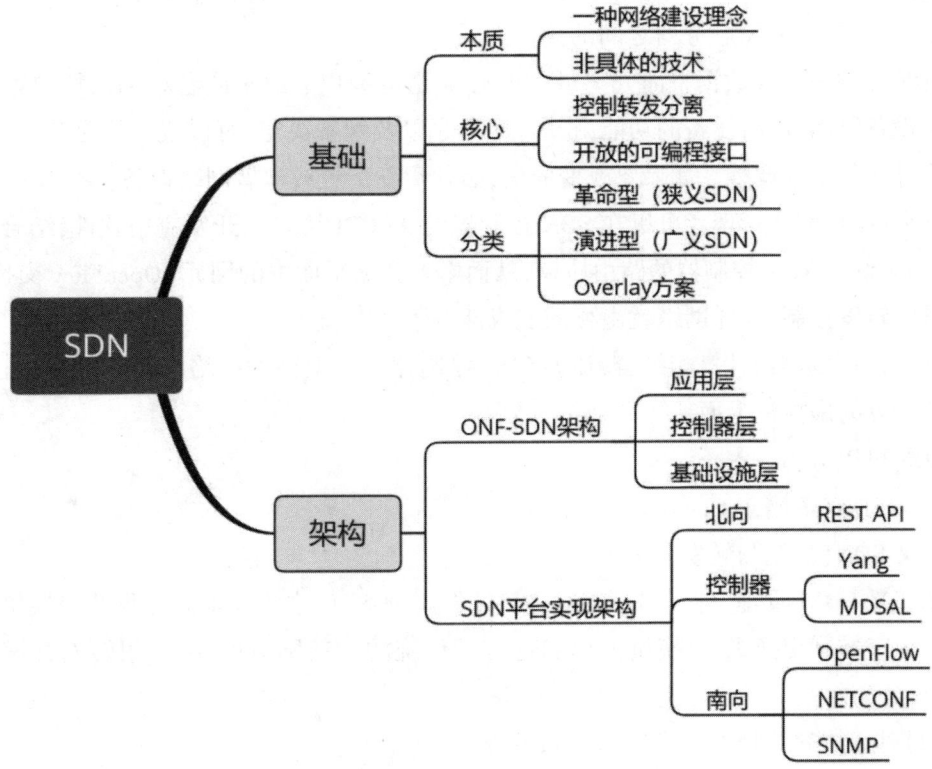

图 3.34 SDN 概况

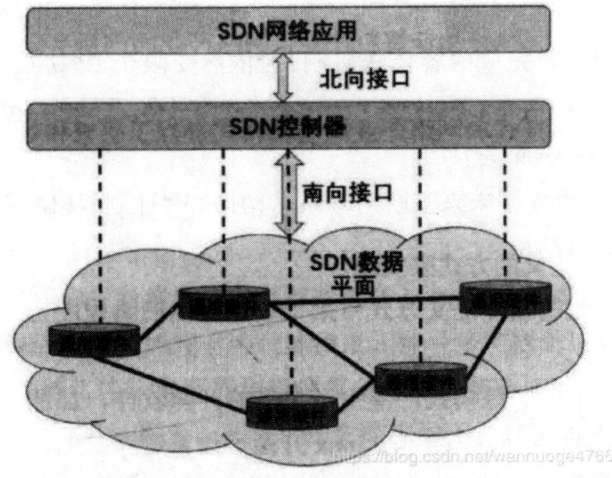

图 3.35 SDN 控制器的作用[73]

- 北向接口:是为厂家或运营商进行接入和管理网络的接口,即向上提供的接口;
- 南向接口:[72]管理其他厂家网管或设备的接口,即向下提供的接口;
- 东西向接口:SDN 服务器之间的接口。

SDN 控制平面和数据平面分离最大的好处是可编程。原来的各种网络协议都固化在网络设备里面,网络设备的功能由其内部程序以及配置决定,可以说功能是死的,无法根据流量变化动态调整。如果要改变的话,必须重新配置或部署网络设备:[74]

分离以后,网络管理者可以在 SDN 控制器的 A-CPI 接口上开发应用软件,结合流量监控,动态调整 SDN 控制器的路由协议,从而影响数据平面中的网元(OpenFlow 交换机)对流量的转发控制,这样网络就由死的变成活的了。[74]

SDN 还可以与云计算相结合,比如 SDN 控制器以及上面的网络应用软件,都可以运行在云计算的虚拟机上面。[74]

SDN 可以分为:[75]

- 狭义 SDN(等同于 OpenFlow);
- 广义 SDN(控制与转发分离);
- 超广义 SDN(管理与控制分离:通过软件控制脚本,让这些脚本向远程的交换机发送命令来控制交换机,交换机上仍然运行了传统的二三层协议,控制跟转发并没有分离,分离的是管理和控制)。

(2)基于内容寻址的未来网络体系

面向内容是未来互联网体系的研究重点,以内容为中心构建未来互联网络能够摆脱传统网络面向不同业务需求时只能完成"傻瓜式"传输的窘境,实现传统互联网向商务基础设施、社会文化交流基础架构等新角色的转变。[76]在传统 IP 架构互联网上为了适应用户对内容的需求,出现了 CDN(Content Delivery Network,内容分发网络)、P2P 等技术,通过从内容到位置的映射完成内容传送机制,但依然受限于 IP 协议本身的缺陷。互联网架构研究者则提出了一些革命式的基于内容寻址的体系结构,包括 DONA、PSIRP、4WARD、CCN、NDN、SEANet 等。

2010 年美国 NSF 设立了未来互联网体系结构(FIA)计划。FIA 资助了 4 个项目,分别致力于未来网络体系结构研究和设计的不同方向:

- NDN(Named Data Network):直接提供面向内容的功能;
- Mobility First:致力于对无缝的平滑的移动性的支持,它以支持移动节点间的通信为主;
- Nebula:建立一个以云计算为中心的体系结构;
- XIA:构建一种具有可信性,支持长期更新的多种使用模型,支持长期的技术革新,支持不同网络组成角色间的明晰的接口的未来互联网体系结构。

NDN 的主要思想:

- 以内容为中心；
- 数据可以来自任何缓存信息的节点。不用都从服务器拿数据，可以从就近的缓存获取；
- 每个数据包必须有数字签名，保证安全可靠。

优势：
- 高效（多源多路径，组播发送，缓存）；
- 适合现代场景，如移动互联网、物联网、灾害救援、时延容忍网络（DTN）等（无须建立管道连接）；
- 安全（数据有签名，需要时可加密；应用程序开发时就考虑数据安全，而非事后弥补）。

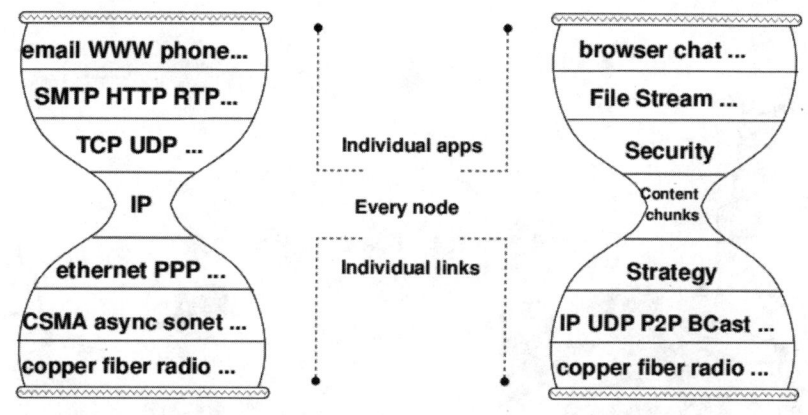

图 3.36　因特网的沙漏体系结构[77]

今天因特网的沙漏体系结构如图 3.36 所示，以通用的网络层为中心，通过上层和下层技术的独立革新使得因特网普及率能够迅速增长。但也正是因为"细腰"的结构无法很好地适应网络向信息中心网络（ICN）转变趋势，制约了互联网的快速发展。[78]

NDN 保留了细腰结构，这种改进关键在于完全舍弃了基于 IP 地址的通信方式。这种新细腰结构的好处是：
- TCP/IP 以地址为中心，通过上层和下层技术的独立革新使因特网普及率能够迅速增长；
- NDN 采用基于内容本身的通信方式，根据内容本身对网络中的所有内容数据进行命名，在转发路由机制中通过对内容数据的名字匹配检索获取信息，即不再关心内容数据的存储位置，而直接提供面向内容的服务。[79]

NDN 的发展与挑战主要表现在以下方面：
- 扩展性，ICN 在面对无限的信息命名空间时，其扩展性问题变得更有挑战性；
- 移动性，订阅-发布模式对于发布者的移动性支持；

- 应用性,缺乏大规模实际场景的验证;
- 安全性,隐私问题、信息篡改、缓存污染和访问控制等问题。

(3) 下一代广播网络 NGB

NGB(Next Generation Broadcasting Network),中国下一代广播电视网,由科技部和广电总局联合组织开发建设,以有线电视网数字化整体转换和移动多媒体广播电视(CMMB)的成果为基础,以自主创新的"高性能宽带信息网"核心技术为支撑,构建的适合我国国情的、"三网融合"的、有线无线相结合的、全程全网的下一代广播电视网络。[80]

NGB 网络体系是基于已有的有线电视网络架构,包括骨干网、城域网和接入网。NGB 网络核心传输带宽将超过每秒 1T 比特、保证每户接入带宽超过每秒 60M 比特,具有可信的服务保障和可管可控网络。[81]

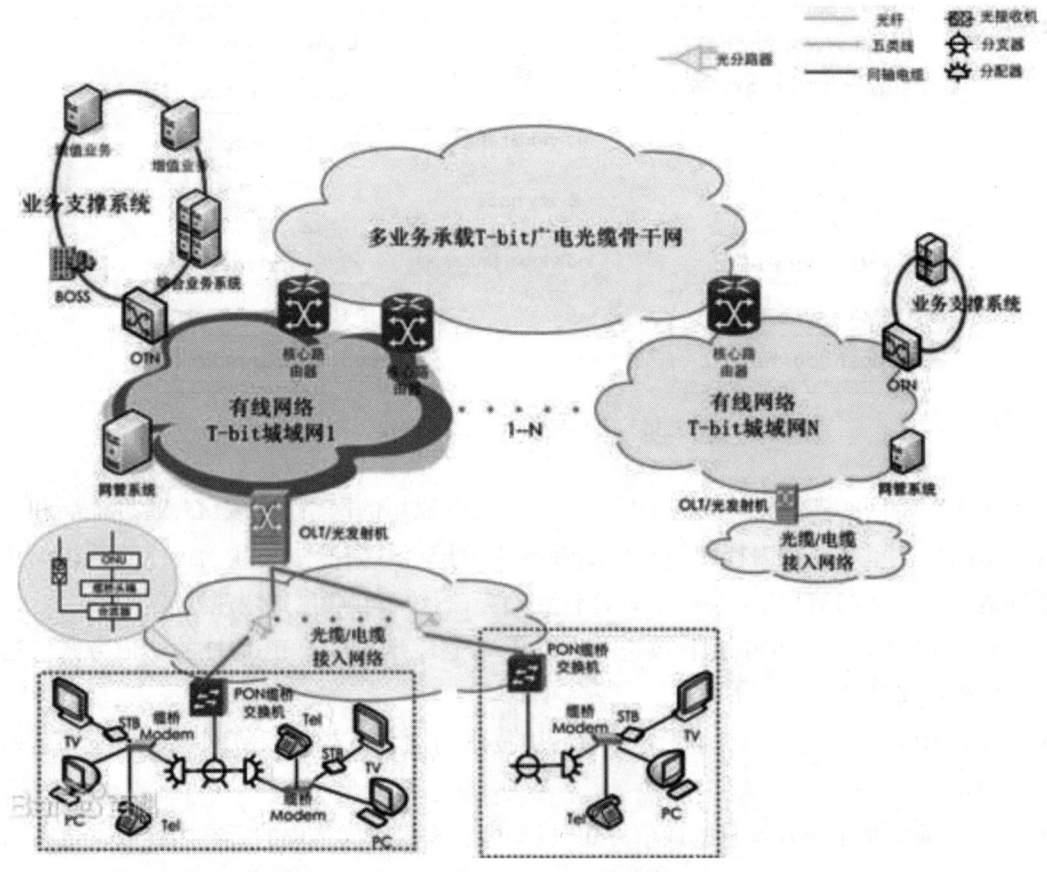

图 3.37　NGB 的技术体系

NGB 的技术体系如图 3.37 所示。NGB 无线工作组提出与互联网技术的融合,实现了全面 IP 化,不仅是节目制作域的网络全 IP 化,在传输域将这些网络融合起来,全 IP 化是必要条件,为数据封装等方面带来了很大的灵活性。[82]

2012年NGB-W无线工作组提出了NGB-W无线技术体系的基本架构。随着网络的发展,边缘节点变得越来越重要。在NGB-W无线里的节点除了无线覆盖后接收前端的信号,它还拥有储存、运算处理能力。

2.内容兼容层

(1)IEEE POSIX

可移植操作系统接口POSIX(Portable Operating System Interface)定义了操作系统应该为应用程序提供的接口标准,IEEE 1003。为一个POSIX兼容的操作系统编写的程序,应该可以在任何其他的POSIX操作系统(即使是来自另一个厂商)上编译执行。

这套标准涵盖了很多方面,比如Unix系统调用的C语言接口、shell程序和工具、线程及网络编程。最近,一个被称为"标准Unix规范"的独立标准化工作已经与POSIX一起创建了统一的Unix系统标准。这些标准化工作的结果是Unix版本之间的差异已经基本消失。

(2)HTML5

HTML5是构建Web内容的新一代标准,是构建以及呈现互联网内容的一种语言方式,被认为是互联网的核心技术之一。HTML5将Web带入了一个成熟的应用平台,在这个平台上,对视频、音频、图像、动画以及与设备的交互都进行了规范。

HTML5允许程序通过Web浏览器运行,并且将视频等目前需要插件和其他平台才能使用的多媒体内容也纳入其中,这使浏览器成为一种通用的平台,用户通过浏览器就能完成任务。此外,消费者还可以访问以远程方式存储在"云"中的各种内容,不受位置和设备的限制。由于HTML5技术中存在较为先进的本地存储技术,所以其能做到降低应用程序的相应时间为用户带来更便捷的体验。

(3)XML、JSON

XML(Extensible Markup Language),W3C,1996;

JSON(JavaScript Object Notation),Douglas Crockford,2002;

XML和JSON都是提供标记数据、定义数据类型的统一方法,是独立于应用程序的结构化数据,是Internet中跨平台、依赖于内容的技术,是处理分布式结构信息、网络数据传输的标准格式。

相比XML大量的开始和结束标记,JSON更轻量化,可读性更好,JSON的结构更容易映射到一般语言的数据结构。

(4)EDI

电子数据交换(Electronic Data Interchange,EDI)是指按照同一规定的一套通用标准格式,将标准的经济信息通过通信网络传输到贸易伙伴的电子计算机系统之间进行数据交换和自动处理。

由于使用EDI能有效地减少直到最终消除贸易过程中的纸面单证,因而EDI也俗称为"无纸交易"。它是一种利用计算机进行商务处理的新方法。EDI 是将贸易、运输、保险、银行和海关等行业的信息,用一种国际公认的标准格式,通过计算机通信网络,使各有关部门、公司与企业之间进行数据交换与处理,并完成以贸易为中心的全部业务的过程。

EDI 的要素:
- 通信协议:包括 AS2、OFTP(2)、FTP(s)、WebServices、RNIF 等;
- 标准格式:包括 ANSI X.12、EDIFACT、RosettaNet、ebXML、CSV/TXT、XML 等;
- 传输内容:包括订单、预测、订单变更、订单确认、发货通知、对账单、发票等。

我国制订了 EDI 标准体系,以《EDI 系统标准化总体规范》作为总体技术文件,其中将 EDI 标准体系分基础、单证、报文、代码、通信、安全、管理应用七个部分。

(5) ODBC、OLEDB、ADO

数据库访问标准 API 接口,通用数据访问技术;

ODBC 提供访问 RDBMS 的接口;

OLEDB 除了 RDBMS,还可以处理非关系型数据,比如 EXCEL;

ADO 封装了 OLEDB,简化检索过程;

ADO.net,基于.net 框架的数据检索技术;

(6) 都柏林核心元素集、广电总局编目标准

都柏林核心元素集(Dublin Core Element Set,以下简称 DC)是一个致力于规范 Web 资源体系结构的国际性元数据解决方案,它定义了一个所有 Web 资源都应遵循的通用的核心标准,其内容较少,因此得到了其他相关标准的广泛支持。

面向其他类型资源的元数据标准,基本上都兼容 DC 标准,并对它作了扩展。它已经成为 Internet 的正式标准 RFC2413 和美国国家信息标准 Z39.85。DC 的目的是用一个简单的元数据记录来描述种类繁多的电子信息。

优点:简洁、规范,方便著录,是 DC 获得广泛应用的重要原因;

缺点:对著录对象的描述深度不够,不能进行专指度较高的检索。

GY/T 202.1-2004 规定了电视资料编目的著录项目(元数据)、著录项目的使用规则和数据表达方式。适用于电视节目采编、制作、播出、存储、交换、共享等环节的音像资料的编目。

GY/T 202.2-2016 规定了广播电视节目音频资料编目的著录项目(元数据)及其使用规则和数据表达方式。适用于广播电视音频资料的编目。

(7) 媒体内容关联方法与标准

跨平台异构媒体关联建模时利用不同平台、不同媒体数据之间的相互联系和语义相关性,为媒体融合提供基础。行之有效的异构媒体关联是媒体融合的基础和前提条件。由于异构平台数据的多样性和复杂性,需要对数据内部关联关系进行建模分析,但传统

方法往往受制于计算的复杂度，无法适用于大规模的数据关联；另一方面，往往需要对异构数据进行关联，而传统方法无法解决这一问题。为了克服异构数据的关联问题，国内已有很多研究，如基于局部保持索引的关联方法，基于图像、关键词检索的紧凑哈希关联算法，基于排序的异构媒体数据关联方法等。

异构媒体数据往往缺乏语义表示，且关联类型多样、噪声较大。因此对其进行关联分析就显得尤为重要。对于异构媒体的关联建模可以分为时序关联、结构关联、语义关联三种类型，如图3.38所示。

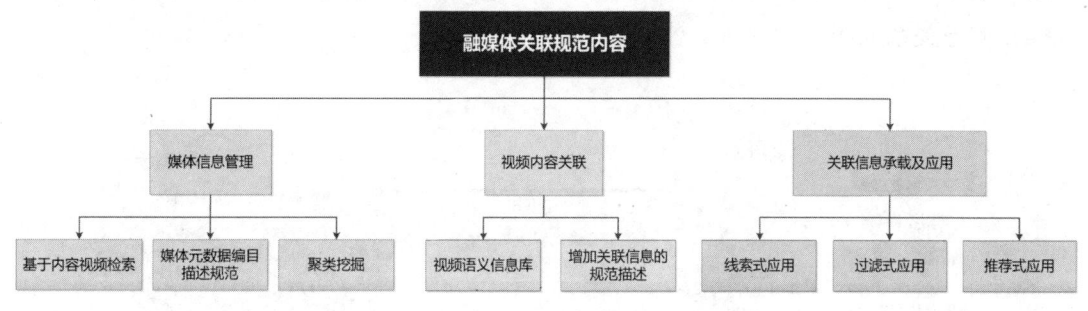

图 3.38　媒体关联规范

3. 平台互操作层

（1）融媒体互操作实现载体

融媒体互操作实现载体是指以云计算、大数据等现代信息技术为基础打造的"融媒体云平台"，平台将基于融合发展云架构，通过能力建设、开放接口、流程重构支持融媒体敏捷生产和新业务的弹性部署，使其在满足传统业务流程的同时，实现媒体融合的多业务流程、新业务运营的基础性要求。平台通过定义良好的服务接口和接入机制，将各种融媒体资源进行组合和连接，为不同媒体业务逻辑融合、资源共享提供支持，使平台间具备跨平台、跨领域的协同能力，使不同的媒体系统和组织结构之间实现相互合作、协同工作，完成融媒体业务互相渗透和交叉融合。具体来讲，可分为融媒体公有云、私有云和专属云。

私有云：是指媒体机构采用自主建设方式构建的业务和应用系统。媒体机构采用私有云服务更能掌控云基础架构，既保有传统数据中心可控、可信、可靠和安全特性，业务应用与内容安全皆在媒体机构业务系统内进行组织和管理，又具备公有云服务质量、性能、弹性应用等优点，并且可随时提高安全与弹性，私有云的核心属性是专有资源。

公有云：是指利用专业厂商建设的基础设施构建的相关业务和应用系统。公有云作为融媒体业务应用的解决方案，既有弹性，又具备低成本高效益的特征，可以更加灵活、及时地应对业务需求的变化。公有云的核心属性是共享资源服务，这种云有许多实例，可在整个开放的公有网络中提供服务。

专属云:结合了公有云及私有云的特点优势,它采用物理上隔离的专属资源池,由专业厂商负责建设、运维,但由特定用户专用。用户独享计算、网络和存储资源,且可以掌控关键服务及数据,实现较大程度的可管可控。专属云服务方式更适合对安全性要求高、系统稳定运行要求高、资源使用灵活性要求也高的业务。

(2) 融媒体互操作服务关系

在融媒体互操作服务平台中,私有云、公有云和专属云应当是融合互补的关系。从各类云应用的典型场景来说,目前节目精加工以及传统融媒体播出(如电视、广播)等暂时还不能放到公有云上,而与互联网联系紧密的业务则可植入到公有云中完成。融媒体互操作服务关系如图 3.39 所示。[83]

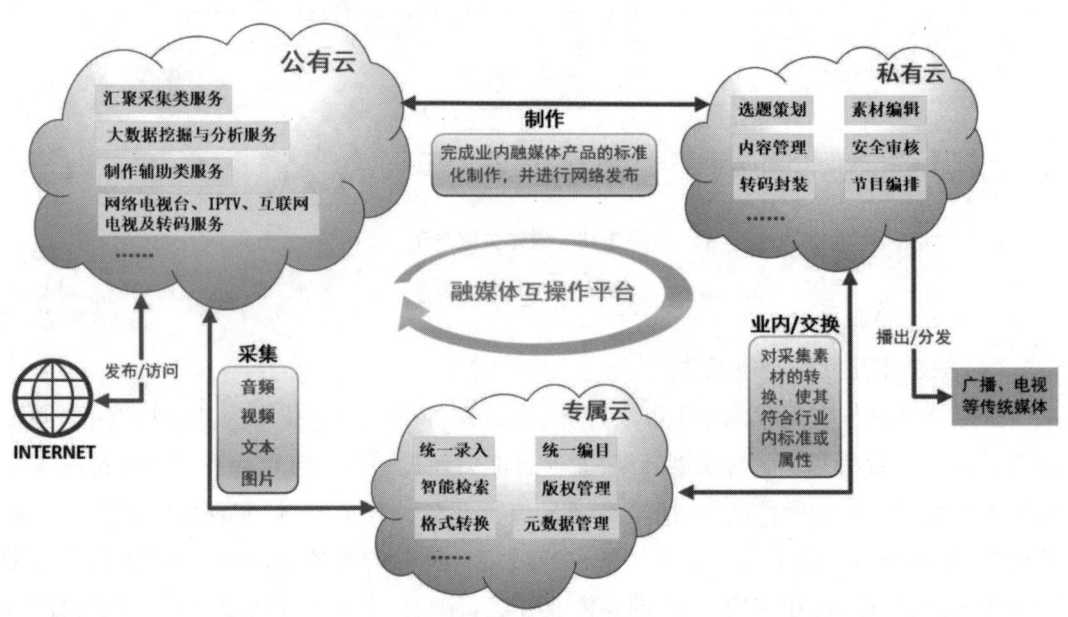

图 3.39　融媒体互操作服务关系图

例如:

- 汇聚采集类服务:采用公有云架构部署,主要用于互联网信息汇聚及分析抓取;由于靠近互联网,便于快速获取互联网上的最新资讯,也便于记者及时回传异地采访信息。
- 大数据挖掘与分析服务:采用公有云部署,主要用于对海量互联网抓取数据的自动分类及自动聚类。
- 制作辅助类服务:主要用于制作过程中的一些移动辅助业务支撑,例如故事板云同步服务、移动新闻稿件服务、移动审核服务等采用公有云部署。
- 网络电视台、IPTV 服务平台、互联网电视服务平台以及相应的转码服务:从节省投资等角度考虑建议由公有云提供。
- 各融媒体单位、机构或组织之间的资源共享服务,由于可能会涉及到广电行业内的相关标准和规范,可以采用专属云的方式进行部署,提供专业 API 接口和服务;
- 融媒体机构内部的媒资、编辑制作及播出业务服务,涉及信息安全、版权、报道独家性等重要方面,可以采用私有云的方式进行部署,满足安全性高、私密性强的需求。

融媒体行业通过公有云及专属云的使用,引入成熟的互联网和通信技术,减轻技术构建的难度,让团队更加专注融媒体业务本身。

(3) 融媒体互操作平台协同

为了方便融媒体业务的管理,应建立统一的业务管理系统,对分布于公有云、私有云以及专属云中的业务进行统一管理。融媒体互操作平台协同关系如图 3.40 所示。

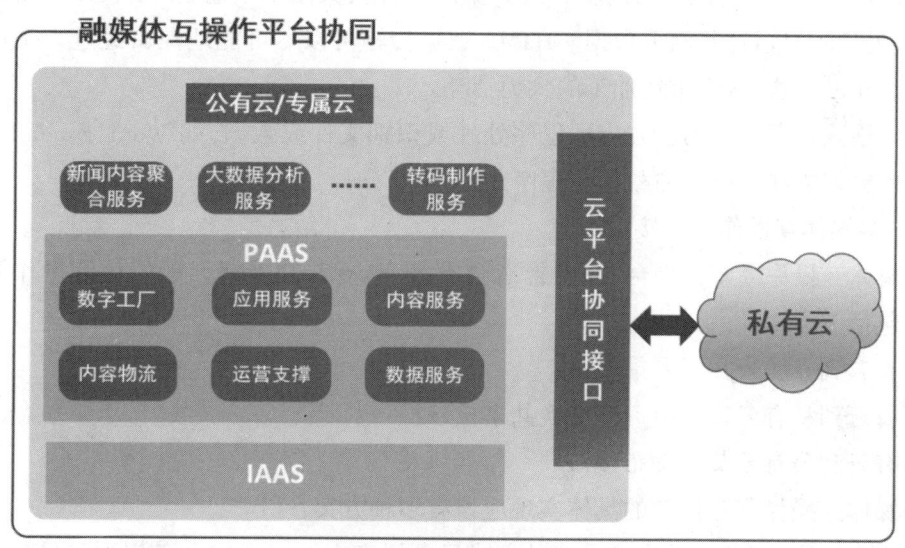

图 3.40　融媒体互操作平台协同管理示意图

由于公有云、专属云、私有云的基础设施平台可能由多个不同云服务商提供,要实现云的统一管理,可通过 PaaS 层平台建设来实现。通过 PaaS 平台统一封装虚机申请、虚机管理、存储申请、存储管理、网络带宽管理等接口,可以屏蔽不同云环境的接入差异,对 SaaS 层提供统一接口,在 PaaS 层构成统一的开发环境,实现 PaaS 服务在不同平台上的运行部署,满足用户对于不同云环境的需求,提高横向、纵向可扩展性和二次开发能力。即使云服务商的接口发生变化或者引入了新的云服务商,也不会影响平台其他产品的应用和用户的操作体验。

(4) 融媒体互操作交换数据格式

随着云计算、微服务技术在融媒体领域的广泛应用,制定标准的融媒体互操作数据交换格式,将能够更好地支撑融媒体新业务和融合媒体系统建设。交换数据格式可采用

通用的数据包装标准,如 XML、JSON 等。标准数据交换格式应包含下列几种:[83]

- 消息。传递系统状态、业务相关数据、业务流程状态、数据库查询结果等信息,可包含各种数据类型字段,接受消息的系统可以自动处理消息中的数据,并以自己的方式展示。
- 数据库操作命令。传递带参数的数据库查询、更新命令,可包含用户认证信息,由接受方生成相关 SQL 查询命令。
- 系统配置命令。传递带参数的系统配置数据包,由接收方执行相关配置操作,用于内部系统间互通。
- 媒体数据。上传或下载音视频、图片文件或数据块,可包含媒体元数据等附加信息,接收方可根据附加信息参数处理、播放或显示这些媒体数据。
- HTML 数据。上传或下载网页格式数据或文件及其附加信息,由接收方决定如何保存、处理和显示这些网页数据。HTML 数据传输可以尽可能地保留经过人工优化的信息显示方式,减少重新加工的人力消耗。
- 特殊格式数据。由第三方应用程序处理或识别文件或数据,如 Word、Excel 等,处理这些数据需在系统中加载相应程序。

(5) 融媒体互操作服务接口

融媒体互操作基于云平台实施,针对公有云、私有云和专属云融媒体互操作服务接口主要包括三类。

- 公有云到专属云数据采集接口;
- 专属云到私有云行业内资源交换共享接口;
- 私有云到公有云节目发布接口。

融媒体互操作服务接口的具体实现应该有多种方案:[83]

- 输出和读取缓存区交换文件,这种方式只要规定交换文件的命名规则和目录层次定位,即可实现多个系统之间的通信互交,缓存区可以通过共享文件夹、FTP 或 HTTP 目录的方式实现,这种方式支持大容量数据传输。
- 数据库缓存区,需要规定数据库表结构、表及其字段的含义,从数据库中读取的数据仍以规范格式封装。
- 服务器内存缓存区,如通过 ASP.NET 网站服务程序内的 Application 和 Session 对象,需要规定 Key 命名规则即可实现数据共享。
- RPC 远程过程调用,如.net Remoting、.net WCF、Java RMI、Java Httpinvoker 等,需要规定接口名、公共方法名、参数及返回值名称和数据类型。
- Web Service 服务调用,基于 Http 协议,支持不同开发平台相互调用,需要规定公共方法名、参数及返回值名称和数据类型。

第四章 媒体多模态服务

什么是多模态？目前并没有一个明确的定义，可以简单认为是从不同角度或层面来对一个对象进行描述或定义，这些不同角度的描述信息可以相互补充和增强，从而提升我们对某个对象的认识。多模态的存在是非常广泛的，我们对这个世界的感知就是通过多模态数据来构成的，比如眼睛看到的图像，耳朵听到的声音，鼻子闻到的气味以及手触摸到的感受等等，这些不同模态的信息帮助我们更全面地了解周围的环境，体验到更丰富多彩的生活。而我们人类天然地具有多模态信息的感知和处理能力，大脑自动完成了多模态信息的融合与解析。

相比于单模态信息，多模态之间的信息互补能有效提高对某个事物的认识效果，因此在很多领域都有广泛应用。比如在短视频推荐领域，学者们研究如何将短视频的文本信息、图像信息、视频信息以及语音信息进行融合，从而构建更细粒度的分类体系，实现更精准、更个性化的推荐。在医疗领域，海量且多样化的医学数据也是多模态的范畴，比如患者病理的文本描述信息、CT或者超声图像以及其他心电图等序列信号，这些数据从不同角度描述了患者的病理信息，如何利用这些多模态信息来提高诊断准确性也是热门的研究方向。目前最火热的生成式AI中，多模态更是发挥了重要的作用，看图写文或者文生图，都有多模态的身影。

第一节 面向多模态混合服务的融媒体体系结构

面向多模态混合服务的融媒体体系结构如图4.1所示。优化目标是多模态对齐或同步。特征层利用多模态之间的互补性，剔除模态间的冗余性，从而学习到更好的特征表示。转换层完成一种模态到另一种模态的映射。对齐层从来自同一个实例的两个或多个模态中寻找子成分之间的对应关系，例如从时间维度上进行的电影画面—语音—字幕的自动对齐，从空间维度上进行的图像语义分割。决策层通过整合多种模态的信息进行推理与预测,例如判断图像与声音表达的情感是否属于同一类,视频与文本所表达的价值观是否一致。表现层融合各种模态信息呈现更丰富的视觉表达。例如基于 AR 技术,通过扫描网站上的特定图片或二维码,可以看到物体的衍生模型和 AR 增强效果,延展了融合媒体的显示维度。

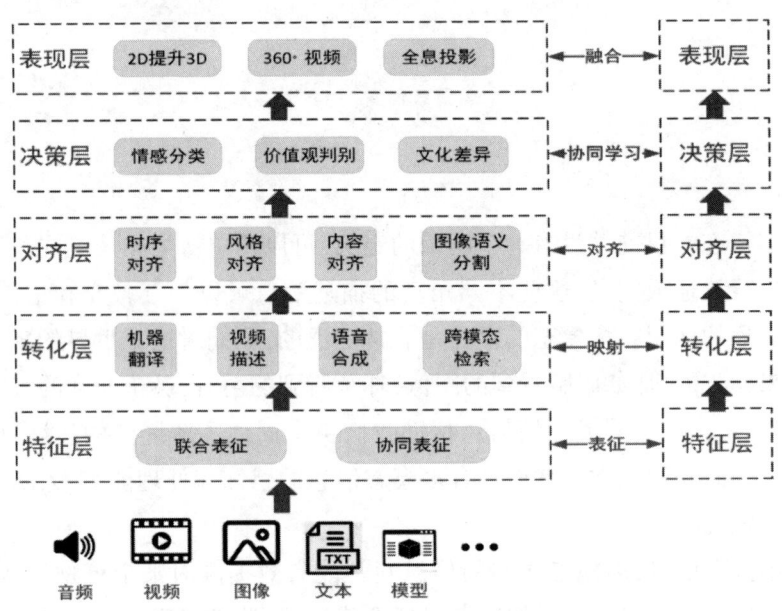

图 4.1 面向多模态的融媒体体系结构

第二节 多模态的融合方式

在多模态研究中,最关键的问题是如何实现多模态融合,不同类型的多模态数据在实际融合方法上有较大区别,没有一个统一的方式。但是,我们可以根据多模态信息融合阶段的不同,将其简单分为早期融合(也称为特征融合)、晚期融合(也称为决策融合)和混合融合三种方式。图 4.2 展示了这三种融合方式在对多模态数据的特征提取以及最终结果预测上的不同处理方式。

早期融合方式:首先分别提取不同模态的特征,然后将不同模态的特征通过一定的方法进行融合,比如特征拼接、特征相加等,这种方式也称为特征融合。之后再根据融合特征来预测结果,这个方式可以最大化地发挥多模态数据之间的互补作用,但是当多模态数据异构性较大时,特征层面的融合是比较困难的,且易出现过拟合问题。

晚期融合方式:此时不同模态的数据和模型是分别单独处理和训练的,训练完成之

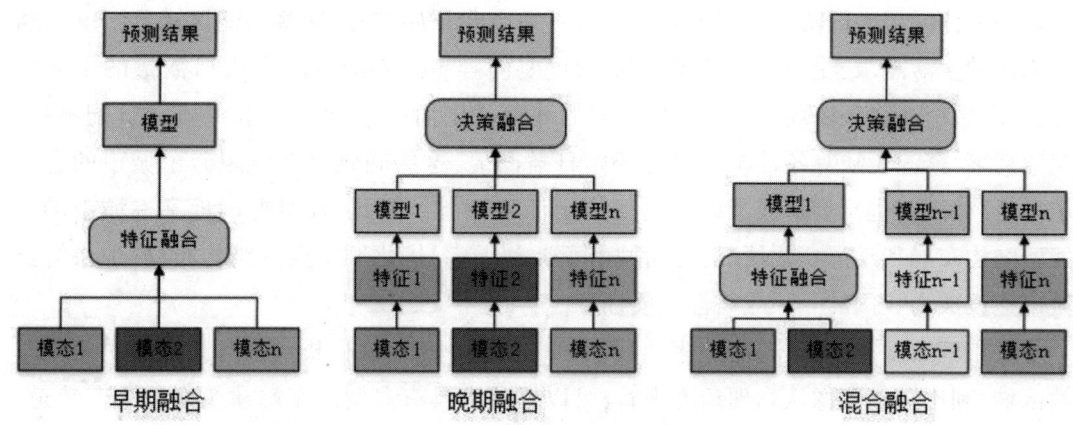

图 4.2 多模态融合方式

后,每个单模态网络都可以得到一个预测结果。之后根据一定的融合策略将不同模态网络的预测结果进行融合,得到最终的预测结果,融合策略有最大值融合、平均值融合、贝叶斯规则融合以及集成学习等,这种方式也称为决策融合。这种方式对异构性大的多模态数据是比较友好的,但是无法充分发挥多模态信息的互补作用。

混合融合方式:早期融合方式和晚期融合方式各有优缺点,当模态之间相关性比较大时早期融合优于晚期融合,但当各个模态在很大程度上不相关时,例如维数和采样率极不相关,采用晚期融合方式则更适合。混合融合结合了早期和晚期融合方式,在综合了二者优点的同时,也增加了模型的结构复杂度和训练难度。混合融合将不同的模态数据先转化为高维特征表达,再与模型的中间层进行融合。以神经网络为例,混合融合首先利用神经网络将原始数据转化成高维特征表达,然后获取不同模态数据在高维空间上的共性。混合融合方式的一大优势是可以灵活地选择融合的位置,缺点是最佳位置难选。

以上三种方式各有优缺点。早期融合方式能更好地捕捉多模态特征之间的关系,但容易过度拟合训练数据。晚期融合方式可以更好地处理过拟合问题,但不允许同时训练所有数据,无法充分发挥多模态信息的互补作用。而混合融合方式虽然更加灵活,但是在方法设计上更难。

第三节 多模态在城市区域功能识别任务中的应用

下面以城市区域功能识别任务为例,介绍多模态在该任务中的实际应用情况以及面临的问题和挑战。

随着城市的不断发展和居民生活需求的变化,城市逐渐发展成由居住区、商业区、教育区和工作区等不同功能区域共同协作的一种空间布局结构,这些功能区满足了城市居民的各种生活需求,是城市建设和规划的重要内容。但是随着城市人口数量的不断增加,由于城市功能区域规划不合理所引起的环境恶化、医疗和教育等公共资源分配不均、交通拥堵、资源短缺等各种城市问题开始日益凸显,这些问题已严重阻碍了城市的进一步可持续发展,也严重降低了城市居民的生活幸福感。因此,及时准确地掌握城市的功能区结构布局和动态变化情况,提高城市土地利用率,优化城市空间结构布局,加快智慧城市建设成为我国的一项战略性发展任务。

城市区域功能的描述具有"多面性",可以从多个角度来分析和描述。比如对于火车站区域,利用遥感图像从物理角度来看,可以描述为具有典型的车站建筑或者火车轨道。从用户访问行为的角度来看,可以描述为有比较典型的分段集中式的大量人群的访问和离开。如果仅仅依靠单模态数据,对区域功能的描述会有片面性和局限性,无法准确描述高度现代化的复杂城市区域。因此,利用多模态数据对城市区域功能进行识别具有很高的研究价值和应用价值。但是利用多模态数据开展实际的识别任务时,也存在很多的困难和挑战。

首先,城市区域描述的多模态数据的特征异构性大,难以有效融合。多模态数据可以根据其信息的差异性分为同构的和异构的,同构的多模态数据之间关联性更强,特征空间的差异性较小,比如深度估计任务中的 RGB 图像和深度图像两个模态的信息就是同构的,它们的特征之间存在一定的对应关系。异构的多模态数据,比如声音和图像,或者文本和图像,以及城市区域功能识别任务中提到的遥感影像数据和社会感知数据,这两两模态之间没有显式的特征对应关系,很难用简单的网络来学习多模态的融合特征。因此,如何缩小多模态数据之间的特征异构性,实现有效融合是难点。

其次,多模态数据的噪声分布不同,多模态融合方法的鲁棒性较差。海量数据是支撑深度学习网络的基石,而噪声问题又是影响网络鲁棒性的关键因素。由于城市的不断发展,其功能区域的形成和构成变得越来越复杂多样,数据集中不可避免地存在很多的噪声问题,且不同模态数据的噪声表现和分布均不同,相互之间也具有独立性,比如遥感影像更多的问题是由于设备或天气原因导致的遮挡或者内容模糊,由此存在严重的类间混淆和类内不同。而社会感知数据更多的问题是信息冗余导致的类别特征被掩盖或者是由于漏采导致的信息缺失。如果对噪声问题不加以处理,会导致融合网络陷入对噪声特征的错误信任和拟合,造成融合网络鲁棒性差,实际应用效果不理想。目前解决噪声问题的方法主要有基于样本加权的、基于重标注的、基于弱监督的,但是这些方法都是针对单模态的,不能直接用于多模态,或者使用后效果并不好,主要原因是多模态的噪声问题更复杂,还需要进一步地研究。

最后,存在多模态数据对识别任务的贡献度不平等问题。虽然多模态数据是从不同角度来对城市区域进行描述的,但是不同模态数据的贡献度是不同的。比如对于火车站、飞机场、公园等区域,遥感图像的描述信息更可靠,因为这些区域有比较典型的物理特征。而对于商业区、居住区、工厂等区域,物理特征的差异性不大,反而社会经济属性区分度更高,因此,访问行为数据的结果更可靠。虽然理论上,多模态数据是信息互补的,但是当多模态数据之间存在较大的贡献度不平等问题时,融合网络的性能反而会降低。根据分析,导致融合网络性能下降的原因除了上面提到的噪声问题之外,还有多模态数据的贡献度不平等导致的问题。因为融合网络更倾向于信任具有高贡献度的模态特征,而忽视相对较弱的模态特征。当这种模态贡献不平等问题与噪声问题相结合之后,整体融合网络的学习都倾向于贡献度高的模态特征,当该贡献度高的模态出现噪声问题后,融合网络无法学习到贡献度低但没有噪声的模态特征,导致融合网络的性能难以提升,面临性能瓶颈。

综上所述,利用多模态实现城市区域功能识别的主要问题是多模态数据异构性大,导致特征空间差异性高,如果直接进行特征融合,难以获得好的效果。此外,多模态数据还具有不同的噪声分布以及不平等贡献度的问题,所以在多模态融合中既要保持每个模态特征本身的语义,还需要考虑噪声问题,实现鲁棒性和准确率的双赢。基于此,Zhang N、Wang Y 等人[84]提出了一个基于特征共现关系指导的多模态融合网络来实现城市区域功能识别的方法,该方法引入共现关系理论,认为同一类别的多模态特征具有一定的共现关系,无噪声情况下共现特征的频率要比有噪声的共现特征频率高,因此当噪声特征出现时,共现关系将被打破,出现异常共现关系。该方法首先分别提取每个单模态的特征,之后设计了一个特征共现关系指导模块来分析多模态特征的噪声情况,指导多模态融合网络在特征融合过程中关注干净的特征,抑制噪声特征或者干扰特征,避免融合网络对噪声特征的过度信任和拟合,提高融合网络的鲁棒性和平衡性。该模块的设计结构图如图 4.3 所示,主要包括多粒度共现关系提取模块和历史共现关系记忆更新模块两个功能子模块。

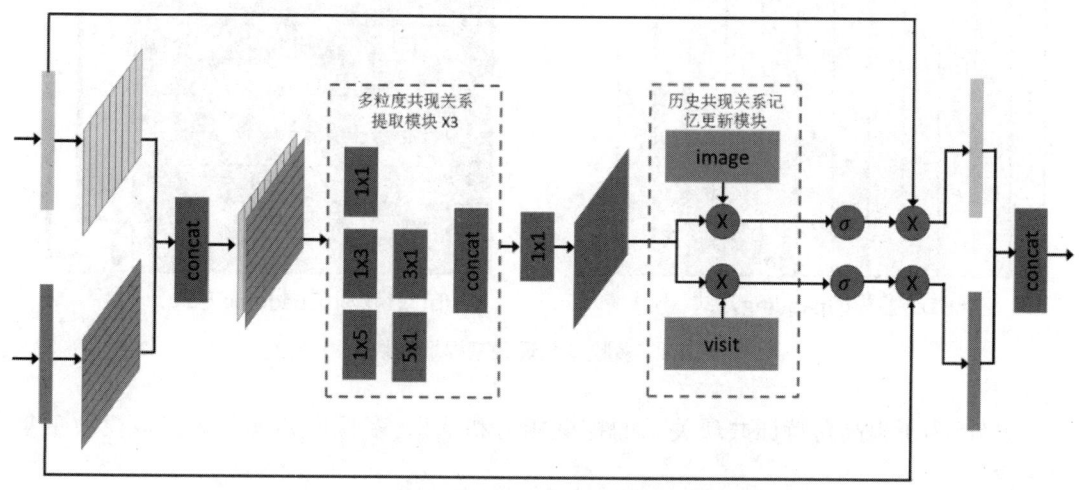

图 4.3　基于特征共现关系指导的多模态融合网络

一、多粒度共现关系提取模块

对于同一个样本,它的成对模态之间的特征共现关系蕴含了某种潜在的联系,利用该潜在信息可以推理出是否存在噪声问题。

第一步:首先对两个模态的特征进行扩展和拼接,方便后续的多粒度共现关系的提取。具体来说,当给定一组多模态特征 $F_i, F_v \in \mathbb{R}^{N*M}$,其中 F_i 表示图片特征,F_v 表示行为特征,N 表示批大小,M 表示特征向量维度。首先,将图片特征沿着横向进行扩展,$F_i \in \mathbb{R}^{N*M*M}$。行为特征沿着纵向进行扩展,$F_v \in \mathbb{R}^{N*M*M}$。接着将这两个特征进行拼接,记为 $F_{iv} \in \mathbb{R}^{N*2*M*M}$。

第二步:为了更好地挖掘多模态特征的共现关系,采用多种尺度的卷积核来挖掘多粒度的特征共现关系,分别是 1×1 卷积核、3×3 卷积核和 5×5 卷积核。为了降低参数量,将 3×3 卷积核分解为 1×3 和 3×1,5×5 卷积核分解为 1×5 和 5×1,每个卷积操作后面都接着 BN 层和 ReLU 层。

为了保证不同尺度的卷积操作后的特征图大小一致,采用了 padding 操作,但是与常规的填充 0 的 padding 操作有所不同,这里采用特征列向量拷贝填充的方式进行 padding,以 1×3 和 3×1 大小的卷积的 padding 操作为例,其 padding 形式如图 4.4 所示。

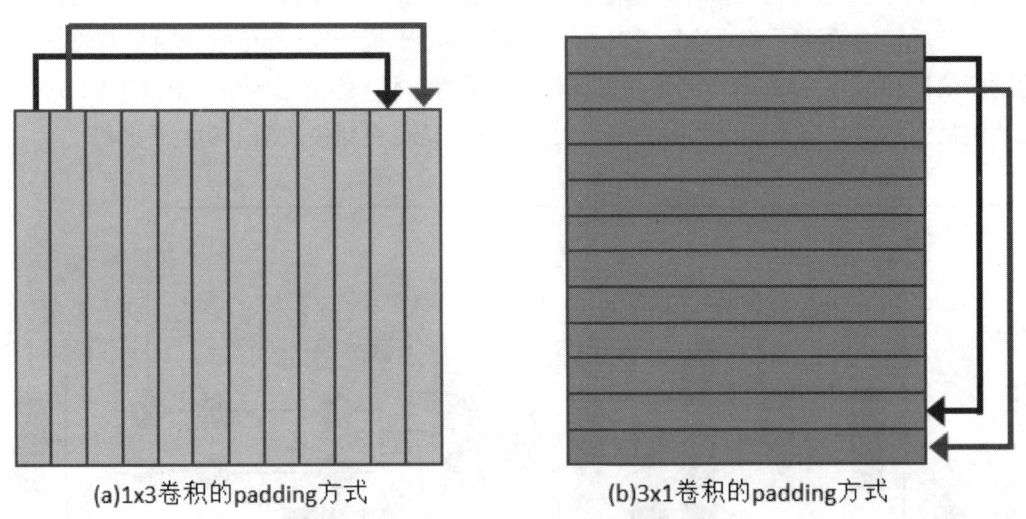

(a)1×3卷积的padding方式　　(b)3×1卷积的padding方式

图 4.4　多粒度共现关系提取模块

另外,为了提高对特征共现关系的挖掘能力和认识,多粒度共现关系提取模块重复了 3 次。

第三步:最后对挖掘的特征共现关系进行拼接,利用 1×1 卷积来降维,得到当前成对模态特征的共现关系矩阵,记为 $M_{iv} \in \mathbb{R}^{N*M*M}$,具体操作定义如下:

$$M_{iv} = conv_{1\times1}(concat(F_{1\times1}, F_{1\times3,3\times1}, F_{1\times5,5\times1})^3)$$

二、历史共现关系记忆模块

由于单一样本的成对模态特征共现关系具有一定的局限性,为了避免偶发性的偏差,将局部共现关系和全局的历史共现关系进行融合,可进一步增强平衡性和稳健性。另外,考虑到多模态特征具有异构性,为了更好地表征每个模态对于全局历史共现关系的认识,分别构建了对应模态的全局历史共现关系记忆矩阵 $M_i, M_v \in \mathbb{R}^{M*M}$,这两个记忆矩阵都是可学习的参数矩阵。下面利用全局历史共现关系矩阵来进一步修正当前多模态的共现关系,操作定义如下:

$$\widehat{M_i} = M_{iv} \odot M_i$$
$$\widehat{M_v} = M_{iv} \odot M_v$$

其中 $\odot$ 表示矩阵相乘操作。

此时输出的 $\widehat{M_i}$ 和 $\widehat{M_v}$ 两个模态的共现关系矩阵已经分别包含了关于噪声问题的知识和认识。下面,利用一个门控函数来得到加权系数,用于对每个模态特征进行加权,实现对噪声特征的抑制以及对干净特征的增强。

$$F_i = F_i \odot \sigma(\widehat{M_i})$$
$$F_v = F_v \odot \sigma(\widehat{M_v})$$

其中 σ 表示门控函数(tanh 激活函数)。

最后,将经过加权后的遥感图像特征和用户行为特征进行拼接,得到经过特征共现关系指导后的融合特征,输入到 FC 层进行分类,得到最终的识别结果。

第四节 为短视频推荐配乐

这里用该示例体现模态的对齐。我们开发的基于知识图谱的短视频配乐推荐系统的使用过程是:首先,用户输入短视频及对当前视频的简单描述。根据原始视频获取密集视频描述,结合用户输入描述提取视频语义信息获得关键词,并通过视频语义信息理解对目标关键词进行扩充。基于扩充后的语义信息和音乐领域知识图谱 3MKG 完成视频配乐的检索,结合语义相似度获得 top-K 视频配乐推荐列表及对应得分。最终,在前端页面展示短视频配乐推荐结果。

基于 3MKG 的短视频配乐推荐共分为四个模块,分别是视频语义信息提取模块、视频语义信息理解模块、视频配乐检索模块和视频配乐推荐模块。

视频语义信息抽取模块基于双模态 Transformer 生成密集视频描述,将密集视频描述与用户输入的自定义视频描述相结合,得到视频语义信息。

视频语义信息理解模块通过自然语言处理相关技术,基于关键词提取、依存句法分析,提取视频语义信息中具有代表性的关键词并进行重要性排序。为了增加推荐结果的多样性、精确性和关联性,使用大规模、高质量的基于通用文本的词向量模型和具有音乐领域特色的基于音乐文本的词向量模型对目标关键词进行扩充。

视频配乐检索模块对扩充后的目标关键词进行解析,生成知识图谱的简单文档查询、复杂图查询语句,并在 3MKG 中检索出与关键词最相关的目标歌曲列表。

视频配乐推荐模块将目标歌曲列表作为输入,基于结合语义相似度的 PageRank 算法对目标歌曲进行打分,按照得分排序,最终给出 top-K 推荐结果。

一、视频语义信息提取

1. 密集视频描述生成

密集视频描述的目的是定位和描述原始视频中的重要对象和事件。采用基于 VGGish 模型提取的音频特征和基于 I3D 模型提取的视觉特征作为双模态 Transformer 模型的输入信息,对视频中的事件进行定位并生成文本描述。

Google 发布的 VGGish 可以作为音频特征提取器,将音频输入特征转换为具有语义意义的 128 维特征向量,由此得到的音频特征表达性更强,比原始视频语义特征更紧凑,可以作为下游模型的输入信息。DeepMind 发布的 I3D 可以作为视频特征提取器,将 2D 卷积神经网络扩展到 3D,RGB 特征和光流特征结合后得到 I3D 视频特征。

密集视频描述模型从用户输入的原始视频中提取 VGGish 特征和 I3D 特征。为展示密集视频描述生成的效果,本文随机选取了两个短视频作为后续展示的原始视频。两个视频的主题分别是球赛和阅兵。第一个视频的内容为篮球赛精彩操作剪辑(下文表述为球赛短视频),密集视频描述生成模型预测的输出结果如下:

```
[
    {′start′:0.0, ′end′:21.2, ′sentence′: ′一个男人与另一个人打篮球,并以来回击球结束比赛。′},
    {′start′:15.4, ′end′:21.2, ′sentence′: ′穿黑衣服的球员又出现了。′},
    {′start′:0.0, ′end′:7.7, ′sentence′: ′一个男人继续打比赛。′},
    {′start′:0.0, ′end′:3.0, ′sentence′: ′穿黑衣服的男人正在打篮球。′},
]
```

输出结果对应的视频事件片段及视频描述如图 4.5 所示。

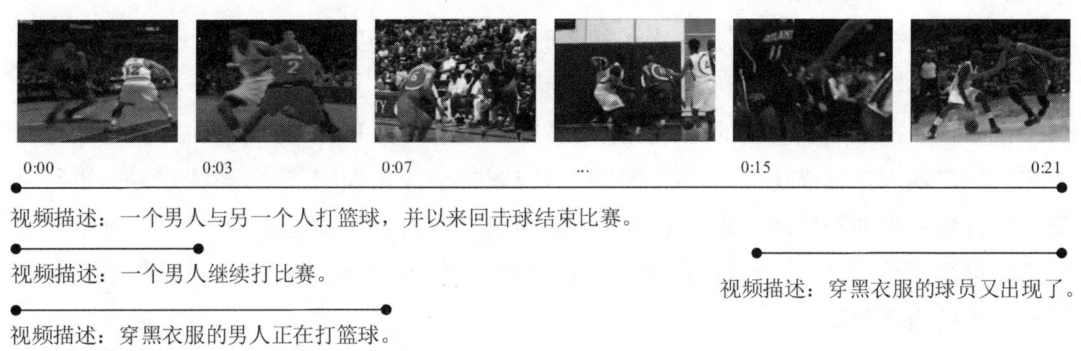

图 4.5　带有密集视频描述的球赛短视频

可以看到,密集视频描述生成模型在球赛短视频上的表现良好,识别到了"打篮球""来回击球"和"球员"等关键信息。第二个视频的内容为国庆阅兵式剪辑(下文表述为阅兵短视频),密集视频描述生成模型预测的输出结果如下:

```
[
    {'start':0.0, 'end':19.1, 'sentence':'我们看到一大群人走来走去。'},
    {'start':0.1, 'end':3.3, 'sentence':'一群人站在台上。'},
    {'start':15.6, 'end':19.1, 'sentence':'我们看到人群中的人。'},
    {'start':1.7, 'end':4.8, 'sentence':'人们走在街上。'},
]
```

输出结果对应的视频事件片段及视频描述如图 4.6 所示。

图 4.6　带有密集视频描述的阅兵短视频

可以看到,密集视频描述生成模型阅兵短视频上的表现不是特别理想,仅识别到了"人群""走来走去"等关键信息。针对以上情况,需要通过用户输入的描述对视频描述结果进行补充。

2.用户输入描述获取

在各类短视频平台上,用户在上传视频时都会带有一定的文字描述。这些文字描述大多与视频内容紧密相关,能够高度概括视频的主要内容。

密集视频描述生成模型的侧重点是视频中出现的对象和事件,能够在事实方面进行补充。用户输入视频描述的侧重点是用户对视频的个性化理解,能够在情感方面进行补充。通过将密集视频描述生成模型预测结果和用户输入视频描述结合,可以较好地对视频内容进行概括,得出符合当前视频内容的视频描述,该视频描述将作为视频语义信息理解模块的输入数据。

以阅兵短视频为例,将密集视频描述和用户输入视频描述拼接,最终生成的视频描述为"我们看到一大群人走来走去。一群人站在台上。我们看到人群中的人。人们走在街上。又是一年国庆,你还记得去年的大阅兵吗?15秒重温超燃瞬间!每一秒都是骄傲与自豪。"

二、视频语义信息理解

1.基于依存句法分析的关键词提取

由于前面获得的视频描述的文本较长,需要通过关键词提取技术获取相关主题和重要内容。关键词提取的输入是密集视频描述与用户输入描述拼接而成的文本,通过 TF-IDF 和 TextRank 相结合的关键词提取算法,分配相应权重,输出 top-K 个关键词。例如,根据球赛短视频生成的视频描述文本为:

一个男人与另一个人打篮球,并以来回击球结束比赛。一个男人继续打比赛。穿黑衣服的男人正在打篮球。【NBA】这或许是你看到过最燃的篮球混剪。

关键词提取结果如表 4.1 所示。

表 4.1 视频描述文本的关键词提取结果

方法	结果
TF-IDF	('男人', 1.0),('打篮球', 0.6760159362315583),('篮球', 0.6140222358006662),('混剪', 0.6114395966008718)
TextRank	('打篮球', 1.9505755124333335),('男人', 1.4849140465225),('比赛', 1.13889296722),('黑衣服', 1.009076515225)

由表 4.1 可知,提取得到的关键词列表为"男人、打篮球、篮球、比赛、黑衣服",其中,"男人"和"打篮球"在两种算法得出的关键词结果中都出现了,但无法确定这两个关键词的重要性。此时,可以通过依存句法分析技术确定句子中各成分之间的相互关系,从而重新定义关键词的重要程度,提高语义识别的准确性。

句法分析(Syntactic Parsing)是指对句子语法进行分析,并将其表示为易于理解的结构,如树形结构。依存句法分析(Dependency Parsing)利用句子中单词与单词之间的依存关系来表示句子各成分之间的语义依赖关系,如主谓、动宾、定中等关系,并用依存句法树来表示整个句子的结构,如主谓宾、定状补等。

在对视频描述文本中的关键信息进行定位时,重点需要考虑实体和事件之间的关系,所以,在进行依存句法分析时,应将分析重点落在以名词为主的定中关系和动宾关系上。以球赛短视频为例,符合动宾关系及定中关系的短语如表 4.2 所示。

表 4.2 符合动宾关系及定中关系的短语

关系类型	标签	所有关系短语	名词短语
动宾关系	VOB	打篮球、回击球、结束比赛、打比赛、穿黑衣服、打篮球、是看到、看到篮球、看到混剪	篮球、比赛、比赛、黑衣服、篮球、篮球
定中关系	ATT	一个男人、另一、一个、个人、一个男人、穿男人、燃篮球	男人

通过依存句法分析,"篮球"作为核心关键词被正确选择,"比赛"作为次要关键词,重要性有所提升,而"男人"虽然是关键词提取出的结果,但重要性被弱化。目标关键词的排名序列被重新定义为"篮球、打篮球、比赛、黑衣服、男人"。

2.基于音乐词向量的关键词扩充

经过关键词提取和依存句法分析后,得到了视频描述文本的关键词。为了对目标关键词进行扩展,我们通过基于通用文本的词向量对目标关键词进行通用领域的近义词扩充,通过基于音乐文本的词向量模型对目标关键词进行音乐领域的近义词扩充。

词嵌入是表示文本的一种方式,词汇表中的每个单词由高维空间的实值向量表示,具有相似含义的单词在向量空间中接近,具有相似的表达能力。我们基于腾讯 AI Lab 词嵌入(Tencent AI Lab Embedding Corpus for Chinese Words and Phrases)得到通用文本的词向量模型。

Gensim 开源工具包常用于从文本中提取特征,能够提供 TF–IDF、LSA、LDA、Word2vec 等功能。我们基于 Gensim 的 models.keyedVectors 模块加载词向量模型,并通过实体和向量之间的映射实现相似性单词的查找。为了体现关键词扩展的重要性,首先用单词"长跑"引入一个例子。在 3MKG 中只能检索到 1 首与"长跑"有直接关系的歌曲,名为《小兔学长跑》。显然,对于配乐推荐来说,仅 1 首歌无法展示推荐系统的多样性,用户选择的局限性非常大。因此,可以通过词向量对单词"长跑"进行关键词扩展,增加推荐结果的多样性。通过基于通用文本的词向量模型,可以得到单词"长跑"的同义词,并基于同义词扩充检索结果。目标关键词"长跑"扩展后的部分关键词及对应的检索结果数量如表 4.3 所示。

表 4.3　目标关键词"长跑"扩展后的关键词及检索结果数量

扩展关键词	相似度得分	检索结果数量
长跑	0.9999999403953552	1
短跑	0.7713918685913086	—
跑步	0.744906485080719	47
马拉松	0.7107641696929932	8
慢跑	0.6810363531112671	1
爱情长跑	0.6729264855384827	—
越野跑	0.6537346839904785	—
马拉松比赛	0.6443651914596558	—
跑完	0.6413081288337708	—
跑马	0.6320990920066833	3

可以看到,通过对目标关键词"长跑"进行扩展,在知识图谱中,相关的检索结果数量从 1 扩展到了 60,扩充了候选集合的数量,能够为用户提供更多元化的选择。目标关键词"长跑"扩展后的部分关键词及检索结果中对应实体的统计信息如表 4.4 所示。

表 4.4　目标关键词"长跑"扩展后的检索结果及统计信息

扩展关键词	实体类型	实体 ID	实体名称
跑步	歌单	87307842	嗨起！跑步健身绝配
跑步	歌曲	27890822	跑步曲
马拉松	歌曲	29750167	生命是场马拉松
慢跑	歌单	36724514	2 小时半程马拉松慢跑节奏音乐
跑马	歌单	2507807934	荒野大镖客 2 跑马必备 BGM

使用某一特定领域内的语料,对同领域的任务有明显的帮助。特定领域内的语料能够让词向量拥有特定领域内的语义,对相似领域任务的效果提升非常明显。因此,可以引入基于音乐文本的词向量模型作为基于通用文本的词向量模型的补充。我们基于从互联网音乐上采集的 62 万条评论数据,通过 Skip-gram 算法训练基于音乐文本的词向量模型。

为了体现基于音乐文本的词向量模型对音乐领域关键词的提升效果,我们选取单词"乡村"对基于通用文本的词向量和基于音乐文本的词向量的关键词扩展结果进行对比,结果如表 4.5 所示。

表 4.5　基于两种词向量的目标关键词"乡村"的扩展结果

基于通用文本的词向量	基于音乐文本的词向量	备注
乡村	乡村音乐	—
乡间	布吉	乡村布吉(Country Boogie)，乡村布吉音乐是乡村酒吧轻键盘乐与纳什维尔之声的交融。
农村	蓝草	蓝草音乐(Bluegrass Music)，乡村音乐的另一个分支。
美丽乡村	纳什维尔	纳什维尔(Nashville)，位于美国田纳西州，美国乡村音乐在此萌芽并快速发展。
小城镇	拉丁	—

可以看到，通过基于音乐文本的词向量挖掘出了许多基于通用文本的词向量无法覆盖的单词，在音乐领域起到了较好的扩充效果。以阅兵短视频为例，描述文本为：

> 我们看到一大群人走来走去。一群人站在台上。我们看到人群中的人。人们走在街上。又是一年国庆，你还记得去年的大阅兵吗？15秒重温超燃瞬间！每一秒都是骄傲与自豪。

根据语义依存关系，按重要程度排序后得到的关键词列表为"阅兵、骄傲、人群、自豪、国庆"。通过基于通用文本的词向量和基于音乐文本的词向量的关键词扩展对关键词列表进行扩展，结果如表4.6所示。

表 4.6　基于两种词向量的目标关键词列表的扩展结果

关键词	基于通用文本的词向量	基于音乐文本的词向量
阅兵	阅兵、阅兵式、检阅、演习、军演、军队、出访、天安门广场、方队、陆军	抗日战争、红场、志愿军、军歌、边寨、陆军、游击队、远征军、中国人民解放军、海军
骄傲	骄傲、自豪、很骄傲、感到自豪、骄傲地、很自豪、自信、自傲、我骄傲、争光	—
人群	人群、群体、人群中、青年人、的人、年轻女性、年轻人、年轻群体、老年人、中老年人	人来人往、人潮、拥挤、行色匆匆、致辞、孤独感、车水马龙、人山人海、擦身而过、渐行
自豪	自豪、骄傲、很自豪、感到自豪、很骄傲、欣慰、自豪感、骄傲地、由衷、光荣	歌唱祖国、自豪感、龙的传人、争光、五星红旗、建军节、唱国歌、国歌、祖国、繁荣富强
国庆	国庆、国庆节、五一、国庆假期、国庆期间、国庆长假、中秋节、五一假期、今年春节、元旦	—

三、视频配乐检索及推荐

1.面向文档和图的3MKG检索算法

基于AQL的复杂图检索是根据关键词列表和任意实体节点vertex的名称name、歌曲歌词关键词lyric_keywords(仅歌曲节点包含)、歌曲评论关键词comment_keywords(仅歌曲节点包含)、歌单描述关键词desc_keywords(仅歌单节点包含)等属性的匹配程度进行检索，同时检索与符合条件的节点相邻的一级或二级节点，任意两个节点之间通过边连接,每条边对应两个实体间的关系,检索结果表现为连通的知识图谱子图。

以阅兵短视频为例,根据语义依存关系得到的按重要程度排序后的关键词列表为"阅兵、骄傲、人群、自豪、国庆",词向量扩充后的关键词列表为"阅兵、骄傲、自豪、人群、阅兵式、抗日战争、红场、志愿军、很自豪、很骄傲、人来人往、检阅、群体、人群中、歌唱祖国"。基于 AQL 的复杂图检索算法共检索出 280 首歌曲,部分检索结果如表 4.7 所示。

表 4.7 基于 AQL 的复杂图检索算法

关键词	歌曲 ID	歌曲名称
阅兵式	25841337	国歌
抗日战争	34516729	保卫黄河
志愿军	395769	志愿军战歌
检阅	395434	检阅进行曲
歌唱祖国	395354	我们是共产主义接班人

2. 结合语义相似度的配乐推荐算法

在视频配乐检索完成后,需要对几十首乃至几百首歌曲按相关性算法进行排序,进而完成 top-K 推荐。近几年,知识图谱的节点重要性评估已经成为知识图谱研究中一项具有重要意义的课题。我们在 3MKG 的基础上,综合考虑知识图谱相关实体节点及各节点之间的关系,提出了一种结合语义相似度的 PageRank 排序算法,它可以对实体节点的重要性进行准确有效的评价,从而提高推荐结果的相关性及可靠性。

结合语义相似度的 PageRank 排序算法首先记录检索出当前候选音乐 l 的扩展关键词列表 $K = [k_{11}, k_{12}, \cdots, k_{ij}, \cdots, k_{mn}]$ 及扩展关键词的原始关键词列表 $W = [w_1, w_2, \cdots, w_n]$,依次得到对应关键词的余弦相似度得分之和,以及当前候选歌曲节点的 PageRank 得分。通过余弦相似度进行第一次排序,再通过 PageRank 得分进行二次排序,最终得到排序后的视频配乐列表。当前候选音乐 l 的得分表示方法公式如下所示。

$$Score(l) = \sum_{j=0}^{m} Similarity(w_l, k_{lj}) \times a + PageRank(l) \times b$$

其中,$l \in L$,L 为候选音乐列表。w_l 为原始关键词,k_{lj} 为第 j 个扩展关键词,a 与 b 为加权系数,a 与关键词重要程度排名成正比,b 将当前候选音乐 l 的 PageRank 得分映射到 $[0,1]$ 区间内。

以阅兵短视频为例,通过结合语义相似度的 PageRank 排序算法,对视频配乐检索结果进行打分,并根据得分从高到低进行排序,以确定歌曲在列表中的排名情况。部分候选歌曲及对应得分如表 4.8 所示。

表 4.8　部分候选歌曲及对应得分

歌曲 ID	歌曲名称	得分
32689311	中华人民共和国国歌	0.8092354862073262
395765	骑兵团进行曲	0.7389280492070247
395786	航空兵进行曲	0.7389280492070247
395791	女兵进行曲	0.7287410271091358
395757	军旗下的步伐	0.6965087331472750
395773	摩托化部队进行曲	0.6900041407270328
395796	新四军军歌	0.6900041407270328
395777	火箭部队进行曲	0.6510759448394674
34516734	强军战歌	0.6438886629587068
34516729	保卫黄河	0.6389193260167667

短视频配乐推荐系统的配乐推荐结果展示界面如图 4.7 所示。

图 4.7　短视频配乐推荐系统的配乐推荐结果展示界面

第五节　多语言特征向量空间的一致性映射模型

同一新闻的不同语言报道可以视为这一新闻的一种多模态信息。如何实现对齐呢？我们提出了多语言特征向量空间的一致性映射模型。

在该模型中，多语言文本映射特征向量空间表示模型是研究重点，通过将不同语种语言拟合在中间语义空间中，用同维空间向量进行特征表示，既避免了传统文本向量化在多语言条件下的失效，也避免了资源的消耗。这不但能解决搜索任务中多语言新闻之间内容关系的分析计算，还能解决多语言文本相似度、情感计算及新闻价值评估等多个下游任务的计算。然而目前多语言词向量的学习性能较大程度上依赖于大规模的平行语料或高质量的种子词典等，对于平行语料较少的多语言词向量的学习效果不太明显。对于缺少平行句对、构词方法独特而复杂、形态多变的低资源语言，现有神经网络学习多语言词向量时会出现更严重的数据稀疏和未登录词问题。多语言 BERT 模型是在大规模高资源语言语料上预训练的一种动态词向量模型，其中包含了丰富的多语种语法、语义信息，在此基础上二次精调模型能够解决集外词和数据稀疏问题。[85] 而目前成熟的 Transformer 架构中的 Encoder 模块在实现两两映射语言模型的工程应用时，可通过两两迭代的调用方式来解决任务，不必再进行多个语言拟合了。但执行任务时就会发现随着语言种类的增多，搜索复杂度是呈幂次方增长的，当增加到五六种语言时，搜索的时间复杂度已经难以接受。

针对现有高质量多语言对齐语料的不全面、小语种语料与常用语种语料数量比例失衡的问题，我们提出了低资源下的多语言特征向量空间的一致性映射方法，并在不同下游任务中验证了该多语言特征向量在多语言新闻领域的有效性。

图 4.8 为低资源下的多语言特征向量空间的一致性映射方法的整体结构。为了使多种语言相似语句编码后能够在编码空间显示的距离尽可能接近，该方法首先利用同一个 Transformer-Encoder 模型针对不同语种的源语言进行编码，得到在不同语言下带有信息融合的语义向量，为了保证相近或相同意思的语义向量之间的距离尽可能相近，采用了多任务联合学习的模式。

第一个任务为词级的掩码预测。通过合并公开和自行构建的多语言对齐词典，将多语言文本拼接到一起，采用掩码和语种向量的方式进行预测训练。同时，为了避免低资源语言被高资源语言稀释，在拼接采样过程中对不同语言的采样比例进行一定的规约。第二个任务为句级的翻译与分类。采用传统基于注意力翻译任务实现不同语言之间的词对齐，同时通过现有翻译模型，借助困难采样构建相似语义的多语言对语料集，形成多

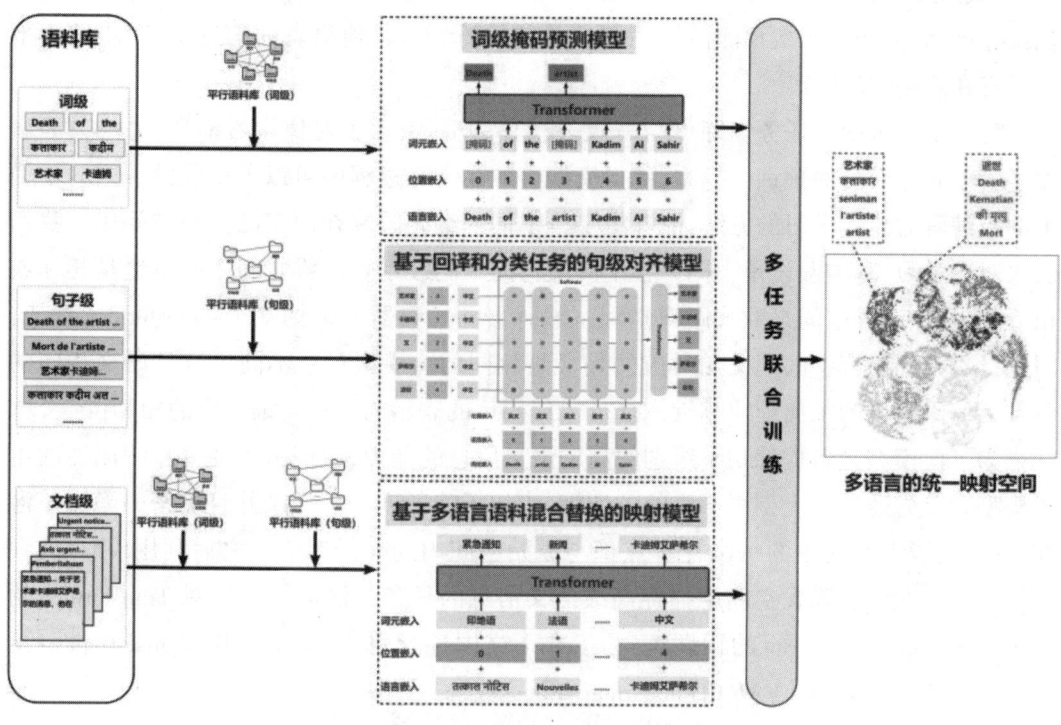

图 4.8　多语言特征向量空间的一致性映射模型

语言句级的相似性判断任务。第三个任务为文档级相似性的分类。在传统回译的基础上通过随机替换文本中源语言的词、短语或句子形成新的多语言文档,然后通过掩码的方式进行学习。通过上述三种任务的联合学习以及构建数据集的采样方法,消除模型对低资源语言的能力被高资源语言稀释的弊端,同时考虑词级、短语级和句级,减少不同语言的语种特性差异,进一步缩小不同语言在向量空间的一致性映射距离。

整个方法的主体模型是基于 Transformer 的编码器和解码器,首先,需要构造一个多语言的词典列表。任务是让所有语言共用同一个词表,利用 BPE(Byte Pair Encoding)的方法从所有语言中采集文本,构造词典。为了提升低资源语言采样比例,缓解预训练模型偏向高资源语言的问题,在采样过程中会对各个语言采样比例做一定的矫正。通过多种语言共用一个 BPE 词表的方法,便于不同语言的词向量在隐空间对齐,也能提取到不同语言的共用词。其次,使用翻译文本对作为输入,预测被掩码的词,通过只使用源句子信息来预测目标句子中被掩码的词,强制让模型只能用另一种语言的上下文信息预测本语言的掩码,提升模型的多语言对齐能力。之后通过得到的多语言之间的对齐关系,将回译任务融入到预训练中,即根据单语言语料生成另一种语言的伪数据,利用这个伪数据作为输入,构造平行句子作为输入,缓解低语言平行数据不足的问题。最后将一些文档级别翻译较好的数据集的多种语言进行重组,将源语言中的部分短语替换成另一种语言,生成的多语言交替的样本作为训练样本,在这种多语言文档上以掩码预测任务为优化目标训练,强制让每次预测被掩码掉的单词都要参考其他语言的信息,进一步缩小不同语言在隐空间的距离。

为了使句级回译任务训练更为高效,我们一方面引入了对比学习框架,另一方面增加了基于时序变分的预训练模型,使得模型参数在训练过程中可以平稳收敛。同时增加了词级编码的流式学习的方法,能够将字典中词的编码限制在固定的分布空间中。我们引入对比学习,基本假设是不同语言中同义句的编码表示在高维空间中的位置是相邻或相近的,且该高维空间是欧式距离空间。编码器和解码器的结构基于 Transformer 框架,因此针对不同语言中的同义句对应的句义是相同的。模型对于不同语言且语义相同的两句话编码向量的距离理应相近,对应了"编码后的表示向量在高维空间的相邻位置"。

为了使模型具备提炼句子级别的高层语义信息的能力,我们引入变分自编码器的生成模型。首先通过对大型语料库的预训练,将句子映射到一个低维并且稠密的隐变量潜在空间中,隐含空间中的每个样本点都与原始空间内的句子对应。之后利用 VAE 的训练框架实现在潜层隐含空间中捕捉高级语义信息的任务。该训练是针对 Transformer 的编码器 Encoder 模块进行的预训练,为了在下文中进行引用,这里记作 Transformer-Encoder,此模块整体记作 VAE+Transformer-Encoder。

基于变分自编码器的 VAE+Transformer-Encoder 模块是将传统的 VAE 与 Transformer-Encoder 进行结合,将训练集中的句子看成是由词级别作为基本单元组成的时序化数据,在每一个时间 t 上都是一个 VAE 模型,模型融合了变量之间随时序变化的依赖关系,在 $h_{1:t}$ 的作用下可观测到输入变量 $x_{1:t}$ 和隐含变量 $z_{1:t}$ 在每个时间步 t 上存在着结构依赖关系,因此 VAE+RNN 模块内的先验概率、近似后验概率、条件生成概率的表达式可以通过变量之间的依赖关系进行结构化描述。

在多语言之间完成的模型主要是在英语语境中开展的训练,因此在非英语方向效果不佳,不能有效地支撑多语言场景。针对这个问题,我们利用基于流式方法将 Transformer-Encoder 生成的语义空间向量的分布转换为光滑的各向同性的高斯分布,学习更好的语言无关表示,提升多语言模型的性能。

第五章 "四全"媒体

媒体发展的趋势是传统传播体系发展为现代传播体系,传统主流媒体发展为新型主流媒体。这些变化或发展的重要目标是实现包括全程媒体、全息媒体、全员媒体、全效媒体的四全媒体,实现路径是媒体融合。"全程"是指对客观事实变化的全部过程跨时空进行记录和发布;"全息"是指媒体信息来源广泛、格式多元、内容深入;"全员"是指每个机构或个人都可以是记者,可以参与媒体工作或者可以作为媒体主体;"全效"是指无所不包、无所不能、无人不用。"全程媒体"需要地域空间的跨越。这种"跨越"一家媒体实现起来比较困难,需要多家媒体协作,即需要多主体媒体融合。"全程媒体"需要时间维度上的持续报道以实现正确的舆论引导,这也需要多家媒体协作,实现协同议程设置。"全息媒体"为了使受众(用户)获得全面细致的信息,需要从多种渠道获得新闻等信息,处理后需要通过各种渠道发布各种模态的信息,这需要媒体主体与多传播渠道的媒体融合。"全员媒体"通过媒体平台或上级媒体将自媒体、下级媒体以及各种新闻从业者组织起来,是一种多主体媒体融合。"全效媒体"必须通过多主体媒体融合才能实现全效能;通过多渠道、多模态的内容发布才能实现更好的传播效果;通过多渠道、多模态的新闻线索获取,优势主体之间取长补短的功能融合才能实现更高的效率。

第一节 全程媒体

"全程媒体"是指媒体超越时间和空间限制进行信息传播服务,它强调的是事件发生和新闻信息的同步记录与同步传播。在这种时空维度下,"全程媒体"旨在提升媒体内容生产的即时性与全程化,这便对媒体的生产环节提出了新的要求。在移动互联网时代,媒体的核心竞争力仍然是内容生产,因为高质量的内容仍然是用户关注的重点。"全程媒体"的概念内涵丰富,支撑技术繁杂,下面从"全空间"、"全时间"及"全时空"三个方面,通过举例阐述"全程媒体"的相关服务和技术支撑。

一、全空间

主流媒体要第一时间进入当代中国社会发展第一现场,能够第一时间抵达第一现场是新闻业的任务所在。这就要求主流媒体在新技术支撑下,及时地高质量地发布第一现场新闻报道,这也是新型主流媒体与传统主流媒体的重要区别。5G+4K 是普遍的需求,具有比较成熟的解决方案;边缘计算可以提高事件第一现场的内容处理能力,将会在即时新闻报道中广泛开展应用;新型互联网可以提高内容的移动接入、存储和传输能力,将会在带宽要求高(如 8K 视频)、地域覆盖广的实时内容服务上开展应用。下面我们给出了雾计算、实时移动多渠道高清视频采集实验、5G+4K 移动网直播/转播业务的技术支撑三个示例,并给出了一种全程媒体的收益分配机制。

1.雾计算

及时捕捉、存储、处理、传输新闻是对相关支撑技术的要求。下面的雾计算体系结构具有较好的针对性,见图 5.1。一是在新闻事件多发场所部署固定拍摄设备;二是利用智慧城市等的监测设备;三是利用移动拍摄设备,采集新闻信息并通过图 3.37 的雾计算结构进行及时存储、边缘处理、实时传输,并在处理后到达云端。

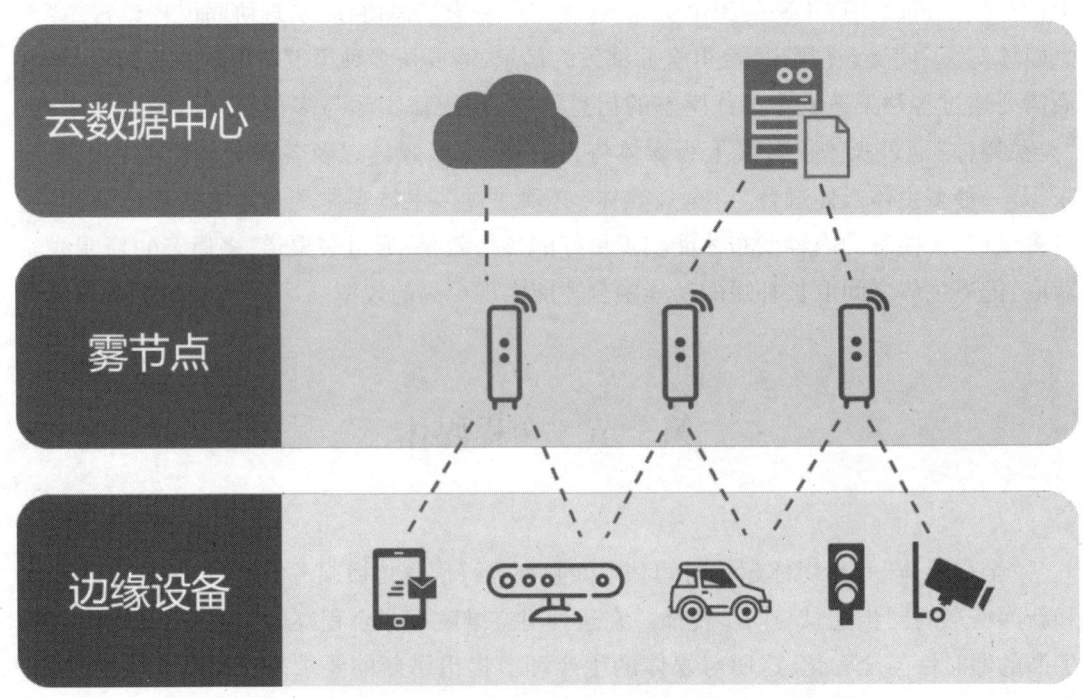

图 5.1 支持即时高质量发布第一现场新闻报道——雾计算

雾计算,是一种使用边缘设备在本地进行大量计算、存储和通信的架构。其通过在边缘设备附近的网络节点(例如,4G/5G 基站、Wi-Fi 接入点或网关等的 IoT 设备连接的第一跳)上启用计算、存储、联网和数据管理等功能,在云与终端设备之间建立起了连接的管道。因此,计算、存储、决策和数据管理不仅发生在云中,而且可以沿着边缘到云的路径发生。雾计算被定义为一种水平的系统级架构,该架构将计算、存储、控制和网络功能分布在整个云管端的连续体上,更接近用户。

雾节点可以放置在靠近 IoT 源节点的位置上,与传统的云计算相比,雾计算可以显著降低延迟。与集中式云数据中心相比,雾计算中的节点通常部署在较为分散的位置上。雾节点在地理位置上是广泛分布的,并且大量可用。通过将云计算和雾计算结合起来,可以进一步优化连接设备使用的服务。雾和云之间的协同进一步加强了数据聚合,处理和存储的能力。

2.实时移动多渠道高清视频采集实验

基于面向服务的寻址与路由技术,[86]将使互联网成为具有内容存储、信息计算和数据转发功能的服务池,而不是简单的数据传输通道。它依据服务分类形成层次化的服务标识,服务标识代替 IP 地址实现路由,从而支持跨时空的媒体采编播业务。

我们在中科院声学所基于中国科学院 C 类战略性科技先导专项课题"SEANet 技术标准化研究与系统研制"开发的 ICN 网络——SEANet 的技术架构上,研究支持移动环境下的终端高清数据采集、标记、网内缓存和聚合能力,实现采集设备在长距离、跨无线接入点、跨控制域移动时,完成对网络业务连续性的支持,以实现面向"全程媒体"的融媒体数据服务应用效果。采用 SEANet 网络中基于标识的移动性管理、新型路由传输技术,实现了移动采集设备的无缝移动、持续记录,解决了该场景下采集设备高速移动可能导致的视频不连续、后续处理繁琐等问题。为了保证 4K 源码率高清视频的不间断采集、传输和存储,我们采用 SEANet 网络支持网内缓存的新型传输方式,实现了基于 SEANet 网络的数据线速转发能力、网内协同存储能力,并可支持就近的边缘计算节点对媒体数据的分析处理,如目标识别、自动标注等。

我们开发了 4K 视频采集程序和移动拍摄终端,爬取构建了 4K 视频资料库,并开展了源码率 4K 超高清视频大规模汇聚和移动拍摄的相关实验。

图 5.2 是基于 SEANET 的移动融媒体数据服务应用系统示意图,图 5.3 是相关的实验环境部署,图 5.4 是 4K 视频资料库和视频采集设备。

整个测试场景包括数据采集、数据存储、边缘智能分析处理和 App 展示。在固定位置视频采集场景中架设了多台 4K 高清摄像机与配置了专业采集卡的视频工作站,基于 LINUX/WINDOWS 开发了跨平台的 4K 源码率采集系统。在模拟户外运动场景的测试环境中,基于该系统进行固定拍摄和采集测试,实验表明测试系统可支持并发上传大于 10G 比特每秒的速率实时写入 SEANet。

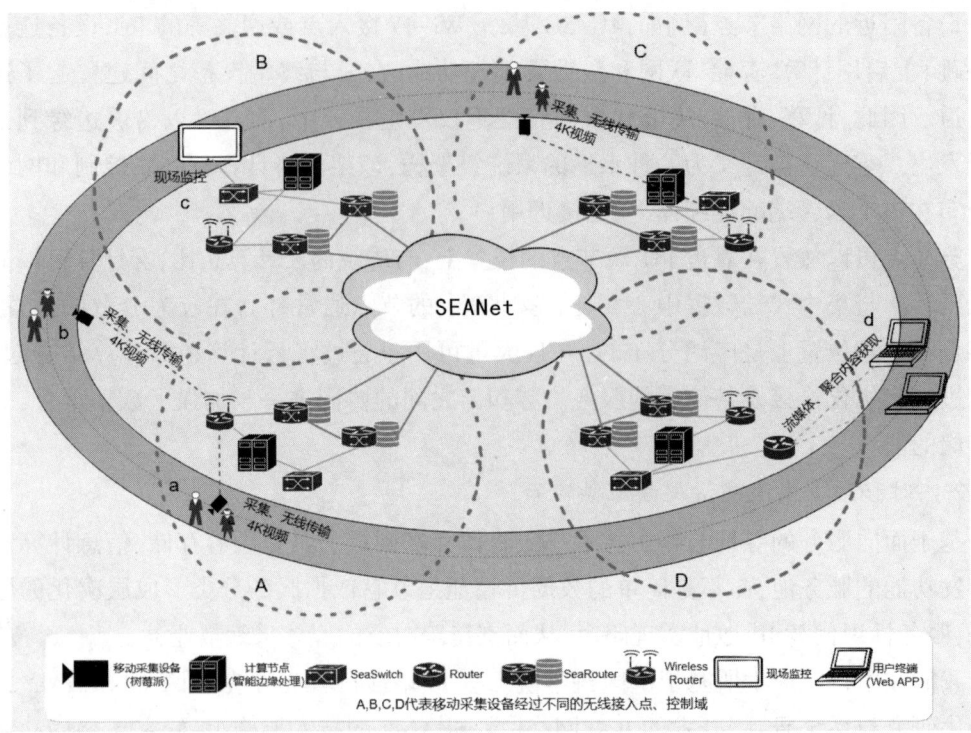

图 5.2 基于 SEANet 的移动融媒体数据服务应用系统

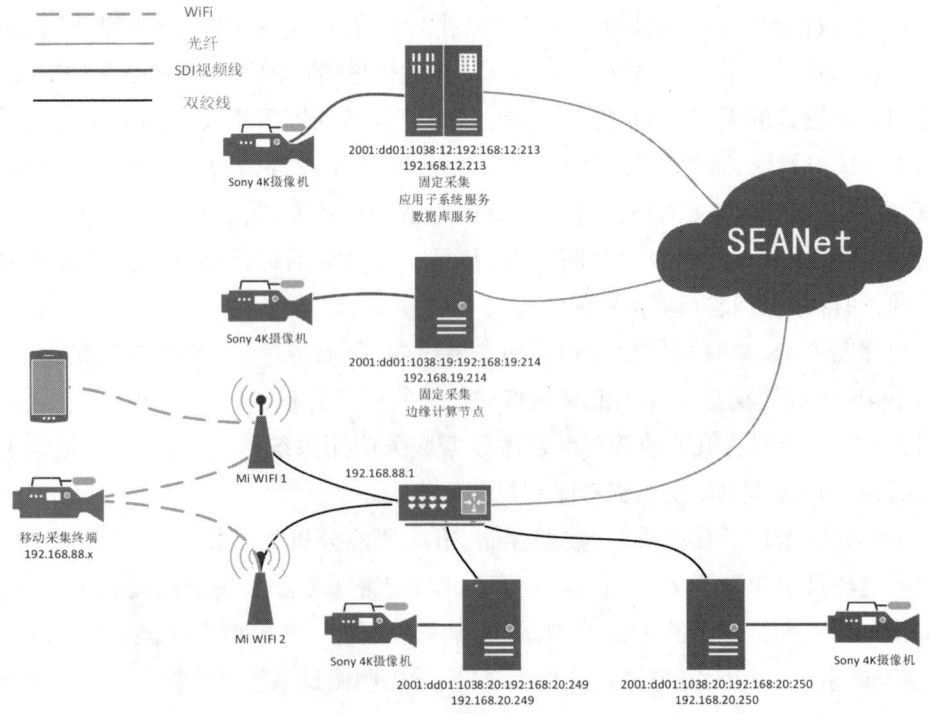

图 5.3 基于 SEANet 的移动融媒体数据服务实验环境部署

第五章 "四全"媒体　149

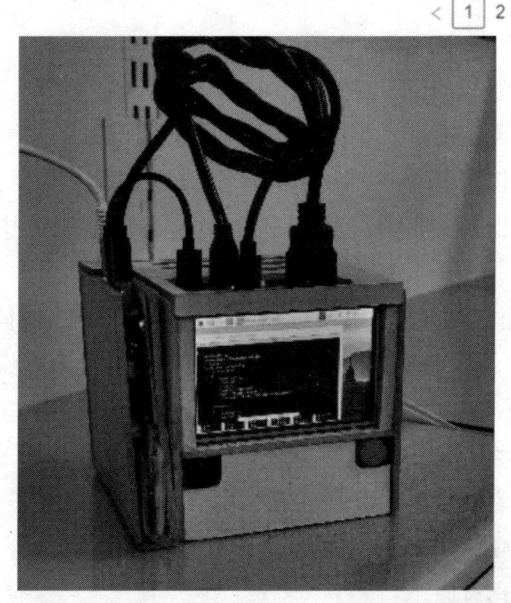

图 5.4　实验环境部署中的 4K 视频资料库和视频采集设备

　　我们开发的移动拍摄终端具有视频采集、近端网络连接和自动切换、IPv4/IPv6 双栈数据传输、数据分片缓存、会话管理等核心功能。在户外移动数据采集场景下,拍摄人员手持采集终端 IMCT(智能移动采集系统)进行视频拍摄,采集终端实时传输视频数据至 SEANet 存储网络。拍摄人员移动时 IMCT 就近自动选择 SEANet 无线接入点,基于分片缓存、会话管理等机制实现设备跨网域移动时数据不间断实时采集。位于网络边缘的计算结点对采集视频进行智能分析,通过目标检测和视频标注完成对测试视频中的物体、人物、动作的自动标识,如图 5.5 所示。

图 5.5　目标检测和视频标注

3. 全程媒体收益分配机制分析

"全程媒体"是指媒体超越时间和空间限制进行信息传播服务,它强调的是事件发生和新闻信息的同步记录与同步传播。将要建设的全国县级融媒体中心服务调度平台,为"全程媒体"建设的推进提供了基础平台。在一次"全程媒体"新闻报道过程中,服务调度平台可以作为一个中枢节点,来指挥、协调和调度各县级融媒体中心对该新闻事件进行全程报道和同步传播。

在一次跨县域的新闻报道过程中,需要多个县域的媒体主体协同全程报道。假设参与报道的媒体主体有 $n+1$,我们将参与主体 0 定义为全国县级融媒体中心服务调度平台(提供全程媒体的协同平台,但不参与具体的新闻报道环节);参与主体 $1,2,3,\cdots,n$ 是 n 个参与全程报道的县级融媒体中心。假设每个县级融媒体中心具有相同的新闻生产能力,并设 M 为 n 个县级融媒体中心中与服务调度平台 0 所形成的子集(可能包括服务调度平台也可能不包括),$|M|=m+1$。

这个合作的临时联盟具有以下特点:

仅有服务调度平台不能产生任何收益,即 $v(0)=0$。

若没有服务调度平台参与,即 $0\notin M$ 时,各县级融媒体中心缺乏组织调度,无法完成全程报道的目标,也不能产生任何收益,即 $v(M)=0$。

当服务调度平台与县级融媒体中心组成临时联盟,其收益是县级融媒体中心的增函数,也就是说参与的县级融媒体数量越多,越有利于全程报道的效果。即 $v(M)=f(m)$。

这个合作博弈的参与主体是 $\{0,1,2,3,\cdots,n\}$,其中 0 为服务调度平台。当服务调度平台在排列中处于 $i+1$ 的位置时,它前面有 i 个县级融媒体中心,这时它的边际贡献是 $f(i)$。因此,服务调度平台的 Shapely 值为:

$$\varphi_0(v)=\frac{1}{n+1}\sum_{i=1}^{n}f(i)$$

对于每个县级融媒体中心来说,假设其新闻生产能力相同,则每个县级融媒体中心的 Shapely 值都一样,即对于任何一个县级融媒体中心 j,它的 Shapely 值为整个临时联盟的收益减去服务调度平台的 Shapely 值后剩下的部分再按照 n 个县级融媒体中心平均后得到的值:

$$\varphi_i(v) = \frac{1}{n}[f(n) - \frac{1}{n+1}\sum_{i=1}^{n}f(i)]$$

在确保收益的情况下,县级融媒体中心会有充分的动力投入到"全程媒体"建设中来。依据边际贡献来分配收益是一种科学、简单的收益分配方式,可以为"全程媒体"的收益分配提供一种思路。

4.5G+4K 移动网直播/转播业务的技术支撑

(1)融媒体移动网业务的典型系统架构

在移动网环境(4G/5G)下的融媒体生产包括智能生产、高质量编辑呈现及全链路精准分发等环节。移动网业务以面向超高清视频的直播、回传为主要形式。融媒体移动网业务的顺利开展需要主流的移动网络进行传输,以便携式背包为载体,将现场信号进行超高清编码,聚合 4G、5G 信道进行高速低延时的信号传输,从而实现 4K 以上视频在移动网中的采集、传输、编辑和分发。

图 5.6 为融媒体移动网业务的典型系统架构,其中信号源支持专业广播级摄像机、手机、麦克风等设备的视音频信号采集。由 5G 背包汇聚采集的音视频信号,通过 4G/5G 聚合链路连接到互联网,并传输至集成发布平台。基于 5G 背包的传输方式具备轻量化、移动化、模块化等特点,部署便捷、使用快捷、反应敏捷,降低了运输成本、时间成本、人力成本。

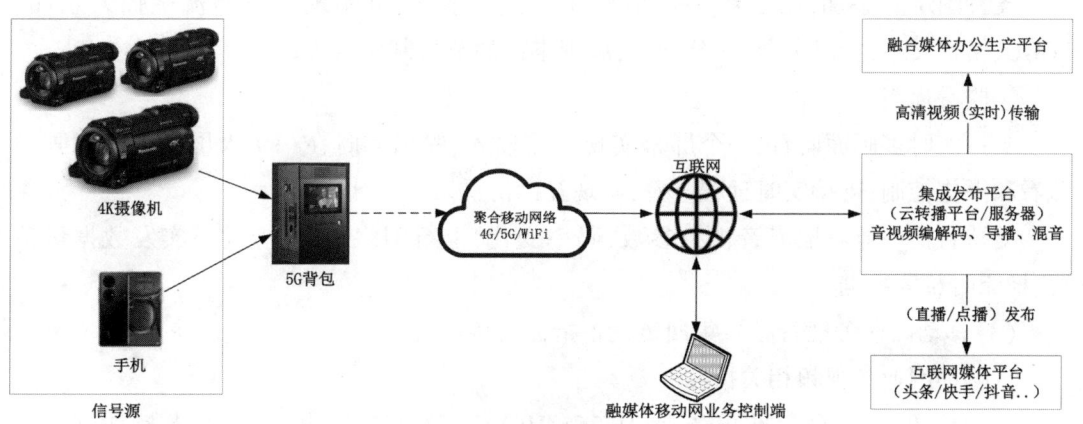

图 5.6 融媒体移动网业务的典型系统架构

集成发布平台一般可由 5G 背包系统解决方案提供商的配套服务器系统搭建而成,也可以使用云转播平台的互联网云服务。用户在融媒体移动网业务控制端通过互联网连接登录集成发布平台,完成直播、转播等业务的音频/字幕制作、导播、画面导切、监看控制等操作。集成发布平台将视音频信号分发给多种平台,其中包括融合媒体办公生产平台。融合媒体办公生产平台可以进一步提供直播拆条、视频快编等功能。集成发布平台可以通过融合媒体办公生产平台接入其他云直播系统。另外,集成发布平台可将视音频业务以直播流的形式发布到头条/快手/抖音等互联网媒体平台。

(2)基于移动互联网的直播/转播业务功能要求

5G背包可支持多路摄像机、麦克风输入,本地媒体素材输入,网络流输入。调音台具有多路混音、立体声混音功能,能够进行音频切换、音量调整、音画分离,调整音频延迟,具有跟随、静音、监听、独奏功能。

① 直播推流

可向FMS服务器推送直播流,支持UDP、RTMP、RTSP、HLS、HTTP等协议流,可跨系统平台(Windows、Android、iOS)进行直播,能够同时向多个互联网分发平台推流。支持直播流码率、分辨率、GOP、帧率等视频参数设置功能。视频直播服务不限制推流码率,支持常见分辨率以及对应的码率。

② 导播

导播台可支持直接切换、带特效切换;支持PGM信号延时输出,且延时时间可调;支持紧急垫片,可配置备播片,在直播中随时切换到备播片源;支持录制和回放,可自定义录制时长,按原码率录制并支持多种录制格式,方便后期剪辑、存档和回放。支持对直播内容选择性录制,文件支持但不限于 AVI+WAV、MP4、TS、MXF 格式保存;支持一键断播。

③ 素材包装

支持图层的添加,图层组件包括图片、文字、字幕,可实现在直播流中插入水印、LOGO、横幅文字、实时字幕、比分牌等,展现丰富的节目制作效果。

④ 监看控制

支持实时多画面监看,一个屏幕实现各路输入、输出实时在一个大屏幕上分割画面监看和操作控制;支持实时远程查看,实现互助协作。

支持直播中监看推流音视频参数、码率变化、上行网络质量、应发与实发数据量情况、推流时长等数据。

(3)移动网业务视音频采集回传设备指标与接口规范

① 移动网业务视频相关指标

视频编码与压缩标准可支持 H.265/HEVC、H.264,视频码率可支持 100bps～70Mbps,支持HDR,支持多路SDI/HDMI输入,可提供128GB～1TB本地存储扩展。

② 移动网业务音频指标

嵌入式音频SDI、HDMI,48KHz/16bit 采样,AAC或MP3编码、立体声。

③移动网传输接口规范

网络接口支持 2.4/5GHz 双频 Wi-Fi、1000M 以太网有线接口、4G/5G 模组。支持聚合多路数据连接,包括蜂窝网络、Wi-Fi、以太网。

(4)超高清视频直播回传的移动网技术要求

在不能接入有线网络的区域,有解决方案使用微型摄影机、可移动摄像机,通过 4G/5G 移动网络替代固定摄像机转播线缆,提供超高清视频直播回传等融媒体业务,这对传输网络提出了一定的要求。这里描述移动网络进行超高清视频直播回传所应具有的最低网络技术要求。

①超高清视频直播回传业务流程与功能指标

4K 直播观看对带宽的要求是码率的 1.5~2 倍,当网络带宽大于码率 2 倍及以上时,基本无花屏卡顿。5G 网络具有大带宽、低时延、高可靠的特性,5G 网络的大带宽的特性天然满足超高清视频直播回传的网络需求,而使用 5G 网络进行高清视频直播回传,可以更好地服务融媒体移动网业务。超高清视频直播回传业务流如图 5.7 所示分别是:摄像机拍摄画面→5G 直播背包→5G 基站→承载网→核心网→集成发布平台→直播观看/拉流端。

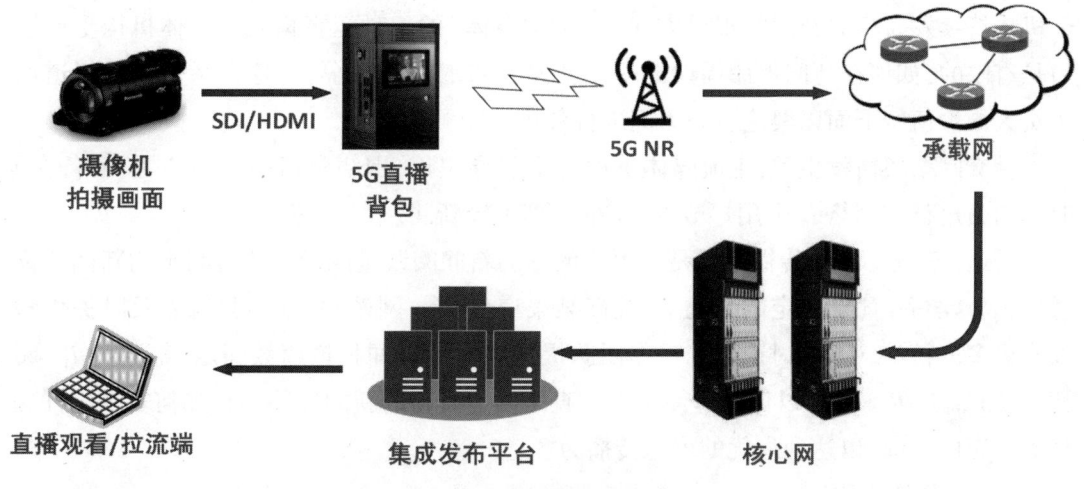

图 5.7　超高清视频直播回传业务流程

②5G 移动网技术支撑要求

为提供顺畅良好的移动网超高清直播体验,5G 移动网技术支撑条件应达到如下要求。

在 4K 直播观看端(拉流),因实时性考虑,一般的解决方案都采用 UDP 传输方式,当没有 FEC 冗余编码或重传等机制时,用户体验对于网络波动非常敏感。当丢包率大于 10^{-5} 时,会出现明显花屏现象。同时,4K 直播观看对带宽的要求是码率的 1.5~2 倍,当网络带宽大于码率 2 倍及以上时,基本无花屏卡顿。

在 4K 直播回传端(推流),因实时性要求,一般也采用 UDP 传输方式,如果没有可靠的保护机制,对于网络波动同样非常敏感,也要求丢包率。目前主流的 4K 背包厂家都开发了可靠的 UDP 传输技术,包括 FEC 和 SRT。

二、全时间

"全程媒体"在时间维度上就是要对某新闻事件持续不断地从各个角度进行报道。如何在媒体新闻报道生产能力受限、新闻事件影响时间受限的条件下,合理规划该系列各篇新闻报道发布时间,使总的新闻价值最大?下面给出一个示例。

对于某一新闻发布渠道,例如某地方主流媒体网站,新闻可见性对于本网站的注册用户是一样的。面向所有注册用户的对于同一事件的多篇新闻报道,其新闻的显著性、重要性、人情味是类似的,只有接近性因撰写相关新闻报道的媒体与新闻事件的地域距离、对事件领域的熟悉程度而有所不同(这里把用户看成一个整体,不区分用户个人与相关新闻报道的接近性)。总之,提高该事件新闻报道的新闻价值只能通过多篇稿件的及时性、持续性发布和选择更接近该事件的稿件写作团队来实现。这种对同一新闻事件媒体机构持续发布相关新闻的报道方式是"全程媒体"的一种运行模式。媒体机构生产能力是有限的,如何在新闻生命周期内安排新闻发布的时间间隔,使这一系列新闻报道产生更大的价值?下面以舆论引导为例进行分析。

社交网络舆情发生后,主流媒体机构为了引导舆论,围绕舆情的主要话题,准备在 l 时间内通过社交网络 i_0 个用户节点,发布 R 篇引导新闻。

渠道(平台、网站)传播力就是该渠道的总的新闻阅读量或者单位时间平均新闻阅读量。在新闻写作团队固定的情况下,提高某渠道(平台、网站)传播力只能靠及时提供和发布更多的稿件。下面讨论新闻写作团队提供某事件新闻报道篇数固定(篇数为 R,阅读速度 r 满足 $R > 1/r$ 以保证即使某人一直阅读也有新的新闻文稿)时,如何安排稿件提供和发布的时间,以达到最优的渠道传播力。

(1)新闻价值估计

假设在任意时刻 t,每篇该类引导新闻的新闻价值为 v。v 由 t 时刻所有该类引导新闻生产速度 $w'(t)$ 和 t 时刻之前已经生产的该类引导新闻量 $w(t)$ 决定[$w'(t)$ 是 $w(t)$ 的导数]。因为 l 时间内,之前生产的该类引导新闻越多,后面生产出的该类引导新闻就越少得到关注,价值就越小。设 t 时刻每篇该类引导新闻的价值为 $v(w',w)$,则从初始时刻到 t 时刻的所有新闻的价值之和(总价值)为:

$$\int_0^t v(w',w) w' dt$$

把 t 等分为 n 段，每段的长度为 Δt，分割点为 $t_1=0, t_2, \cdots, t_i, \cdots, t_{n+1}=t$。则第 i 段的新闻价值为 $v(t_i) \times (w_{i+1} - w_i)$，而 0 到 t 的总价值为：

$$\lim_{n \to \infty} \sum_{i=1}^{i=n+1} v(t_i) \times (w_{i+1} - w_i) = \lim_{n \to \infty, \Delta t \to 0} \sum_{i=1}^{i=n+1} v(t_i) \times \frac{(w_{i+1} - w_i)}{\Delta t} \Delta t$$

$$= \int_0^t v(w', w) w' dt$$

我们假设 $v(w', w) = \frac{w'(t)^\alpha}{w(t)^\beta}$，$\alpha \backslash \beta$ 为整数，并设 $\alpha + 1 \neq \beta$，即每篇该类引导新闻的价值与 $w'(t)^\alpha$ 成正比，与 $w(t)^\beta$ 成反比。

则要使整个 l 时长内该类引导新闻价值总值最大化，可求解如下变分问题：

$$\begin{cases} max \int_0^l v(w', w) w' dt \\ w(0) = 0, w(l) = R \end{cases}$$

令 $F(w', w) = \frac{w'(t)^{\alpha+1}}{w(t)^\beta}$，由求泛函极值必要条件的欧拉方程，且 F 中没有 t，有：

$$F_w - w' F_{w'w} - w'' F_{w'w'} = 0$$

两边乘 w' 后得：

$$\frac{d}{dt}(F - w' F_{w'}) = 0 \text{，或 } (F - w' F_{w'}) = c$$

即可得：

$$w'(t) = c\, w(t)^{\frac{\beta}{\alpha+1}}$$

$$w = (c_1 t + c_2)^{\frac{\alpha+1}{\alpha-\beta+1}}$$

由 $w(0) = 0, w(l) = R$ 得

$$c_2 = 0, \quad c_1 = \frac{R^{\frac{\alpha-\beta+1}{\alpha+1}}}{l}$$

所以 $w = \frac{R}{l^{\frac{\alpha+1}{\alpha-\beta+1}}} t^{\frac{\alpha+1}{\alpha-\beta+1}}$，$w'(t) = \frac{\frac{\alpha+1}{\alpha-\beta+1} R}{l^{\frac{\alpha+1}{\alpha-\beta+1}}} t^{\frac{\beta}{\alpha-\beta+1}}$；

则有 $v(t) = \frac{w'(t)^\alpha}{w(t)^\beta} = (\frac{\alpha+1}{\alpha-\beta+1})^\alpha R^{(\alpha-\beta)} l^{\frac{(\alpha+1)(\beta-\alpha)}{\alpha-\beta+1}} t^{\frac{-\beta}{\alpha-\beta+1}}$。

t 时刻所有该类引导新闻价值总和为

$$\sum v(t) = \int_0^t v(w', w) w' ds = (\frac{\alpha+1}{\alpha-\beta+1})^{\alpha+1} R^{(\alpha-\beta+1)} l^{-\alpha-1} t = (\frac{\alpha+1}{\alpha-\beta+1})^{\alpha+1} R^{\frac{(\alpha-\beta+1)\alpha}{\alpha+1}} l^{-\alpha} w^{\frac{\alpha-\beta+1}{\alpha+1}}$$

可以用 $(w, \sum v(t))$ 对进行曲线拟合以估计 $\alpha \backslash \beta$。设 R 为 l 时刻的 w 数。对于一

个网站，获取某天的某个事件在某时刻前的应对新闻数量（w）及这些应对新闻的所有用户点击量（$\sum v(t)$）。一天可以多个时刻观察，形成多个（w，$\sum v(t)$）对。可以连续很多天做同样的事情，就会得到很多（w，$\sum v(t)$）对。

则 t 时刻所有该类引导新闻平均每篇新闻价值为：

$$\bar{v}(t) = \sum v(t) / w(t) = \left(\frac{\alpha+1}{\alpha-\beta+1}\right)^{\alpha+1} R^{(\alpha-\beta)} l^{\frac{(\alpha+1)(\beta-\alpha)}{\alpha-\beta+1}} t^{\frac{-\beta}{\alpha-\beta+1}}$$

$$= \left(\frac{\alpha+1}{\alpha-\beta+1}\right)^{\alpha+1} R^{\frac{(\alpha-\beta+1)\alpha}{\alpha+1}} l^{-\alpha} w^{\frac{-\beta}{\alpha+1}} \tag{5.1}$$

$$t = \left(\frac{\alpha-\beta+1}{\alpha+1}\right)^{\frac{(\alpha+1)(\alpha-\beta+1)}{-\beta}} R^{\frac{\alpha-\beta+1}{(\alpha-\beta)\beta}} l^{\frac{(\alpha-\beta+1)^2}{\beta(\alpha+1)(\alpha-\beta)}} \bar{v}(t)^{\frac{\alpha-\beta+1}{-\beta}}$$

下面进行 α、β 的极大似然估计。

$v(t)$ 的分布函数为：

$$\frac{v(t)}{\sum v(t)} = \left(\frac{\alpha+1}{\alpha-\beta+1}\right)^{-1} R^{-1} l^{\frac{(\alpha+1)}{\alpha-\beta+1}} t^{\frac{-(\alpha+1)}{\alpha-\beta+1}} = \left(\frac{\alpha+1}{\alpha-\beta+1}\right)^{\frac{-\alpha(\alpha+1)}{\beta}-1} R^{\frac{(\beta-\alpha)(\alpha+1)}{\beta}-1} l^{\frac{\alpha(\alpha+1)}{\beta}} v^{\frac{\alpha+1}{\beta}}$$

对某个网站的某一事件新闻，在 0 到 l_i 时间内，有 R_i 篇新闻，这些新闻共被点击了 m_i 次，$v_i = \dfrac{m_i}{R_i}$ 为平均每篇新闻的点击次数。

则进行一次实验出现的数据是：

$$\left(\frac{\alpha+1}{\alpha-\beta+1}\right)^{\frac{-\alpha(\alpha+1)}{\beta}-1} R_i^{\frac{(\beta-\alpha)(\alpha+1)}{\beta}-1} l_i^{\frac{\alpha(\alpha+1)}{\beta}} v_i^{\frac{\alpha+1}{\beta}}$$

一个事件相关新闻可以实验多次，还可以分别观察多个事件新闻，共实验 n 次。

则极大似然函数为：

$$\prod_{i=1}^{n} \left(\frac{\alpha+1}{\alpha-\beta+1}\right)^{\frac{-\alpha(\alpha+1)}{\beta}-1} R_i^{\frac{(\beta-\alpha)(\alpha+1)}{\beta}-1} l_i^{\frac{\alpha(\alpha+1)}{\beta}} v_i^{\frac{\alpha+1}{\beta}}$$

为使上式最大，可以用 EM 算法估计 α、β。

前面用的是连续型分布，下面用离散型分布：文章按新闻价值（点击量）的大小进行划分，给出每类的占比后获得文章的离散型概率分布，即点击量为 i 的某类文章的点击量占总点击量的比例。设 v_i 为 t_{i-1} 至 t_i 时间段发布的单篇新闻的新闻价值（点击量），w_i 为新闻价值（点击量）为 v_i 的文章数量，对应关系如表 5.1 所示。

表 5.1 时间段、单篇新闻点击量和新闻篇数对照表

时间段	单篇新闻价值(点击量)	新闻篇数
t_0-t_1	v_1	w_1
t_1-t_2	v_2	w_2
…	…	…
$t_{i-1}-t_i$	v_i	w_i
…	…	…
$t_{n-1}-t_n$	v_n	w_n

设同一时间段内新闻价值(点击量)相同,则 $v_1 = v(t_1) = v(w_1)$,$v_i = v(t_i) = v\left(\sum_{j=1}^{i} w_j\right)$,$v_n = v(t_n) = v\left(\sum_{i=1}^{n} w_i\right)$,按篇数的新闻价值(点击量)的概率分布为:

$$\frac{v_i w_i}{\sum_{i=1}^{n} v_i w_i}$$

由公式:

$$v(t) = \frac{w'(t)^\alpha}{w(t)^\beta} = \left(\frac{\alpha+1}{\alpha-\beta+1}\right)^\alpha R^{(\alpha-\beta)} l^{\frac{(\alpha+1)(\beta-\alpha)}{\alpha-\beta+1}} t^{\frac{-\beta}{\alpha-\beta+1}}$$

$$w(t) = \frac{R}{l^{\frac{\alpha+1}{\alpha-\beta+1}}} t^{\frac{\alpha+1}{\alpha-\beta+1}}$$

可得:

$$v_i = v(t_i) = \left(\frac{\alpha+1}{\alpha-\beta+1}\right)^\alpha R^{(\alpha-\beta)} l^{\frac{(\alpha+1)(\beta-\alpha)}{\alpha-\beta+1}} t_i^{\frac{-\beta}{\alpha-\beta+1}}$$

$$= \left(\frac{\alpha+1}{\alpha-\beta+1}\right)^\alpha R^{\frac{\beta+(\alpha+1)(\alpha-\beta)}{\alpha+1}} l^{\frac{(\alpha+1)(\beta-\alpha)}{\alpha-\beta+1}} \left(\sum_{j=1}^{i} w_j\right)^{\frac{-\beta}{\alpha+1}}$$

所以概率分布为:

$$\frac{v_i w_i}{\sum_{i=1}^{n} v_i w_i} = \frac{w_i \left(\frac{\alpha+1}{\alpha-\beta+1}\right)^\alpha R^{\frac{\beta+(\alpha+1)(\alpha-\beta)}{\alpha+1}} l^{\frac{(\alpha+1)(\beta-\alpha)-\beta}{\alpha-\beta+1}} \left(\sum_{j=1}^{i} w_j\right)^{\frac{-\beta}{\alpha+1}}}{\sum_{i=1}^{n} w_i \left(\frac{\alpha+1}{\alpha-\beta+1}\right)^\alpha R^{\frac{\beta+(\alpha+1)(\alpha-\beta)}{\alpha+1}} l^{\frac{(\alpha+1)(\beta-\alpha)-\beta}{\alpha-\beta+1}} \left(\sum_{j=1}^{i} w_j\right)^{\frac{-\beta}{\alpha+1}}}$$

$$= \frac{w_i \left(\sum_{j=1}^{i} w_j\right)^{\frac{-\beta}{\alpha+1}}}{\sum_{i=1}^{n} w_i \left(\sum_{j=1}^{i} w_j\right)^{\frac{-\beta}{\alpha+1}}}$$

例:设某日上午,某网站发表的同类事件相关新闻文章若干篇,其中点击量为 1 次的 4 篇、2 次的 3 篇、3 次的 2 篇、4 次的 1 篇,其他文章的点击量均为 0。下面我们用极大似然函数估计文章价值(点击量)概率分布的两个参数 α、β。注意,因新闻的时效性是本文

新闻排序的唯一标准,使新闻总价值最大的策略一定是新闻发布时间按新闻价值(点击量)由大到小排序,则 $w_1 = 1, w_2 = 2, w_3 = 3, w_4 = 4$,极大似然函数为:

$$\prod_{i=1}^{n} \frac{w_i \left(\sum_{j=1}^{i} w_j\right)^{\frac{-\beta}{\alpha+1}}}{\sum_{i=1}^{n} w_i \left(\sum_{j=1}^{i} w_j\right)^{\frac{-\beta}{\alpha+1}}} = \frac{1 \times 2 \times 3 \times 4 \times (3 \times 6 \times 10)^{\frac{-\beta}{\alpha+1}}}{(1 + 2 \times 3^{\frac{-\beta}{\alpha+1}} + 3 \times 6^{\frac{-\beta}{\alpha+1}} + 4 \times 10^{\frac{-\beta}{\alpha+1}})^4}$$

$$\ln \prod_{i=1}^{n} \frac{w_i \left(\sum_{j=1}^{i} w_j\right)^{\frac{-\beta}{\alpha+1}}}{\sum_{i=1}^{n} w_i \left(\sum_{j=1}^{i} w_j\right)^{\frac{-\beta}{\alpha+1}}} = \ln \frac{1 \times 2 \times 3 \times 4 \times (3 \times 6 \times 10)^{\frac{-\beta}{\alpha+1}}}{(1 + 2 \times 3^{\frac{-\beta}{\alpha+1}} + 3 \times 6^{\frac{-\beta}{\alpha+1}} + 4 \times 10^{\frac{-\beta}{\alpha+1}})^4}$$

$$= \ln 24 + \frac{-\beta}{\alpha+1} \ln 180 - 4\ln\left(1 + 2 \times 3^{\frac{-\beta}{\alpha+1}} + 3 \times 6^{\frac{-\beta}{\alpha+1}} + 4 \times 10^{\frac{-\beta}{\alpha+1}}\right)$$

设 $x = \frac{-\beta}{\alpha+1}$,极大似然函数对 x 求导,有:

$$1.3 + 0.4 \times 3^x - 1.48 \times 6^x - 4.01 \times 10^x = 0$$

因 α、β 是正整数,可以编程从 α、β 为 1 分别逐渐增大求解上式近似解。解得 $\alpha = 4, \beta = 3$。

当单篇新闻的点击量与新闻价值 v_i 的对应关系是点击量等于 $4v_i$ 时:

$$4 \times 1^{\frac{-\beta}{\alpha+1}} = 4 , \quad 4 \times 2^{\frac{-\beta}{\alpha+1}} = 2.63 \approx 3 , \quad 4 \times 3^{\frac{-\beta}{\alpha+1}} = 2.07 \approx 2 , \quad 4 \times 4^{\frac{-\beta}{\alpha+1}} = 1.74 \neq 1$$

出现以上结果在本例中是合理的。

(2)向社交网络的投放和传播

对该类引导新闻用户阅读并认同从而向近邻传播的新闻,设其传播率为 $\tilde{p}(t)$,它应该与公式(5.1)中的 $\bar{v}(t)$ 成正比,仍然是 t 的函数,且 $l \geq t > 0$、$1 \geq \tilde{p}(t) \geq 0$。设传播率上限为 p_0,$1 \geq p_0 > 0$。由公式(5.1)知 $\bar{v}$ 也可以表示为 w 的函数。因 $\bar{v}$ 最大值在 $w = 1$ 时达到,所以由公式(5.1),我们可以计算 $\tilde{p}(t)$ 如下:

$$\tilde{p}(t) = p_0 \frac{\bar{v}(t)}{\max_{w} \bar{v}(w)}$$

$$= p_0 \frac{\left(\frac{\alpha+1}{\alpha-\beta+1}\right)^{\alpha+1} R^{(\alpha-\beta)} l^{\frac{(\alpha+1)(\beta-\alpha)}{\alpha-\beta+1}} t^{\frac{-\beta}{\alpha-\beta+1}}}{\left(\frac{\alpha+1}{\alpha-\beta+1}\right)^{\alpha+1} R^{\frac{(\alpha-\beta+1)\alpha}{\alpha+1}} l^{-\alpha}}$$

$$= p_0 R^{\frac{-\beta}{\alpha+1}} l^{\frac{\beta}{\alpha-\beta+1}} t^{\frac{-\beta}{\alpha-\beta+1}}$$

我们采用 SI 模型讨论在社交网络上的传播。因包括 SI 模型的常用传染病模型都要求传染概率为固定值,而 $\tilde{p}(t)$ 是时间 t 的函数,所以我们采用近似的方法,将传播时间等分为若干段,取各时间段中的某一个 $\tilde{p}(t)$ 值作为该时间段的固定传播率,并在该时间段中应用 SI 模型。将上一时间段 SI 模型的结果作为本时间段 SI 模型的初值递推出某一要求时间点的传播覆盖情况。

将时刻 0 到要求时间点 t 等分为 m 份,每份的长度 $\Delta t = t/m$。设 $t \in [j\Delta t, (j+1)\Delta t]$,$j$ 为非负整数。设 t 时刻已获得至少一篇主流媒体新闻的用户比例为 $i(t)$ 且 $i(0) = i_0$,社交网络用户数为 N 且保持不变,社交网络节点的平均近邻数为 $\bar{k}$,用户的平均阅读速度为 $\bar{r}$,只有用户阅读并认同的新闻用户才会向近邻传播。有 SI 模型:

$$\frac{di(t)}{dt} = \frac{1}{\bar{r}}\tilde{p}(t)\bar{k}(1-i(t))i(t)$$

求解后得递推公式为:

$$i((j+1)\Delta t) = \frac{i(j\Delta t)\ e^{\tilde{p}((j+1)\Delta t)\Delta t}}{1 - i(j\Delta t) + i(j\Delta t)\ e^{\tilde{p}((j+1)\Delta t)\Delta t}}$$

三、全时空

"全程媒体"同时考虑时间维度和空间维度,就是要使事件报道跨时空,例如事件现场的跨空间呈现和跨时间同步持续呈现。下面以远程音频同步全息呈现系统作为示例。

1. 融合现场声效场景的音频制播系统

通过承担 2021 年国家重点研发计划"科技冬奥"专项"云端互联观众互动体验系统研发与示范应用"的研究,我们研发了面向赛事、演出等应用场景的融合现场声效场景的音频制播系统。系统集直播现场节目声效场景设计的逼真临场感、现场多模态数据采集和广播系统的多渠道远距离传送特点于一身,借助新技术手段,给远端受众以全新的临场听觉体验。

设备通过加入欢呼声、运动声等声效的现场多通道声音场景模拟,可以有效地弥补疫情防控下赛场没有观众气氛的缺陷。该系统利用现场音响地图设计与实时多轨回放技术,实现了音频、视频、灯光等多种媒体的同步控制,通过定点、变轨、变域等声音轨迹控制完成了演出现场声音效果的实时编程设计,塑造出全方位的三维空间整体声场感。系统融合广播音频节目快速制作与编排技术,将现场多通道音频混编合成,通过播出系统和发布系统播出到 FM 广播与互联网广播。同时,借助云端数据同步控制技术,实现现场声效的远端同步重建,使受众基于本地音频系统(例如家庭 5.1 声道系统)实时逼真还原远端现场声效环境,提高远端受众的临场感体验。融合现场声效场景的音频制播系统结构如图 5.8 所示,远端声效重建同步播放系统结构如图 5.9 所示。

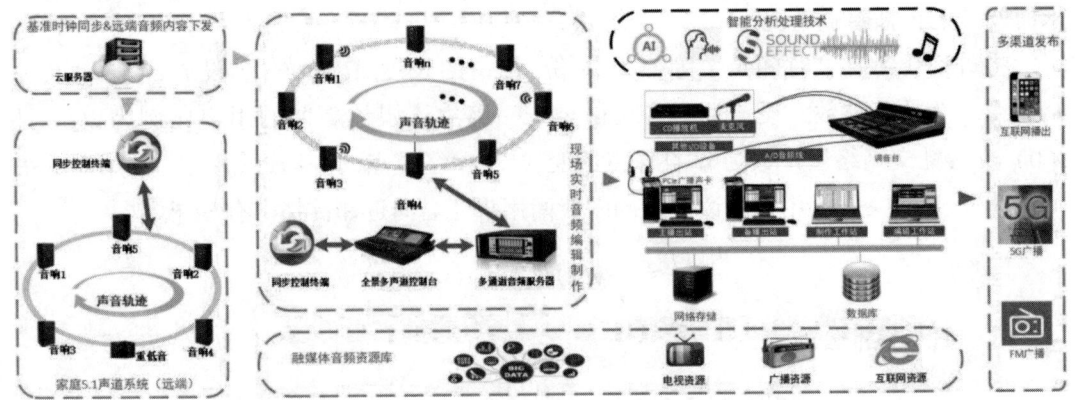

图 5.8　融合现场声效场景的音频制播系统结构图

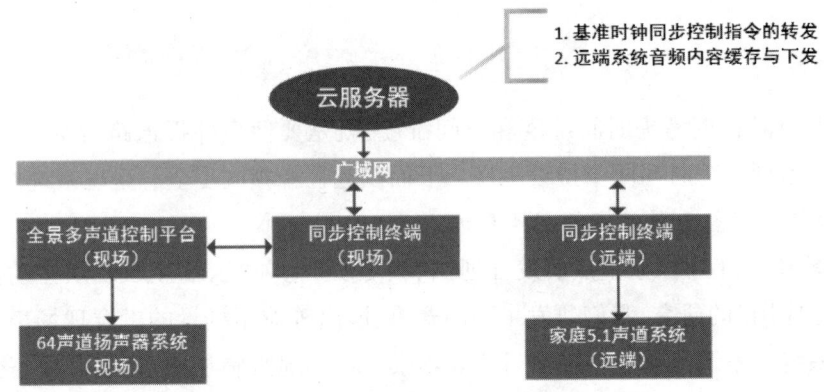

图 5.9　远端声效重建同步播放系统结构图

2. 远端声效重建同步播放系统

(1) 应用场景描述

系统在进行现场实时音频编辑制作,完成现场声效环境构建的同时,可借助云服务器进行面向广域网的精准时钟同步控制和远端音频内容的缓存与下发,实现现场声效的远端同步重建,完成远端声效重建同步播放控制,同步播放延时小于 10 毫秒,使远端受众可以基于其本地音频系统实时逼真还原现场声效环境,提高远端受众的临场感体验。

(2) 基准时钟同步控制优化

系统采用的基准时钟同步控制方法是对传统的广域网内设备时钟同步控制网络时间协议 NTP(Network Time Protocol)的优化和改进。

由于时钟源的精度和网络路径的抖动,在广域网上 NTP 提供了约 50 毫秒左右同步精度,该协议目前已经广泛应用于电力系统、监控摄像系统、铁路交通系统、海上船用系统设备等,在各个领域的各种不同系统中发挥着十分重要的作用。但是面向本系统的应用场景,50 毫秒的误差还是很大,不能满足应用需求。

根据网络延时差大和抖动频率高的特点,需要对 NTP 协议增加合适的优化算法来解决延时抖动的问题。根据统计学的规律,系统采用经多次采样去极值后再取平均值的方法,减小了误差。经过算法优化,实现了基准时间的误差小于 10 毫秒的目标,可以满足远端声效重建同步播放控制的需要。

第二节 全息媒体

从媒体发展依托的介质来看,报纸的介质是纸,广播电视的介质是电子和电磁波,当前新媒体的介质是互联网或双向有线电视网,可以称其为网络媒体,未来的新媒体可能是基于物联网的实时全息媒体,可以实现万物皆媒,因而可以称其为物联网媒体。

随着高速度、低延迟、低能耗、高安全的 5G 的泛覆盖,网络带宽增加,将出现基于互联万物的物联网的实时"全息媒体",并形成万物皆媒局面。例如,基于内容寻址与路由技术的未来网络,将解决互联网无功流量、内容难找等问题。

"全息媒体"概念的内涵丰富,支撑技术繁杂,下面仅通过举例,从媒体信息来源广泛、媒体信息内容深入两个方面阐述"全息媒体"相关服务和技术支撑。

一、媒体信息来源广泛

1.多渠道来源解决新媒体时代千人千报的问题

受众(用户)只有在事实层面达成一致,在价值层面才可能达成一致。"全息媒体"为共同事实基础提供内容。

目前受众(用户)通过三种方式接受内容:编辑想让你看什么你就看什么(传统媒体)、大家看什么你看什么(微博热搜)、你喜欢什么就让你看什么(一般的内容推荐)。媒体融合使受众有途径从各个渠道从多个角度看到事件的多个方面,提高了媒体的全息性。下面给出一种卫星广播辅助互联网提高媒体发布新闻全息性的新型体系结构。[87]

互联网的特点是内容无限,用户有限,其固有的"带宽瓶颈"和"信息垃圾"等弊端日益凸显,影响其可持续发展。广播最大的优点是用户数可以自由增长(用户无限),缺点是内容有限,无交互、缺个性。可以通过卫星广播辅助互联网的播存结构传播主流文化,即借移动网的"天播地存",如图 5.10。卫星经地面转播,向终端提供

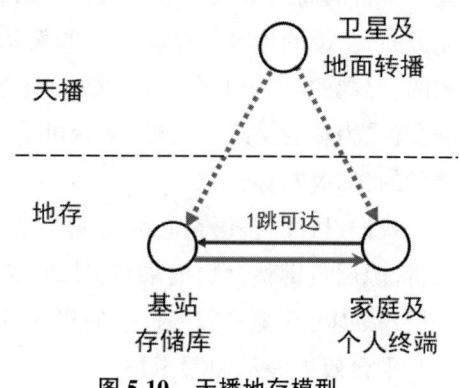

图 5.10 天播地存模型

内容,实现0跳分发,如图5.11。

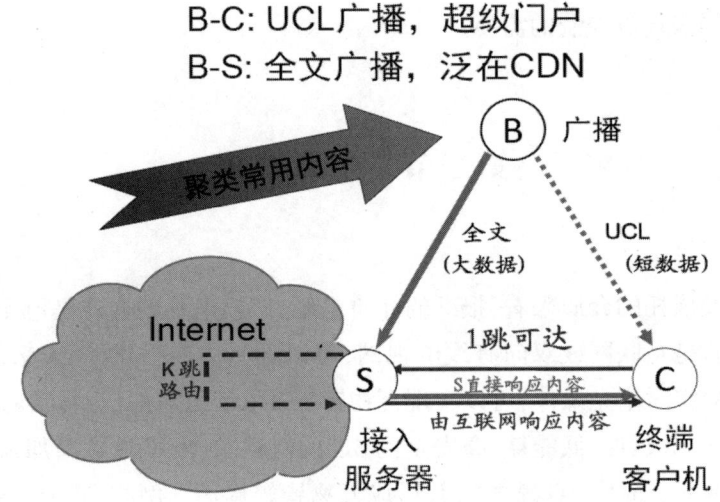

图5.11 卫星广播辅助互联网新闻传播模型

此时,由于个人存储空间有限,出现新瓶颈。解决办法是内容按需过滤,只存储用户有兴趣的内容,其关键是设计"内容命名"机制 UCL(Uniform Content Label,统一内容标签),以较大比率过滤掉没有兴趣的内容。

2.多来源新闻线索支持策划

为获得广泛可靠的新闻线索,需要广泛监测全球主要媒体的新闻报道。由于这种监测任务涉及媒体众多,且多语种自动翻译、自动分析还不成熟,中小媒体机构难以承担。因此头部媒体机构有责任提供新闻线索共享,为清朗舆论场的建立贡献力量。

为了支持多来源新闻线索的发现,我们开发了多语言新闻监测与分析平台。可以监测32种语种的近千个媒体网站或社交账号,具有新闻关键词抽取、新闻增量聚类、新闻主题分析、人物属性抽取、舆情趋势分析、情感倾向分析、热点话题分析、新闻推荐等功能。平台的高质量应用服务依赖于海量多语言平行语料库的训练计算。在数据存储优化方面,主流的计算与存储分离的架构模式导致数据竖井不断扩散,新闻数据变成分布式的、解耦的、去中心化的、分散而且混乱的。如何管理不兼容存储系统之间的新闻数据,就成为新的挑战。此外,平台可为用户提供基于新闻价值的信息检索服务,提供更高质量的 TopK 检索结果。

我们设计的多语言新闻监测分析平台架构,如图5.12所示。整个架构分为两个层次:资源层负责整合数据采集、计算、存储,形成新闻监测平台的整体核心能力;业务层基于用户需求,在统一服务标准的指导下,定制化构建上层应用。

平台效果展示如图5.13。

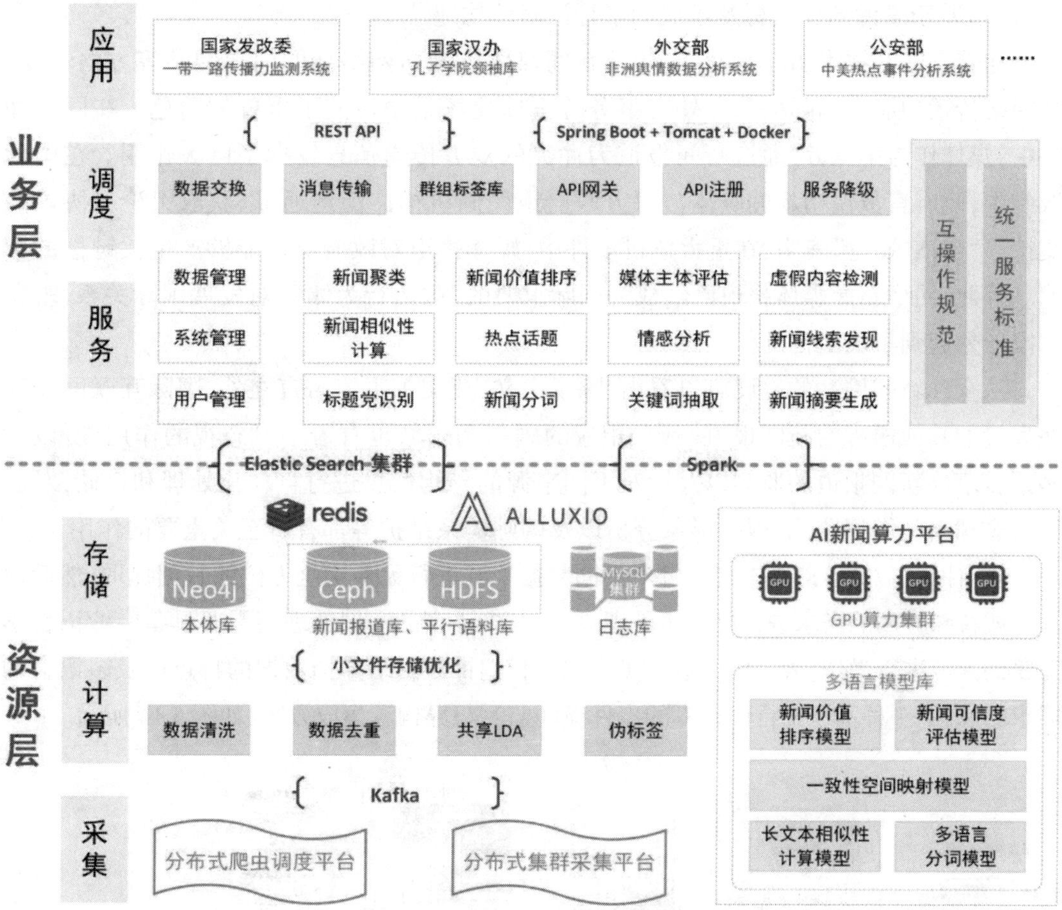

图 5.12 多语言新闻监测分析平台架构

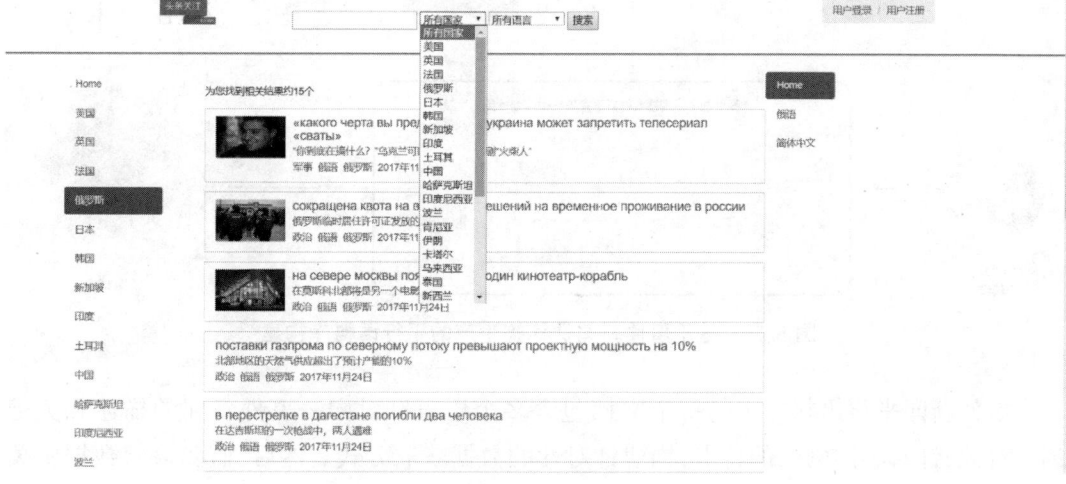

图 5.13 多语种新闻价值搜索平台展示

(1)基于事件新闻伪标签生成的平行语料库构建

随着互联网技术的高速发展,传统新闻媒体逐渐向网络新闻门户网站等方向转变,其网络传播功能在国际关系和外交事务等全球化场景中扮演了重要的角色。在国际冲突中,媒体作为第三方,通过新闻报道为冲突的双方传递信息发挥了巨大作用。在国际谈判中,政府官员使用新闻媒体与对方政府或民间机构广泛沟通,以获取舆论对协议的支持。"CNN 效应"表明,在重大危机事件中,媒体报道对政府决策能够产生关键性的影响。因此,网络新闻媒体报道已经成为国际重要的"政治行为体",对发展国际关系、塑造国家形象起到了决定性的作用。

从全球新闻网站的发展可以看出,除了中文、英文等主流语言之外,国际互联网还存在大量的其他语种的新闻报道,其在相应的国家和领域也有着不可忽视的作用,所以对多语言事件新闻报道的监测以及针对不同来源的异构信息进行自动化处理和存储,对后续的全球新闻舆情监测、国际形象分析以及国际关系维护等都有着至关重要的作用。

现有网络数据监测基本都是针对不同数据来源进行无差别全方位的数据抓取,然后由人工或特殊应用的需求进行进一步处理,且针对多语言的数据处理还需要具备专业语言学背景的人员进行操作,人工成本进一步增加。我们针对网络异构数据的特点以及多语言的需求,提出了一种基于平行语料库的事件新闻监测与异构源集成方案,如图 5.14 所示。

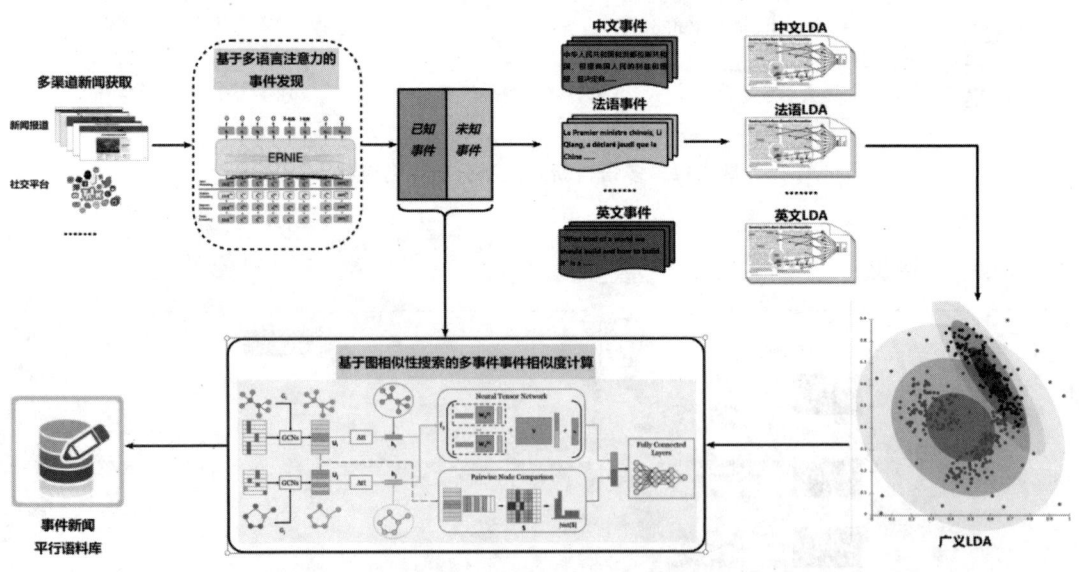

图 5.14 基于事件新闻伪标签生产的平行语料库构建

事件新闻平行语料库中的每个文档包含多个语言针对同一事件新闻的描述和关键词。首先,针对不同网站的特点,构建针对性的数据获取方式。然后,监测检索数据中关于该事件新闻的报道集。

新闻领域的篇章中,我们对新闻事件定义其事件属性并进行分类,由于不同类别的新闻事件的属性虽然有所区别,但新闻事件大部分都是包括时间、地点、人物、组织机构名、起因、结果等信息。在新闻事件抽取的系统框架中,句子分类是将预处理好的篇章文本中的句子,按照事件类别进行分类。后续的事件抽取,是在句子分类的基础上,进行信息抽取。事件类别的重要特征之一就是事件触发词。我们使用新闻中出现的时间信息、地名、人名、组织机构名和高频词,建立新闻领域词典,在该词典中,对触发词所属类别进行分类标注,构成"触发词-新闻事件类别"形式。接着,基于平行语料库中的通用语料库,由 LDA 主题模型算法得到文章集的各语言的 LDA 主题模型;然后,将不同语言的事件新闻的 LDA 主题模型映射到广义主题模型空间,得到多语言共享的 LDA 主题模型。使用平行语料库中对应语言的 LDA 模型,获取不同语言的待筛选未知事件的新闻报道的主题映射;利用基于图相似性搜索的多事件事件相似度计算方法获取以事件为聚类中心的多语言新闻报道集合,将广义空间上的 LDA 主题模型和不同语言 LDA 主题模型作对比,如果相似则认为此待筛选文章是关于该事件新闻的文章。采用该方法流程能够快速不经翻译地自动将采集的数据对事件新闻报道进行伪标签标注,并根据标签将数据进行分类存储。同时在整个自动化标注过程中,通过 LDA 主题模型的中间产出、事件新闻平行语料库以及相应事件发现算法构建多源数据的事件图谱。可以根据对事件本体库的修改和增删达到对采集新闻报道数据伪标签生成的优化,实现优化多源异构数据的处理流程、增强事件新闻监测的准确性的目标。最终的事件新闻平行语料库中的每个文档包含多个语言针对同一事件新闻的描述和关键词。

(2)基于数据编排平台的新闻数据存储优化方法

随着互联网以及网络媒体技术的高速发展,各种媒体机构每天都产生大量的新闻数据。这些新闻数据被存储在不同的存储集群或者云服务器上,以便后续结合数据分析或者人工智能等技术应用于网络舆情监控、新闻推荐、虚假新闻检测等领域。在计算应用与存储系统的传统紧耦合模式下,媒体应用不能访问多源新闻数据,由此形成数据竖井(Data Silos)。[88]同时传统计算与存储耦合的架构已经不能够满足大数据的计算要求,于是计算与存储分离的架构模式应运而生。这种模式下,数据竖井不断扩散,新闻数据变成分布式的、解耦的、去中心化的、分散而且混乱的。如何管理不兼容存储系统之间的新闻数据,就成为新的挑战。数据编排(Data Orchestration)[89]就是为了打破数据竖井而生,它抽象了跨存储系统的数据访问,虚拟化了所有数据,并将多源数据整合在一起,通过全局标准化 API 提供给上层应用访问,极大节约了存储成本以及人工成本。我们提出了一种基于数据编排平台的新闻数据存储优化方法。该方法利用数据编排平台 Alluxio[90]对不同存储源中的新闻数据进行整合,同时对新闻数据进行基于目录聚合的合并,并利用最小保序哈希算法对新闻文件元数据进行索引并排序,实现新闻文本的快速检索。

采用方案为:新闻数据存储在 HDFS、Ceph 等分布式存储系统中,使用 Alluxio 作为缓存中间件,为上层计算应用提供全局统一的访问名称空间。在这种存储架构下,上层应用只需要访问 Alluxio 就可以获得所需要的新闻数据,而不需要关心数据来自底层的哪一个存储系统,从而做到了新闻数据的资源整合与虚拟化。这个模型对基于数据编排平台的新闻数据存储框架进行了抽象,构造了一个简化后的框架模型。如图 5.15 所示,整个模型分为四个部分:计算应用、计算引擎、数据编排平台和存储系统。

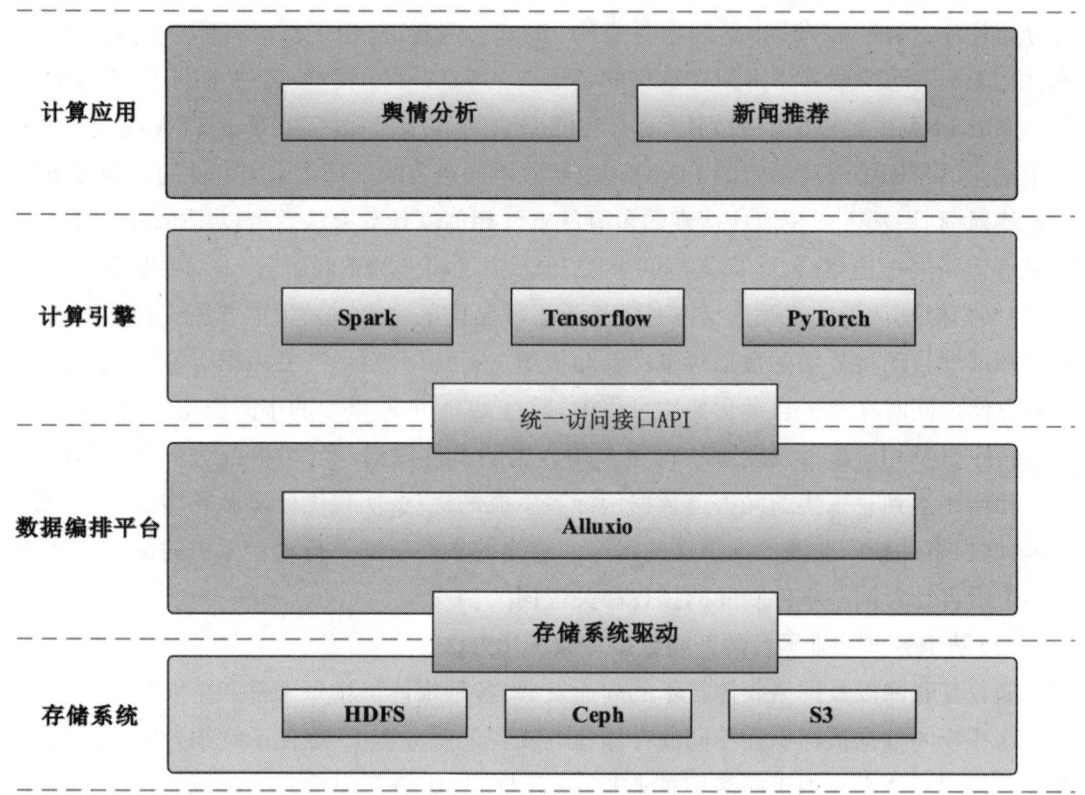

图 5.15　基于数据编排平台的新闻数据存储框架

- 计算应用表示舆情分析、新闻推荐、虚假新闻检测等大数据应用。这一类应用一般都是由数据密集型任务组成。通过机器学习或者深度学习模型对收集的海量新闻数据进行数据处理、特征提取、建模以及预测,以挖掘出具有代表性或者指导意义的数据信息。
- 计算引擎表示大数据计算所使用的分布式计算软件,如 Spark、Tensorflow、Pytorch 等,它们是数据的消费者。在没有数据编排平台的情形下,这些计算引擎会向底层存储直接发送数据请求。在这样的存储架构下,它们的数据请求都会通过数据编排平台的缓存功能来完成。
- 数据编排平台表示由 Alluxio 构成的分布式缓存系统。缓存由两部分组成,分别是元数据服务和缓存存储空间。元数据服务是对 Alluxio Master 的抽象,从计算应用的角度看，Alluxio Master 只负责提供所需文件的元数据。缓存存储空间是对 Alluxio Worker 的抽象，Alluxio Worker 只负责存储数据块，若干个 Alluxio Worker 就组成了一个庞大的缓存存储空间。

- 存储系统表示来自外部的分布式存储系统，如 HDFS、Ceph 等，它们不受 Alluxio 的管理，负责持续化存储大量数据。当计算引擎所需的数据不在缓存中时，缓存需要将数据从底层存储加载至缓存，然后返还给计算引擎，以实现计算应用的需求。

需要解决的技术问题有：

新闻文本属于小文件数据类型，当前的分布式存储系统大多数都是为了存储大文件而设计的，在存储小文件方面表现并不良好，Alluxio 也不例外。Alluxio 属于"一主多从"架构模式的分布式文件系统，并且主要基于内存进行数据缓存，如果缓存大规模新闻文本，则会导致主节点压力过大而产生读性能瓶颈。作业任务使用的数据大多是几十、几百甚至是几 KB 的新闻文本数据，与传输大文件（音频、视频）相比，传输同等数据量的小文件时，系统的寻址次数要远远大于大文件，会产生大量的 I/O 操作。

对新闻文本进行合并以后，一个已知问题是因为使用了索引，所以降低了文件访问效率。当系统响应文件访问请求时，为了检索单个文件的元数据信息而将整个索引文件加载到 Master 节点的内存中，这是导致访问过程缓慢的主要原因。

针对问题(i)，我们提出一种基于目录聚合的多语言新闻数据存储优化方法，利用数据编排平台对新闻文本进行基于目录聚合的合并，合并成大文件以后再存储到分布式系统中，从而提高平台的数据访问吞吐量。

针对问题(ii)，实现基于最小完美哈希算法的多语言新闻文本快速检索，首先利用扩展哈希算法对小文件元数据构建索引，以实现小文件常量时间的元数据查找，提高小文件的处理和访问效率。引进 HPF[91] 的思想，小文件的元数据包含从部分文件恢复文件内容所需的最少信息。元数据索引使用两个哈希函数来标识元数据位置。

①基于目录聚合的多语言新闻数据存储优化方法

中小文件的合并流程主要分为文件合并和索引构建两个部分。在文件合并和索引构建前，需要按照一定的规则把文件名进行哈希，获得该文件的唯一标识哈希值，该哈希值是文件合并的索引条目，作为索引构建中散列函数的输入。

在文件合并时，将同一目录中的新闻文件进行合并，即完成文件内容的合并操作。在构建索引时，首先以文件名称的哈希值作为扩展哈希（Extendible Hash）[92] 的键（key），随后将文件的元数据分配至对应的桶（Bucket）中，在完成对所有文件的元数据定位操作后将每个桶中的元数据使用完美哈希函数进行管理，这将有利于小文件的元数据实现快速访问，最后将桶中的元数据即索引存储至索引文件 index-*，至此完成文件索引的构建操作。

● 文件合并

基于目录聚合的多语言新闻数据的存储优化方法,对 Alluxio 开源项目进行二次开发,添加小文件合并命令 ArchivedCommand。用户可以使用这个命令将同一目录中的新闻文本合并为一个大文件,将新闻文本归档元数据存储在一个索引文件中,再存入底层存储系统,达到提高元数据管理节点内存使用率的目的。图 5.16 展示了文件合并的转换过程。

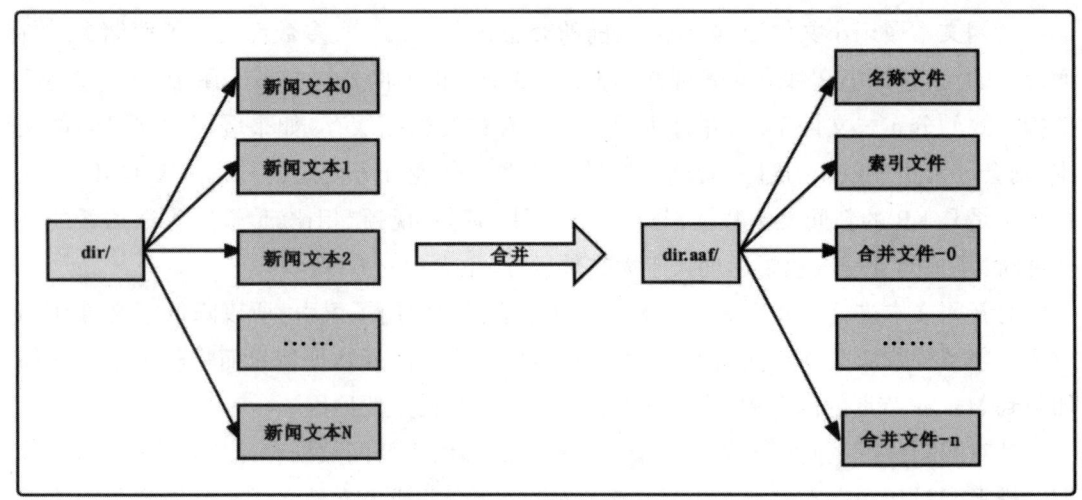

图 5.16 文件合并转换

其中,dir/ 是存储了数个新闻文本的文件目录,经过文件合并,生成新的文件目录 dir.aaf/。新的文件目录包括名称文件、索引文件以及数个合并文件。

合并之后,用于检索文件的信息称为元数据记录。在创建索引文件之前,需要完成合并过程,以便拥有所有元数据记录。此外,在等待合并完成时只将这些记录保存在内存中是不安全的,因为可能会发生网络错误,合并可能会失败。为了避免这种情况,元数据记录被临时存储在临时索引文件中。当一个小文件被合并到一个归档文件时,它的元数据也被附加到临时索引文件中。因此,临时索引文件在整个合并过程中都保存着元数据记录,可用于确保故障时的恢复。合并过程在所有小文件合并完成后停止。

● 合并框架设计

在计算与存储分离的架构模式下,计算应用的数据一般存储在 HDFS、Ceph 等分布式存储系统或者 AWS S3、OSS 等云服务器中。使用 Alluxio 作为缓存系统,为上层应用提供全局统一的访问名称空间。在这种存储架构下,上层应用只需要访问 Alluxio 就可以获得所需要的计算数据,而不需要关心数据来自底层的哪一个存储系统,从而做到了底层数据的资源整合。

图 5.17 展示了新闻文本存储优化框架,并说明了在 Alluxio 每个组件上添加的各种

模块,主要包括:归档生成模块、归档元数据管理模块以及归档存储模块。AlluxioClient是处理用户请求的入口,所以将归档生成模块放在客户端中。归档模块中还包括一个文件过滤器,它的作用是识别文件大小小于2KB的文本项文件,这类文件被称为超小文件,这类文件将会与元数据合并存储。因为超小文件的大小与文件元数据大小基本相等,所以将其与元数据一同存储,可以减少文件访问时间,提高文件访问效率。除此之外,剩下的新闻文本则会以目录聚合的方式被合并。

AlluxioWorkers是实际的存储节点,我们在每个AlluxioWorker中增加了一个存储模块来存储归档文件。为了高效管理和快速定位文件,在AlluxioMaster中设计了两级索引表的归档元数据管理模块。通过这些模块,可以轻松实现对归档文件的基本操作,如读、写、删除等操作。

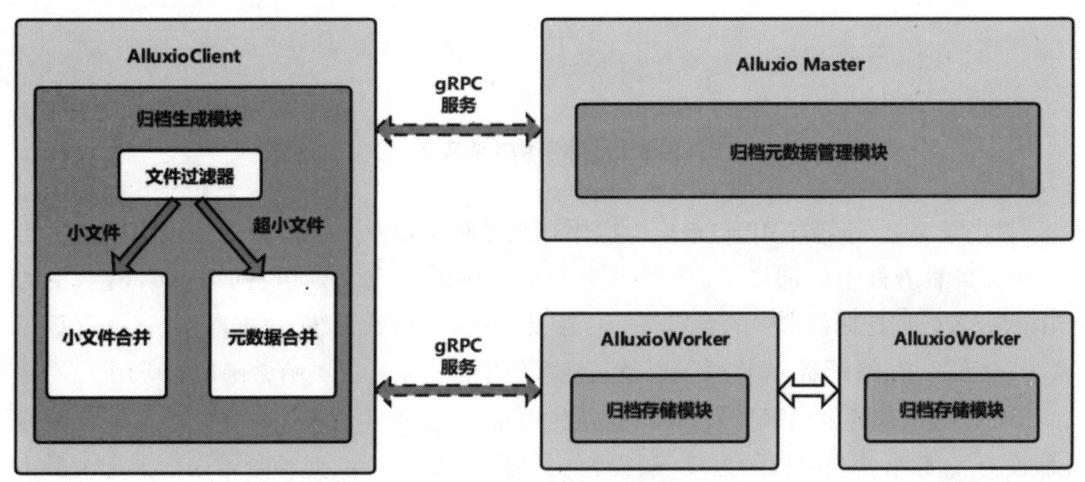

图 5.17 新闻数据合并框架

AAF中的所有操作都以归档文件为粒度进行,因此AlluxioMaster不再需要为每个小文件创建元数据,可以显著减少AlluxioMaster的内存使用。如果一个计算节点需要从底层存储读取一个目录,它应该为每个文件发送一个请求。但是有了归档文件,一个请求就可以完成整个过程。批处理中的文件可能不会按顺序存储,甚至分布在不同的Alluxi-oWorker上。归档文件保证内部文件存储在同一个AlluxioWorker上,并且位置连续,可以减少AlluxioWorker之间数据传输的开销。

②基于最小完美哈希算法的多语言新闻文本检索

利用动态哈希算法将新闻文本元数据分布在索引文件中,再通过最小完美哈希算法(Minimal Perfect Hash Algorithm,MPH)[93]对小新闻文本元数据索引进行排序,通过访问索引文件直接访问新闻文本元数据,提升新闻文本访问性能。

新闻文本元数据索引构建流程如图5.18所示。在扩展哈希表构建完成后,可根据文件名的哈希值直接定位该文件元数据所处的桶,该桶中具有多个文件的元数据项,若直接遍历则具有 O(n) 的时间复杂度。在这里再对桶中的元数据以文件名的哈希值作为键,利用 MPH 算法进行二次索引构建,在通过 MPH 后,将最小完美哈希表和元数据项并称为索引(index),并保存在索引文件 index-* 中。这一部分主要由 AlluxioClient 端的归档生成模块完成。

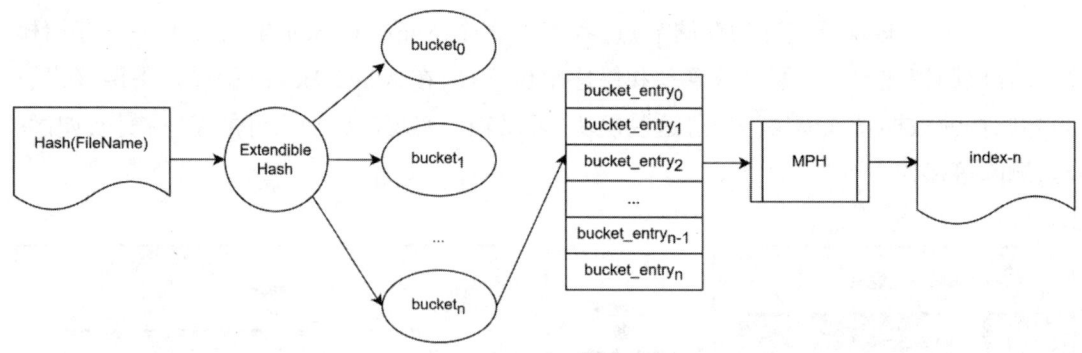

图 5.18　索引构建流程图

最小完美哈希函数(MPH)被广泛应用在高效存储以及从静态集中快速检索条目当中,比如自然语言中的词语、程序或者交互系统中的预定义词语、网络搜索引擎中的 URLs,或者数据挖掘技术中的条目集合。因此,在信息检索系统、数据库系统、语言翻译系统、电商系统、编译器、操作系统以及其他系统中都有最小完美哈希函数的应用。

MPH 可以被通俗地解释为:在满足完美哈希(不会产生冲突)的前提下,key 值数量(假设为 n)和哈希表中槽的数量(假设为 m)相等,即 m = n,此种哈希函数被称为最小完美哈希函数(其实相当于数学中双射的概念)。

$$h(t) = g(h_1(t) +_n g(h_2(t))) \tag{5.2}$$

MPH 的构造如式(5.2)所示,$h_1(t)$ 和 $h_2(t)$ 是两个非完美哈希函数,$+_n$ 表示执行加法后还需对 n 取模。即,首先计算两个非完美哈希函数的值,用函数 g 分别对这两个哈希函数的值进行映射,然后相加后对 n 取模。最终,得到一个最小完美哈希值与 t 对应。

(3)多语种混合的新闻价值排序方法

①新闻价值的要素

新闻价值是新闻研究的核心概念。新闻价值是对传播主体和接受主体有益的新闻客体对社会所产生的积极效应。新闻价值要素包括真实性、时效性等不变要素和重要性、显著性、接近性、趣味性等可变要素。其中,真实是新闻的生命,所以真实性是新闻最根本的价值所在。时效性是一个新闻被称为"新闻"的关键所在,时效性也是新闻价值的重要特性。重要性则体现了新闻的影响力范围。目前对新闻价值的分析主要以定性分析为主,或者仅对某一因素进行定量分析,缺乏综合影响因素的定量分析方法。

● 真实性

无论新闻线索指向的对象是大是小,都应该首先满足真实可靠、不被人为过分加工的要求。只有这样的新闻线索才能被新闻采写者合理使用,才能尽量减少破坏新闻事实的本来面貌,保证新闻真实的基本价值。很多本身就没有经过检验的"假消息"再怎么被放大、描写、调查,都毫无意义,甚至会引起负面的社会影响。影响新闻真实性的两个关键因素是新闻内容的真实性和新闻发布主体的真实性,为此我们研发了机器学习模型和深度学习模型相结合的虚假新闻检测模型。在"5W+1H"的新闻六要素以及心理学中认知机制的相关理论基础上,我们主要选择内容维度特征、情感维度特征和写作风格特征。其优势是更关注写作风格等可解释特征,去除以往模型过度依赖事件或报道实体等因素的影响,增加模型泛化性。我们提出了具有平衡性的粒神经网络特征排序算法,据此实现了媒体主体可信度影响特征的重要性排序,开展了媒体主体可信等级评估。

● 时效性

时效性是衡量新闻的决定性标尺,这就要求新闻媒体在新闻发生时要用最快的速度对新闻事实进行真实、准确的报道,对重大事件迅速发声,对突发事件及时反应,做到关键时刻不失语、重大问题不缺位。我们研究了某类新闻主题下的基于时效性的新闻价值分析,使用用户(受众)阅读量作为新闻价值的一种评价方法。具体方法如下:

假设在任意时刻 t,每篇该类相似新闻在只考虑新闻时效性下的新闻价值为 $v(t)$,假设爬取了 l 长时间内 R 篇相关新闻,则 $v(t)$ 由 t 时刻该类相似新闻之前已经发布的新闻量 $w(t)$ 和发布速度 $w'(t)$ 决定,其中 $w'(t)$ 是 $w(t)$ 的导数。因为 l 时间内,之前发布的该类相似新闻越多,后面发布的相关新闻就越少得到关注,价值就越小。t 时刻每篇新闻的价值是 $w(t)$ 和 $w'(t)$ 的函数,表示为 $v(w',w)$。从初始时刻到 t 时刻的所有该类相似新闻的时效性价值如式(5.3)所示。

$$\int_0^t v(w',w)\,w'dt \tag{5.3}$$

● 重要性

新闻的重要性是指事实信息内容的重要程度。事实信息内容越重要,新闻价值越大。判定某一事实信息内容重要与否的标准,主要看其政治与社会意义的大小。影响程度越大,新闻价值也就越大。在我国对外宣传工作中,国际负面新闻严重影响了我国的国家形象。

近年来,我国日益成为西方"计算宣传"(Computational Propaganda)舆论战的主要攻击对象。一些反华政要通过政治施压,借助西方的平台优势、技术优势,在重大涉华议题方面操纵网络舆论,恶意制造涉华负面舆情,导致涉华负面舆情爆发概率不断增长。例如,通过 Access World News(世界各国报纸全文库)数据库对国际舆论场新冠肺炎疫情报道所进行的分析我们发现:海外媒体的涉华疫情报道更多呈现出明显的负面报道框架。

其中,倾向性呈负面消极的占比达 69%;客观中立报道占比 29%;积极正面报道占比仅为 2%。及时发现负面舆情信息,是做好有针对性回应的前提。因此,负面国际新闻具有更大的新闻价值。为此,我们对国际新闻进行情感分类,采用跨语言情感迁移训练方法训练模型。第一阶段是将带有标签的源语言数据集在预训练模型上进行训练,得到一个可靠的分类器;第二阶段是采用对抗训练与知识蒸馏相结合的方式,创建出一个判别器以及一个生成器,将源语言与目标语言分别在各自的预训练模型上进行训练表示,得到一个源语言模型与一个目标语言模型,然后固定源语言模型的参数,并用源语言模型的参数对目标语言模型进行参数初始化,目标语言模型的权重参数在后续的训练中是不固定的。然后进行对抗蒸馏训练。在对抗训练部分,尽可能让判别器无法判断输入的内容是源语言模型内容还是目标语言模型内容,而生成器则尽可能生成能够欺骗判别器的语言模型内容,在不断的对抗中,提升模型的迁移效果。

②多语言混合的新闻价值排序方法

在针对某个时间段某一特定主题新闻的检索应用场景中,新闻的时效性、真实性、情感倾向等因素更为重要。为此,结合多语言新闻的相似性计算以及新闻价值评估,我们提出了一种多语种混合的新闻价值排序模型,如图 5.19 所示。

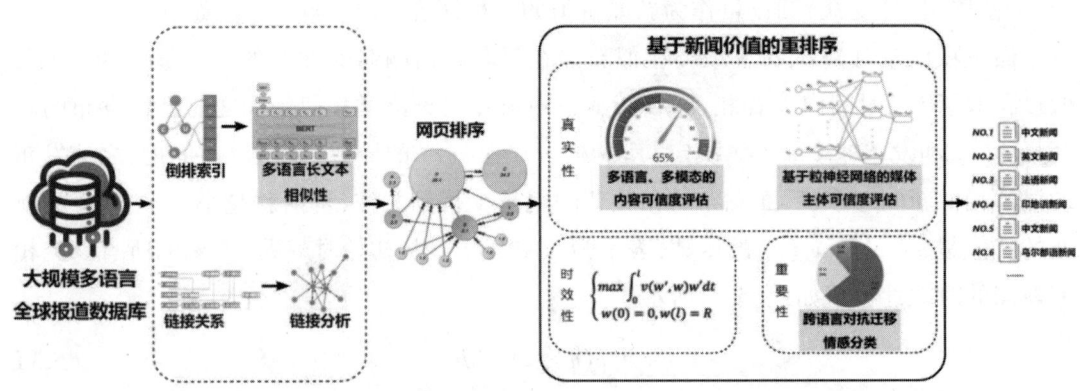

图 5.19 多语言混合的新闻价值排序模型

首先,对相关新闻报道进行多语言相似度计算,然后基于网页排序方法对海量多语言新闻报道进行初排序。其次,根据新闻价值对搜索结果重排序。新闻价值包括对候选新闻分别从新闻内容可信度、新闻发布主体可信度、新闻时效性和新闻重要度(多语言新闻情感)等方面进行评估。最后,根据具体应用场景加权得到多语言混合的新闻排序检索结果。

二、媒体信息内容深入全面

高速摄影机可以拍摄到事件现场肉眼看不见的事实,使其在受众端呈现出来,例如高速旋转的电扇的品牌标识。VR/AR 技术可以使受众如亲临事件现场。数据挖掘和人工智能技术通过对新闻事件相关数据的分析,可以为受众呈现更深入全面的新闻事件内容。下面给出体现"全息媒体"能够深入全面反映报道内容的示例,包括基于多目标跟踪的足球视频目标运动分析、新闻正确性评估、新闻中信息的挖掘。

1. 基于多目标跟踪的足球视频目标运动分析系统

通过足球视频目标运动分析系统,大小屏观众可以了解足球比赛视频中更深入的信息,例如比赛中队员之间的距离、配合战术等。

(1) 软件系统结构设计

系统的软件层次架构如图 5.20 所示,共分为 AI 处理服务以及运动行为分析展示客户端两个大的子系统。AI 处理服务子系统主要关注计算处理、任务管理、网络管理和日

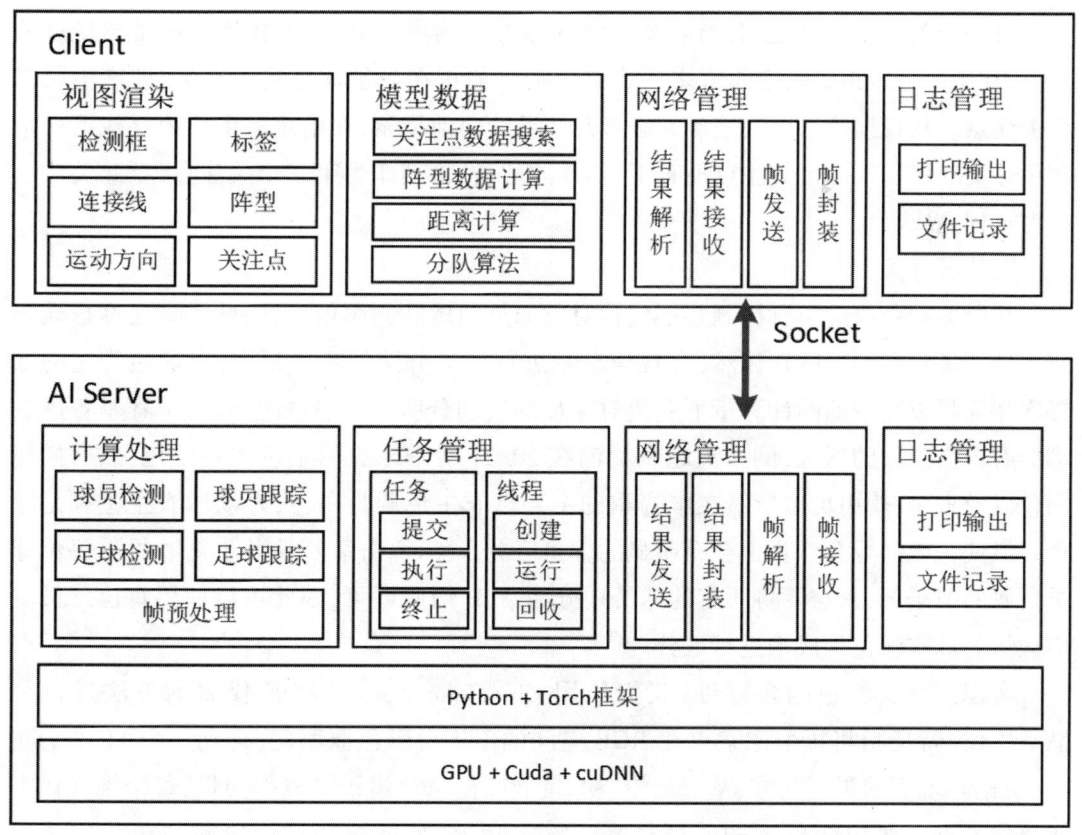

图 5.20 足球视频目标运动分析系统层次架构图

志管理等部分的实现。具体通过在底层主流的 GPU 计算设备以及 PyTorch 深度学习框架上部署算法模型,以对外暴露调用接口的形式提供检测和多目标跟踪服务。任务管理模块完成对客户端上传视频流进行处理的任务封装,维护跟踪处理会话对象,最终以多线程处理的形式并发处理检测和多目标跟踪任务。网络管理部分包括所有的网络 IO 操作,以及对自定义数据报协议的编码和解析,同时提供 socket 服务的再封装。

模型数据处理模块是整个客户端最终效果呈现的核心,主要完成对关注点的挖掘、关注点运动速度的计算、阵型的生成、各个检测之间距离的计算、球员之间的分队处理以及战术检测等关键操作。

(2)核心功能实现

①关注点挖掘

在足球运动交互过程中,有些对象是需要作为锚点特殊对待的,因为这些对象是整个运动所围绕的核心,运动分析也据此进行。在一段足球视频中,可以称之为关注点的主要有三个:第一个是足球对应的检测,第二个是当前正在踢球或者与足球正在交互的球员,第三个则为在一定的时间窗口内要将球传给下一个交互球员的人。

关注点挖掘的过程比较简单,首先需要确定当前帧是否包括有足球,如果有则将其作为第一个关注点,然后遍历当前帧对应的球员检测集合 D,从中找到距离足球最近的球员,在满足一定距离限定阈值之后将其作为当前正在与足球交互的球员,即产生第二个关注点。从找到第二个关注点的位置开始继续向前搜索,在给定的窗口内寻找下一个和足球交互但和第二个关注点拥有不同 ID 的球员,将其作为第三个关注点,至此关注点挖掘过程完成。

②球员分队

从服务端获取的所有检测并不包含对应球员的球队归属信息,因此需要在客户端将所有检测进行自动分队。显然,表观信息是进行球员分队的唯一根据,以颜色为主的低层次特征足以在较低的计算量下完成对球员的自动分队。一般情况下,每个赛季各球队都会有自己独属的球衣,例如英超利物浦在 20/21 赛季球衣的主色调是红色,然后搭配白色以及青色;德甲奥格斯堡在本赛季的主场球衣主色调是白色,客场球衣主色调是绿色。纵使一般的业余球赛也会有明显的颜色区分。然而,分队算法并不需要得出每位球员所属的俱乐部,只需要将所有的球员划分为 A、B 两队即可,因此可以使用每位球员对应区域的球衣颜色构成来进行区分。

考虑到球衣配色的多样性,我们使用 CN(Color Names)特征代表的方法进行分队。[94]CN 特征是将每个像素点在 RGB 空间的值进行颜色概率化,得到一个 11 维的颜色(英语环境下的黑、蓝、棕、灰、绿、橙、粉、紫、红、白、黄)潜语义概率向量,每个维度代表了该像素点在对应颜色下的所属概率。[95]实际上,足球视频目标检测与跟踪方法研究[94]的作者已经完成了 CN 概率语义空间的训练,并提供了由 RGB 空间映射为 CN 空间的词典,借助此词典便可以从检测数据中提取每位球员的 CN 代表,基于此的分队流程如下所述。

● 全局表示向量生成

首先,利用检测中的边界框坐标截取高为 h、宽为 w 的球员图像,将图像中的每个像素点对应的 RGB 值转换为 CN 向量,得到 CN 矩阵 $C \in R^{(h \times w) \times 11}$。假设像素点所在的位置为 (i,j),对应的 RGB 分别为 $r(i,j)$,$g(i,j)$,$b(i,j)$,且映射字典为 CM,则转换过程可以通过式(5.4)表示:

$$C_{i \times w + j} = CM\left[\frac{r(i,j)}{8} + \frac{g(i,j)}{8} \times 32 + \frac{b(i,j)}{8} \times 32^2\right] \quad (5.4)$$

对矩阵 C 按照行对 11 个维度取均值,则对应于该球员的 CN 全局向量 r 可以用(5.4)式表示,其中 j 代表颜色对应的下标。

$$r_j = \frac{1}{h \times w} \sum_{i=0}^{i=h \times w - 1} C_{i,j}, 0 \leq j \leq 10 \quad (5.5)$$

● 根据 CN 全局向量进行 K-Means 聚类

在得到所有球员的 CN 全局代表向量之后,可以使用 K-Means 聚类方法[96]产生 k 个中心,作为球员队伍标志的直接依据。设最终获取到所有球员对应的 CN 全局向量所构成的矩阵为 $M \in R^{n \times 11}$,n 为球员总数,则可以利用 M 进行 K-Means 聚类产生 n 个标签。值得注意的是我们在系统具体实现时将 k 设置为 3,分别代表了 A、B 球队中的主要球员,其他诸如守门员、裁判、教练以及场外人员等全部标记为 Z。

③速度检测

对第二个和第三个关注点运动速度的计算将会直接展示出对应关注点的运动方向,从而体现出二者是如何配合或对抗的。速度方向表明关注点选择的运动策略,速度大小表明运动的强度,从而为可能类似的场景遭遇提供分析参考。若某目标关注点在 t 时刻的位置为 (x_t, y_t),$t+1$ 时刻的位置为 (x_{t+1}, y_{t+1}),为降低问题的复杂程度,假设在局部窗口内足球遵循简单匀速直线运动,则此时对应的单位速度 v 可以通过式(5.6)和(5.7)描述,其中 $|v|$ 代表速度大小,θ 代表速度的方向。

$$|v| = \sqrt{(x_{t+1} - x_t)^2 + (y_{t+1} - y_t)^2} \quad (5.6)$$

$$\theta = arccos \frac{x_{t+1} - x_t}{|v|} \quad (5.7)$$

足球运动中另外一个最具有研究价值的点是团队之间的协作,除了个人卓越的球技之外,良好的团队协作也是取得胜利的关键,因此队员之间如何进行战术配合也值得分析。从简单的补位、围抢到稍微复杂一点的"二过一配合"和"三过二配合",所有战术的执行可以显式地表现为球员围绕着球而进行的配合和对抗,即围绕着足球而时刻动态变化的站位和阵型,通过对阵型的可视化展示可以实现对己方和对方战术的间接分析。

● 阵型生成

不失一般性,可以将阵型抽象归纳为以正在和足球交互的球员,即第二个关注点为中心在一定距离内而构成的凸多边形,原因为该多边形以最大的可能性囊括了接下来将要执行某种战术所需要的球员集合。考虑到不同的队伍,可以构建两个凸多边形,分别代表进攻和防守的双方队伍,即所有具体的局部战术都只能在这两个凸多边形圈定的人员中发生,在教学、赛后战术分析或复盘时只需要关注这两个凸多边形中球员间的运动和交互即可。算法设以第二个关注点为中心原点,超参数 r 为半径所形成的区域内搜索 A 球队的检测集合 D,然后利用 Graham-Scan 算法[97]构建针对球队 A 在此时刻的阵型凸包,B 球队阵型的绘制也是如此。

● 战术生成

系统特别关注了比较常见的"二过一配合"和"三过二配合"经典战术的绘制。具体方法是先根据第二个关注点及其运动速度在己方队伍中找到与其配合最为紧密的若干人,构成集合 A,配合紧密程度得分通过式(5.8)计算,其中 cos_{d_i} 为第 i 位球员与第二个关注点连线的方向向量与其速度的夹角对应的余弦值,$dist_{d_i}$ 为两个检测间的像素距离,其中 $\lambda = 0.1$ 为平滑系数。同时,通过在对方队伍中寻找对前进方向造成威胁最大的若干人,构成集合 B,威胁程度可以简单通过式(5.9)计算。最终通过综合 A 与 B 集合中的球员绘制不同的战术图。

$$s_{d_i}^1 = \frac{cos_{d_i}}{exp(\lambda dist_{d_i})}, d_i \in D \tag{5.8}$$

$$s_{d_i}^2 = - |cos_{d_i}| \times dist_{d_i}, d_i \in D \tag{5.9}$$

④距离计算

距离能够反映阵型的变换幅度和规模,也是其他几种数据生成和筛选时的基础参照,目前使用像素点之间的欧氏距离作为对应检测之间的距离。在计算距离时会考虑关注点到阵型中球员的距离、阵型边界所构成凸包相邻顶点间的距离、战术配合或对抗过程中同队球员之间的距离以及异队队员之间的距离。

(3)系统界面示例

①阵型绘制示例

图 5.21 展示了不同队伍之间的阵型。以当前帧的踢球者为中心,按照一定半径搜索整个区域,绘制不同队伍球员所构成的凸多边形。和踢球者属于同一球队的可以简单认为是进攻阵型,相反则是防守阵型。通过两个凸多边形的运动能够直观展示队伍之间的对抗。图 5.21 右侧为带有踢球者距离边界距离曲线及标签的阵型示例。

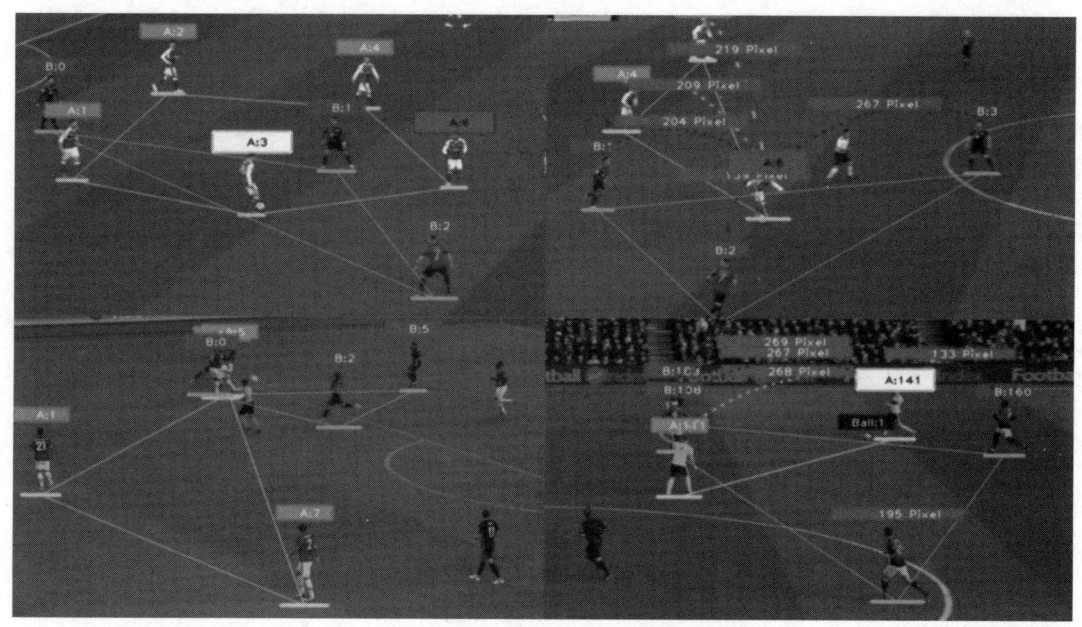

图 5.21　阵型绘制示例图

②速度绘制示例

图 5.22 显示了球员之间的运动速度,主要关注的是当前的踢球者和接下来的踢球者的运动。其中箭头代表了运动方向,长短代表了运动的速度。通过运动矢量的可视化,可以展示出相关球员面对当前情况时的个人反应和配合。

图 5.22　球员运动速度绘制示例图

③战术绘制示例

图 5.23 展示了常见的战术配合,其中左侧为"二过一配合"的可视化,右侧为"三过二配合"的可视化。图中连成三角形的线条标记了己方队员的进攻战术配合,右侧非构成三角形的线条为对方所构成的防御战术配合,其中带箭头线条指向当前对己方构成威胁最大的对方球员。借助战术配合运动分析的可视化,可以明显看出己方球员的技巧和配合的紧密程度。

图 5.23 战术绘制示例图

④综合绘制示例

图 5.24 展示了开启所有绘制控制后的绘制结果,能够比较直观地展示球场上球员和球的交互,以及球员之间的复杂运动行为,为具有不同观看目的的人提供了各自所需的视觉信息。

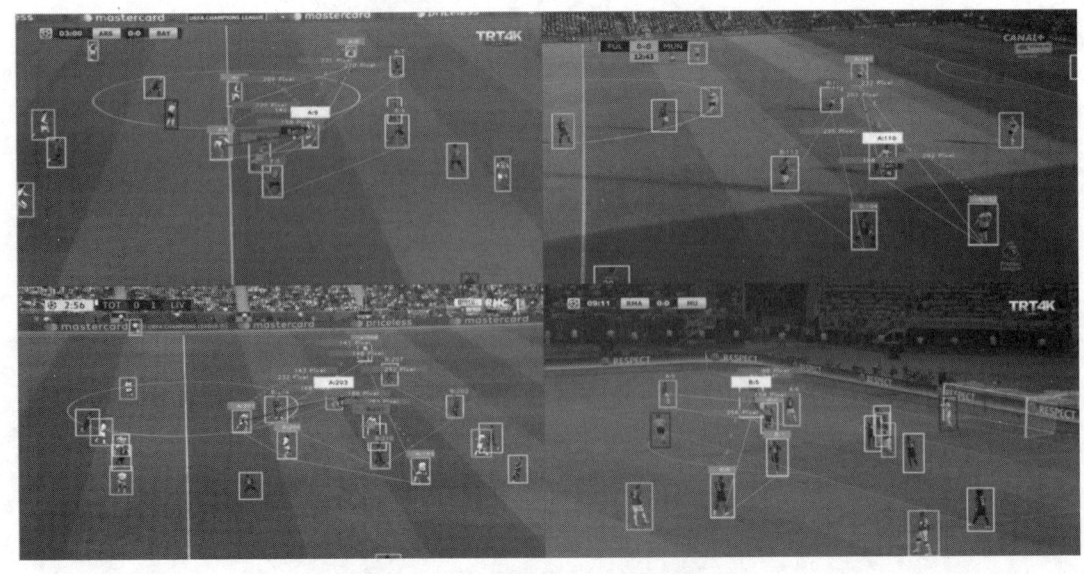

图 5.24 开启所有绘制的综合示例图

(4)改进目标

将跟踪得到的像素坐标转化为世界坐标,基于此解决相机移动带来的速度计算误差、阵型计算误差、距离计算误差和战术分析误差,提升足球视频目标运动分析的准确性和专业性。

2.新闻正确性评估

我们认为的新闻正确性,其本质任务是输入一段短文本和一段长文本新闻,根据长文本新闻的真实性,判断短文本信息是否为正确的新闻。

其算法流程主要包含四个步骤:(1)长文本新闻的真实性评估;(2)新闻核心要素提取;(3)基于新闻要素的长短新闻的一致性评估;(4)短文本新闻的正确性评估。

该算法的具体流程如下:

(1)根据2.4.4中的虚假新闻识别算法对输入的长文本新闻进行真实性评估,获取该新闻的真实性得分。

(2)针对输入的两段新闻文本进行新闻核心要素提取。该部分的新闻核心要素主要包括新闻领域、人物、事件、时间、地点和关系,针对长文本新闻还有新闻摘要。

①长文本新闻摘要

针对长文本新闻,通过新闻摘要生成算法(PEGASUS)生成其摘要。

具体如图5.25所示,PEGASUS采用编码器−解码器架构(标准Transformer架构)。相较于其他摘要生成算法,PEGASUS模型针对输入文本在原始的字词掩码损失的基础上,还增加了完整句子掩码损失,即将输入文本中的随机的几个完整句子进行掩码操作,并要求训练的模型进行复原。同时,根据句子的重要性分数选择m个句子作为掩码选择策略。其中,重要性分数通过计算每句话与文档中其他句子集合的ROUGE分数得到。该策略的选择可以在很大程度上代表文档中其他句子集合作为掩码对象。

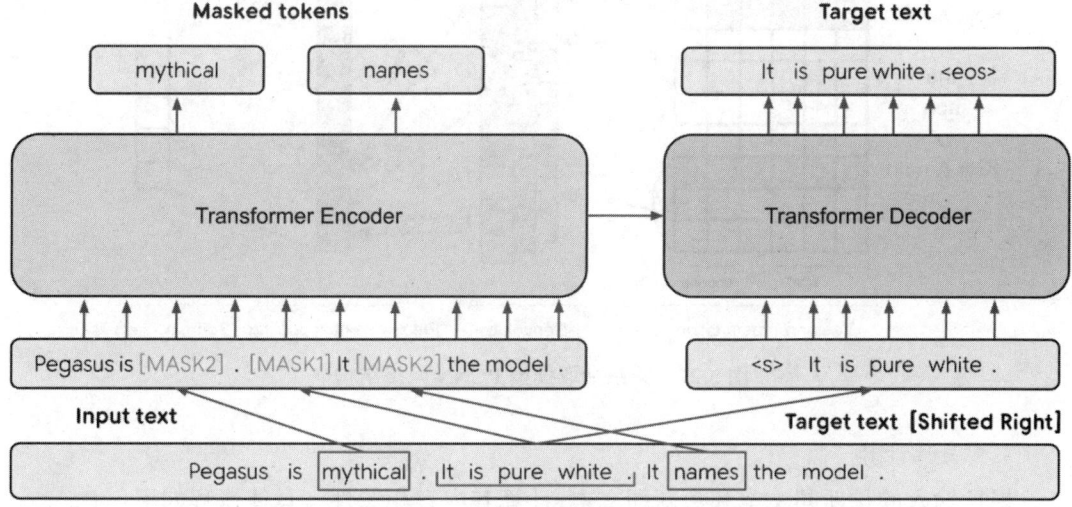

图5.25 PEGASUS模型的编码器−解码器架构

② 新闻核心要素

针对输入的长短新闻文本,提取其新闻事件、领域、人物、时间、地点、关系等新闻核心要素。

首先通过人工和远程监督的方式,标注和构建新闻事件、人物、时间、地点的数据集。然后通过基于规则和领域词典与 BERT-BiLSTM-CRF(模型网络结构如图 5.26)相结合的方式进行命名实体识别(NER)模型的训练。之后,根据 NER 模型提取的实体,通过 PCNN 模型(模型结构如图 5.27 所示)进行关系提取。最后考虑所提取的新闻要素在文档中的位置、出现频次等特征,归一化计算不同新闻要素的权重值。

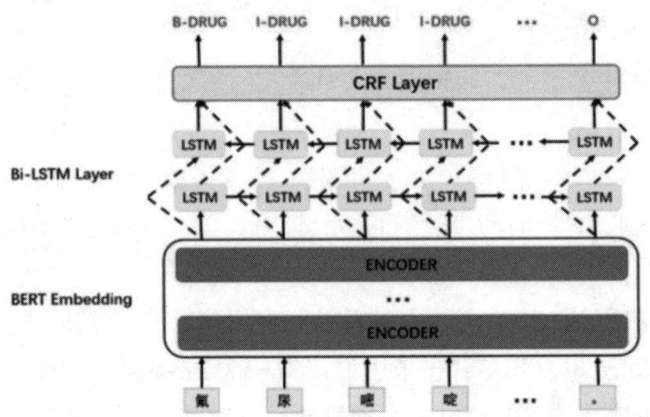

图 5.26　BERT-BiLSTM-CRF 命名实体识别网络结构

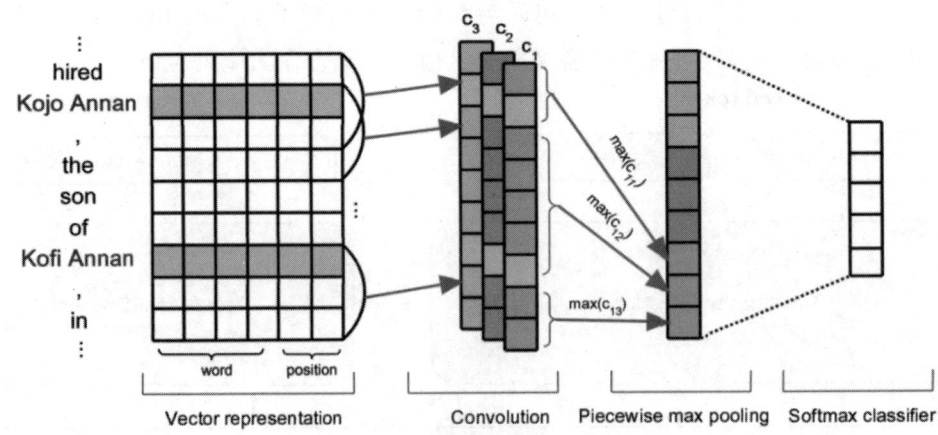

图 5.27　关系抽取模型 PCNN 网络结构

3. 相关性计算

根据输入的长新闻文本和短新闻文本,计算其内容相关性。具体流程如下:

(1)如图 5.28 所示,采用基于 SentenceLDA 的 ASUM 模型获取长本文新闻的主题词概率分布。

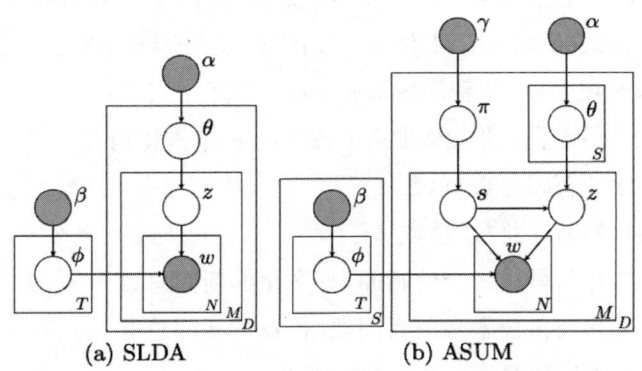

图 5.28　(a)SentenceLAD 和(b)ASUM 的模型基础结构

(2)计算短新闻文本与长新闻文本主之间的相似度。为了更好地计算相似度,在计算过程中,规避对短文本直接进行主题映射,采用根据长文本的主题词分布,计算基于该分布生成短文本的概率,将这一概率作为它们之间的相似度得分,计算公式如下:

$$Sim_{gen}(q,c) = \sum_{w \in q} \sum_{k=1}^{K} p(w \mid z_k) p(z_k \mid c)$$

其中,q 为短新闻文本,c 为长新闻文本,w 表示 q 中的词,z_k 代表第 k 个主题。

4.短新闻文本正确性计算

根据上述三个步骤的结果,以及长短新闻文本的情感一致性得分,计算最终短新闻文本的正确性得分。

(1)长短新闻文本的情感一致性得分

针对短新闻文本,直接计算其情感得分。

针对长新闻文本:首先使用步骤(2)中生成的摘要作为输入计算情感得分,其次使用短文本新闻要素的匹配句作为输入计算情感分数。

分别将短新闻文本和长新闻文本的两个情感得分进行一致性计算,并按照匹配句的新闻要素权重系数进行加权求和,最后将两个一致性得分进行归一化,作为最终的情感一致性得分。

(2)短新闻文本正确性计算

根据长新闻文本真实性得分 $Score_{auth}$、情感一致性得分 Coh、相关性得分 Rel 和新闻要素的相似度 Sim,乘积加权计算得到最终的短新闻文本正确性分数,计算公式如下:

$$Score_{final} = \begin{cases} Coh * Score_{auth}, & \text{当 } Sim = Rel \\ Coh * Score_{auth} * (1 - \dfrac{|Sim - Rel|}{2}), & \text{其他} \end{cases}$$

(3) 在新闻中挖掘信息

通过新闻分析"文化"与"科技"的相互作用,以北京市为例。

我们爬取了 2015 年至 2017 年 10 个季度的新闻报道共 6870063 篇,其中关于"文化"的新闻报道有 815896 篇,占 11.88%;关于"科技"的新闻报道有 868542 篇,占 12.64%;关于"文化与科技融合"的新闻报道有 196112 篇,占 2.85%。

下面我们分别计算全国、北京及北京市各区的 6 个占比情况。

- 文化占比:文化的新闻总数/总数
- 科技占比:科技的新闻总数/总数
- 融合占文化:文化与科技融合的新闻数/文化的新闻总数
- 融合占科技:文化与科技融合的新闻数/科技的新闻总数
- 文化对科技的贡献:融合占文化/科技占比
- 科技对文化的贡献:融合占科技/文化占比

① 全国

表 5.2 全国"文化与科技"相互作用的占比情况

	2015 第二季度	2015 第三季度	2015 第四季度	2016 第一季度	2016 第二季度	2016 第三季度	2016 第四季度	2017 第一季度	2017 第二季度	2017 第三季度	总数
总数	681926	1606937	389171	942255	844200	690843	159757	553249	719881	269911	6858130
文化	77464	183269	42914	103683	99547	86102	20507	69758	93673	36515	813432
科技	84692	198845	52646	112057	102281	90991	21420	70145	94295	39310	866682
科技与文化融合	17789	43379	11725	25886	24637	21326	5338	16632	22536	9168	198416
文化占比	0.11	0.11	0.11	0.11	0.12	0.12	0.13	0.13	0.13	0.14	0.12
科技占比	0.12	0.12	0.14	0.12	0.12	0.13	0.13	0.13	0.13	0.15	0.13
融合占文化	0.23	0.24	0.27	0.25	0.25	0.25	0.26	0.24	0.24	0.25	0.24
融合占科技	0.21	0.22	0.22	0.23	0.24	0.23	0.25	0.24	0.24	0.23	0.23
文化对科技的贡献	0.11	0.11	0.14	0.13	0.13	0.12	0.11	0.11	0.11	0.11	0.114
科技对文化的贡献	0.10	0.10	0.11	0.12	0.12	0.11	0.12	0.11	0.11	0.10	0.107

全国科技对文化的贡献=文化科技新闻数/科技新闻数-文化新闻数/新闻总数,即全国科技对文化的贡献=22.58%-11.88%=10.7%。全国文化对科技的贡献=文化科技新闻数/文化新闻数-科技新闻数/新闻总数,即全国文化对科技的贡献=24%-12.64%=11.4%。全国"文化与科技"相互作用的占比情况见表 5.2。

②北京

表 5.3 北京市"文化与科技"相互作用的占比情况

	2015第二季度	2015第三季度	2015第四季度	2016第一季度	2016第二季度	2016第三季度	2016第四季度	2017第一季度	2017第二季度	2017第三季度	总数
总数	253368	581978	141948	329776	281678	216650	55676	178472	216200	80234	2335980
文化	20761	50538	12245	29403	26761	21318	5417	17633	22983	8719	21578
科技	26199	59466	15690	35065	30877	25299	6627	21502	27156	11600	259481
科技与文化融合	6095	14762	4073	8918	8327	6528	1891	5613	7486	2846	66540
文化占比	0.08	0.09	0.09	0.09	0.10	0.10	0.10	0.10	0.11	0.11	0.09
科技占比	0.10	0.10	0.11	0.11	0.11	0.12	0.12	0.12	0.13	0.14	0.11
融合占文化	0.29	0.29	0.33	0.30	0.31	0.31	0.35	0.32	0.33	0.33	0.31
融合占科技	0.23	0.25	0.26	0.25	0.27	0.26	0.29	0.26	0.28	0.25	0.26
文化对科技的贡献	0.19	0.19	0.22	0.20	0.20	0.19	0.23	0.20	0.20	0.18	0.20
科技对文化的贡献	0.15	0.16	0.17	0.17	0.17	0.16	0.19	0.16	0.17	0.14	0.16

北京市"文化与科技"相互作用的占比情况见表 5.3。通过以上的计算和分析可以看出,北京市的"文化对科技的贡献比"和"科技对文化的贡献比"均高于全国水平。如图 5.29、5.30 所示,在北京的各个区中,海淀区"文化对科技的贡献比"最高,其次是通州区,朝阳区排名第三。西城区"科技对文化的贡献比"最高,朝阳区排名第四。

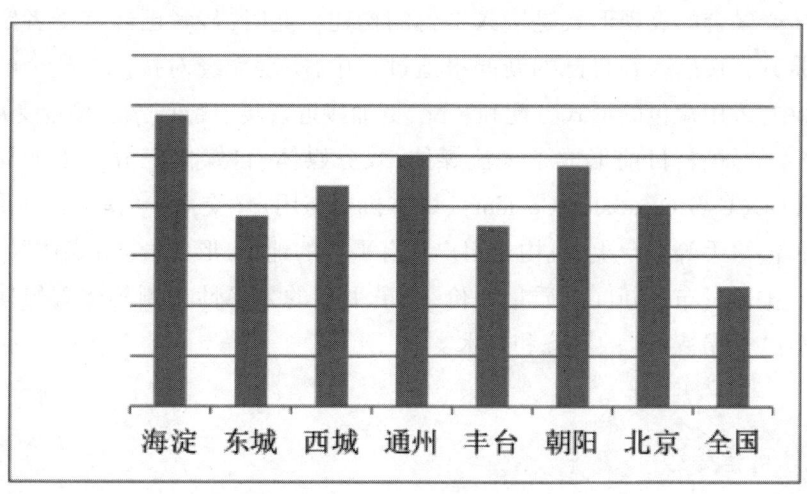

图 5.29 文化对科技的贡献

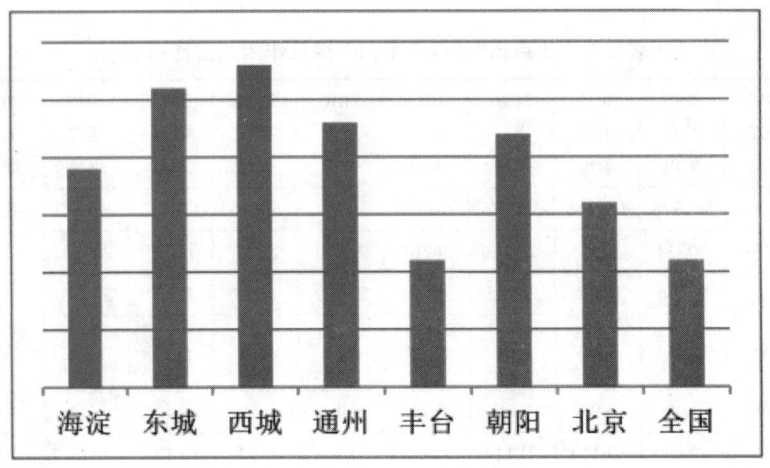

图 5.30 科技对文化的贡献

第三节 全员媒体

在延安时期,我党提出了全党办报、群众办报、开门办报,这就是一种全员媒体。开放互动为达成共识提供了基础。在今天来说就是参与式传播,即开放平台,这是常见的全员媒体。

随着社交网络的发展,依托社交媒体形成了传(传播者)受(受众)融合,表现形式是通过搭建协作平台实现专业新闻和公民新闻的结合,把公民新闻作为专业新闻的补充。进一步地,传受融合的表现形式是嵌入平台的构建。此时,传者已经将受者定位为信息的生产者,将其直接嵌入到自己的新闻报道过程中,实现无缝对接。在整个的新闻报道策划和设计中,采用众包的形式分配和装配,更加接近现场、接近时效、接近受众。[98]

随着技术的发展,目前形成了主流媒体、政务媒体、自媒体三分天下的局面。从交互、互动到UGC(User Generated Content),媒体机构与用户(受众)一体化正在形成。在微博、微信、抖音、快手等平台上,机构与用户具有平等的地位,形成"全员媒体"。下面从主体可信等级、主体发布的新闻的质量评价、全员平台的公平性机制等体现媒体全员性的几个方面阐述"全员媒体"的服务和技术支撑。

一、主体可信等级

由于自媒体缺少专业化或组织化的内容把关机制,导致其传播内容良莠不齐,我们提出了一种基于粒神经网络特征排序的媒体主体可信度评价模型[99]，并据此开展了基于微博的媒体主体可信性排序实验。

首先，针对粒神经网络在特征排序应用上存在着结果不稳定的现象，提出了平衡度的指标，并通过覆盖率、特异性和平衡度三个指标的有机结合，优化了算法的目标函数。其次，以微博平台为数据来源，基于主题分析、情感分析等技术对媒体主体的来源、认证类型、影响力、内容主题明确度、评论情感倾向等特征进行量化，采用基于粒神经网络的特征排序算法，得到媒体主体可信度影响特征的重要性排序。最后，实现了粒神经网络特征排序算法可视化，对媒体主体信息进行统计、检索、管理等功能，有利于了解媒体主体可信度的各项特征随时间的变化情况。图 5.31 是媒体主体可信度等级计算结果的显示界面。

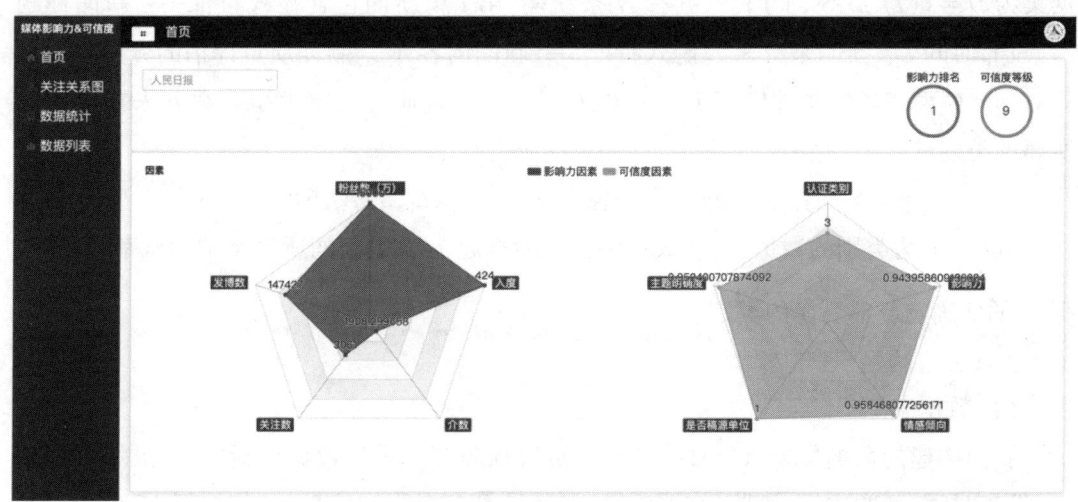

图 5.31　媒体影响力排名和可信度等级计算结果

二、新闻质量评价

通过对主体（如自媒体或用户）发布的新闻的质量评价可以评估该主体在"全员媒体"中的地位。

仅仅利用新闻点击量预测新闻的流行度无法识别高质量的新闻，因为点击量高的新闻标题可能是点击诱饵，其新闻内容可能并未受到广泛的关注与讨论。我们提出了一种基于显式和隐式信息的新闻质量评价深度学习模型[100]。在该模型中，一篇新闻的浏览量代表新闻传播的广度，而评论量代表新闻传播的深度或用户对该新闻的反应。其中，显式信息包括新闻标题、新闻来源及发布时间，这些信息是用户点击前看到的主要内容。隐式信息主要指新闻的内容，是引发用户评论的主要因素。

1. 问题描述

新闻包含标题、新闻来源及发布时间三个维度,这三个维度是决定用户是否产生浏览行为的关键内容。其中,标题是新闻内容的高度浓缩,代表新闻的内涵;发布时间可以影响不同时间的用户浏览与评论行为;新闻来源一定程度上反映了信息的权威性。除此之外,新闻的内容是决定能否在用户进一步深入阅读后引发评论行为的主要因素。由于标题、新闻来源、发布时间这三个维度对用户具有高可见性,我们将其定义为显式信息。新闻内容需要用户进一步点击后才可获得,我们将其定义为隐式信息。用户的浏览及评论行为由显式信息、隐式信息这两方面共同决定,而这两方面的信息对用户行为的影响程度不同。

我们将新闻质量评价问题视为一个多类别的分类任务。该分类任务定义如下:设数据集为 $D=\{(T_i,L_i,S_i,A_i)\}_i^N$,共有 N 条新闻,第 i 篇新闻包含显式特征——新闻标题 T_i、发布时间 L_i、新闻来源 S_i 及隐式特征——新闻内容 A_i。新闻质量评估的方法是通过建立预测模型来求解条件概率 $P(y_j\mid T_i,L_i,S_i,A_i,\theta)$,通过确定模型参数 θ 来预测新闻所属的类别,即:

$$\widehat{y_i} = argmax_{j\in|1,2,3,\cdots,m|} P(y_j\mid T_i,L_i,S_i,A_i,\theta)$$

其中,m 为类别的数量,$\widehat{y_i}$ 代表模型预测后标题为 T_i 的新闻所属类别的概率,最终根据 $\widehat{y_i}$ 的值确定新闻所属的类别。

2. 数据集构建

(1) 数据来源

我们构建的数据集来自今日头条中首页置顶新闻。采集数据包括新闻标题、新闻来源、发布时间、新闻内容、浏览量、评论量、点赞量等多个维度信息。同时,每 15 分钟采集一次数据,可以充分获取新闻随时间传播的序列特性。数据集中数据采集的时间跨度为 2020 年 11 月 5 日至 2022 年 6 月 15 日,经数据预处理后,共包含 12108 条数据。这些新闻来自平台的首页置顶位置,对所有用户可见,因此更容易反映新闻的质量。同时,采集的置顶新闻来源于不同的官方媒体机构,降低了虚假新闻及点击诱饵的可能性。

(2) 数据标注方法

显式信息对新闻浏览量有很大影响,而用户对新闻的评论行为更能说明标题与内容的相关性及用户对新闻的关注。我们使用新闻的浏览量及评论量对采集到的数据进行自动化标注,随后标注的数据集可以用来训练深度学习模型。

假设数据集 D 中第 i 条新闻从开始推送到结束推送的生存周期内,有 B_i 次用户浏览及 E_i 次用户评论。通过归一化方法处理后将 E_i 及 B_i 的取值缩放到 $[0,1]$ 的区间,即:

$$E_i = \frac{E_i - E_{min}}{E_{max} - E_{min}}$$

$$B_i = \frac{B_i - B_{min}}{B_{max} - B_{min}}$$

其中 E_{max}、E_{min} 分别代表数据集中所有新闻评论数的最大值、最小值，B_{max}、B_{min} 代表所有新闻浏览量的最大值和最小值。

使用新闻的评论与浏览数量可以将新闻质量分为四个类别：

类别1：用户评论数量相对较多，但浏览量较低。接近这个指标的新闻由于评论数量较多，新闻内容对用户来说有吸引力，但新闻的标题吸引力弱，不足以引发用户的点击行为。

类别2：用户评论数量较多，同时用户浏览量较多。接近这个指标的新闻说明高质量的新闻标题吸引了用户点击，同时新闻内容引起了用户的广泛讨论。

类别3：用户的浏览量较多，但用户评论量较少。接近这个指标的新闻说明新闻标题吸引了较多用户点击，但由于新闻内容缺乏吸引力，没有引发用户的广泛讨论。

类别4：用户评论数量较少，同时用户点击次数较少。接近这个指标的新闻说明新闻的标题和内容都没有有效吸引用户。

对于数据集中的每条新闻，通过计算其与每个类别之间的欧式距离来衡量其和各类别的相近程度，最后通过 $Softmax$ 函数将距离转换为类别的概率分布，即：

$$\begin{bmatrix} P_{a,C_1} \\ P_{a,C_2} \\ P_{a,C_3} \\ P_{a,C_4} \end{bmatrix} = Softmax \begin{pmatrix} 1 - \sqrt{x_a^2 + (1-y_a)^2} \\ 1 - \sqrt{(1-x_a)^2 + (1-y_a)^2} \\ 1 - \sqrt{(1-x_a)^2 + y_a^2} \\ 1 - \sqrt{x_a^2 + y_a^2} \end{pmatrix}$$

3.模型构建

在模型中将首先构造显式信息和隐式信息的嵌入表示，其次注入注意力权重，最后基于权重组合输出新闻质量所属类别的概率。

（1）显式信息表示

显式信息包括新闻的标题、来源以及发布时间，因此模型中对这些显式信息分别进行了嵌入表示。

①新闻标题表示

在新闻标题语义表示过程中，模型采用了典型的一维 CNN 网络结构。该结构能够从文本中有效提取潜在的模式特征，文本浅层特征的抽取能力很强，在短文本领域如搜索、对话及文本分类等任务中展现出优异的性能。具体计算过程如下：

第一步：将新闻的标题 $T_{1:n}$ 表示为词嵌入矩阵，即 $T_{1:n} = [w_1, w_2, w_3, \cdots, w_n] \in \mathbb{R}^{d \times n}$，其中 w_i 代表标题中的第 i 个词，n 代表新闻标题中词的个数，d 代表词嵌入的维度。

第二步：将矩阵 $T_{1:n}$ 使用卷积核 $H \in \mathbb{R}^{d \times q}$ 进行卷积操作，其中 q 为窗口大小

($q < n$)。对于矩阵 $T_{1:n}$ 的任意一部分 $T_{i:i+q-1}$，通过卷积操作后可以得到一个特征表示 o_i：

$$o_i = f(H * T_{i:i+q-1} + b)$$

其中 f 为 ReLu 激活函数，$H * T_{i:i+q-1}$ 代表卷积操作，b 为偏置项。通过利用卷积核 H 与矩阵 $T_{1:n}$ 中所有 $T_{i:i+q-1}$ 进行卷积操作，可以得到特征序列 o，表示为如下形式：

$$o = [o_1, o_2, o_3, \cdots, o_{n-q+1}]^T$$

其中，o_i 代表第 i 个卷积结果，卷积操作共有 $n-q+1$ 个结果。经过卷积操作后，虽然减少了网络中连接的数量，但特征的输入维数依然过高，容易造成过拟合，因此有必要进一步降低特征维数。

第三步：在汇聚层对特征序列 o 进行下采样，以及特征选择，减少参数数量。在此步骤中，采用最大汇聚方法来提取特征，计算方法如下：

$$\tilde{o} = max\{o_1, o_2, o_3, \cdots, o_{n-q+1}\}$$

第四步：使用 m 个卷积核 $H \in \mathbb{R}^{d \times q}$ 进行卷积与汇聚工作，每次操作都可获得特征 $\tilde{o}_i$，最后对 m 个特征进行连接，可以得到新闻标题的最终表示为 h_t：

$$h_t = [\tilde{o}_1, \tilde{o}_2, \tilde{o}_3, \cdots, \tilde{o}_m]^T$$

②新闻元特征表示

我们在显式信息表示中进行了新闻来源及发布时间的嵌入表示。其中，发布时间定义为一天中的某个小时。由于新闻来源及发布时间均为离散特征，因此首先将两种信息分别表示为 One-hot 形式，然后通过 Embedding 层来增加数值特征，随后将两种信息连接为向量 e_l。之后，使用一个全连接层（Fully Connected Layer, FC）来获取新闻来源与发布时间的隐含表示 e_l'：

$$e_l' = tanh(W_l \times e_l + b_l)$$

其中，W_l 与 b_l 为模型中需要学习的参数。

最后将新闻的标题嵌入结果 h_t 与 e_l' 进行向量连接，然后将连接后的向量输入 FC 层获得显式信息的最终表示。在 FC 层使用 ReLu 作为激活函数。表示为：

$$h_{N_e} = FC([h_t; e_l'])$$

(2) 隐式信息表示

隐式信息主要是指新闻的内容，通常为较长的文本文档，是引发用户评论的重要因素。为了充分提取新闻内容的语义信息，我们采用 HAN 提取新闻内容的语义，使用 LDA 获得新闻的主题分布，作为隐式信息的补充。

第一步：考虑到新闻内容中长文本的固有结构，即单词构成句子，句子构成文档，层次注意力网络可将文档编码为具有注意力和编码器的两级向量，并分别作用于单词和句子，两级均为 Bi-GRU。这种网络结构具有区分文档中不同部分重要性的能力。输入一

篇新闻内容 A，使用 HAN 网络可以获得其语义表示，表示为：

$$h_h = HAN(A)$$

其中，HAN 代表层次注意力网络结构，h_h 为输出的新闻内容语义表示。

第二步：使用(2)节中构建的数据集训练 LDA 主题模型。新闻同样具有不同的主题，如军事、外交、经济等，而不同的主题引发用户点击及评论的能力不同。LDA 主题模型可以将每一篇新闻内容表示为一些主题所构成的一个概率分布，该主题分布可以作为隐式信息表示的一部分，作为新闻内容语义表示的补充，表示为：

$$h_p = LDA(A)$$

第三步：将向量 h_h 与 h_p 进行向量拼接，随后将拼接后的向量输入 FC 层。在 FC 层使用 ReLu 作为激活函数，表示为：

$$h_{N_i} = FC([h_h; h_p])$$

在隐式信息表示中，使用 LDA 和 HAN 两种模型分别对新闻内容进行表示，不但考虑了文档的层次结构，更有利于识别文档中重要部分，同时嵌入了文档的主题表示，可以获得更好的新闻内容语义表示结果。

(3) 注意力分配机制

由于显式信息与隐式信息对用户点击与评论行为的影响有所不同，新闻标题、来源等信息对用户具有高可见性，对用户点击行为有更大的影响，而新闻内容作为隐式信息，对用户点击后的评论行为影响更大。同时，标题语义与内容语义具有相关性，二者共同影响用户行为。因此，我们继续引入注意力机制来自动学习两部分的权重，计算过程如下：

$$\begin{cases} \alpha_1^n = q_n^T \times tanh(V_n \times h_{N_e} + b_n) \\ \alpha_2^n = q_n^T \times tanh(V_n \times h_{N_i} + b_n) \\ \widetilde{a}_i^n = \dfrac{exp(\alpha_i^n)}{\sum_i exp(\alpha_i^n)}, (i=1,2) \end{cases}$$

其中，$\widetilde{a}_i^n$ 为显式信息与隐式信息分配的注意力权重，q_n、V_n、b_n 为训练中需要学习的参数。最后，显式信息与隐式信息的加权嵌入表示为：

$$h^{merge} = \alpha_1^n h_{N_e} + \alpha_2^n h_{N_i}$$

(4) 输出层

在输出层，首先将 h^{merge} 输入到 FC 层，通过 softmax 函数输出标题质量的概率分布 $P_C = \{P_{C_1}, P_{C_2}, P_{C_3}, P_{C_4}\}$，最终使用 argmax 函数输出标题属于某个类别的概率 $\widehat{y}$。

$$P_C = Softmax(W_h \times h^{merge} + b_h)$$
$$\widehat{y} = argmax(P_C)$$

其中，W_h 和 b_h 是需要学习的参数。

(5) 损失函数

在训练阶段,模型采用交叉熵损失函数衡量模型的分类效果,如下所示:

$$\mathcal{L} = -\sum_{i=1}^{M} y_i \log(P_C)$$

其中,y 为类别的真实分布,P_C 为模型输出的概率分布,M 为类别数量。

三、全员媒体平台的公平性机制

各自媒体加入某平台,平台每年为每个自媒体设定可以经费报销的成本额度 C[成本体现在可以使用的云资源,包括计算、存储、工具(媒资库、应用软件)、数据(新闻线索、新闻素材)等],年底剩余成本额度清零。每个月初,成本额度按上月底成本额度增 r(例如 10%),要求各自媒体每月投稿不多于 m、不少于 n(太多了抢了别人的,太少了不能保持队伍的能力,这样可保证每个自媒体能在版面开天窗时顶上去),设投稿量与成本成正比,即每月允许每个自媒体成本报销的上下限分别为 kn、km,就是说每月每个自媒体成本支出在 km 到 kn 之间。年底会根据发稿篇数奖励自媒体,奖励数与发稿篇数成正比。那么自媒体的发稿策略是什么呢?它追求全年奖励最大化,即发稿最多。为保证发稿最多,在不考虑投稿内容质量的情况下,应投稿最多。限制条件是全年成本总额度和每月成本额度上下限(与投稿篇数对应)。所以每个自媒体需要规划自己每月的投稿数量。

用 $x(t)$ 表示第 t 月时自媒体剩余的成本额度,$w(t)$ 表示第 t 月投稿篇数,则对应的成本 $u(t) = kw(t)$,k 为常数。该问题的状态方程为:

$$\frac{dx}{dt} = rx(t) - u(t)$$

初值和终值分别为:

$$x(0) = C, x(12) = 0$$

控制 $u(t)$ 满足约束条件:

$$km \leqslant u(t) \leqslant kn$$

目标泛函即性能指标为:

$$J(u) = \int_0^{12} w(t)dt = \frac{1}{k}\int_0^{12} u(t)dt$$

Hamilton 函数为:

$$H(x,p,u) = u + p(rx - u) = rpx + (1-p)u$$

于是根据 Pontryagin 原理,最优控制 $u^*(t)$ 应使 Hamilton 函数达到最大值,因此:

$$u^*(t) = \begin{cases} km, 1-p < 0 \\ kn, 1-p > 0 \end{cases}$$

状态方程和伴随方程分别为:

$$\frac{dx}{dt} = rx(t) - u(t), x(0) = C, x(12) = 0$$

$$\frac{dp}{dt} = -\frac{dH}{dx} = -rp$$

于是可得：

$$p(t) = p(0) e^{-rt}$$

如果 $p(0) < 1$，则：

$$1 - p(t) = 1 - p(0) e^{-rt} > 0$$

由 $u^*(t)$ 的表达式可知：

$$u^*(t) \equiv kn, 0 \leq t \leq 12$$

这与实际不符，因此 $p(0) > 1$。于是当 $t \in [0,12]$ 时，函数 $p(t)$ 将由大于 1 单调下降到小于 1。设 $p(\tau) = 1$，则最优策略为：

$$u^*(t) = \begin{cases} km, 0 \leq t < \tau \\ kn, \tau \leq t \leq 12 \end{cases}$$

于是由状态方程可得：

$$x^*(t) = c e^{rt} + \frac{kn}{r}, \tau \leq t \leq 12$$

由边界条件 $x(12) = 0$，得：

$$x^*(t) = -\frac{kn}{r} e^{-12r} e^{rt} + \frac{kn}{r}, \tau \leq t \leq 12$$

由状态方程和由边界条件 $x(0) = C$，得：

$$x^*(t) = \left(C - \frac{km}{r}\right) e^{rt} + \frac{km}{r}, 0 \leq t < \tau$$

由连续性，得 τ 应满足：

$$-\frac{kn}{r} e^{-12r} e^{r\tau} + \frac{kn}{r} = \left(C - \frac{km}{r}\right) e^{r\tau} + \frac{km}{r}$$

由此可得：

$$\tau = \frac{1}{r}\left(ln(kn - km) - lnr - ln\left(C - \frac{km}{r} + \frac{kn}{r} e^{-12r}\right)\right)$$

所以，最优策略为：

$$u^*(t) = \begin{cases} km, 0 \leq t < \tau \\ kn, \tau \leq t \leq 12 \end{cases}$$

即自媒体的最优策略为：前 $\lfloor \tau \rfloor$ 月每月投稿 m 篇，后 $12 - \lfloor \tau \rfloor$ 月每月投稿 n 篇，一年共投稿 $m\lfloor \tau \rfloor + n(12 - \lfloor \tau \rfloor)$ 篇。其中 $\lfloor \tau \rfloor$ 为 τ 向下取整。

第四节　全效媒体

"全效媒体"的价值目标就是打造网上网下同心圆。手段就是要通过多主体协同,共享资源供给,共享数据应用,共享技术支撑,从而一致地为受众提供内容服务。"全效"即效能、效率、效果。

一、效能

如果能够支持更多的服务模式,融合媒体就具有更高的效能。为了追求效能,媒体多主体的融合协作是必须的。下面我们从通过多媒体主体平台融合开放实现效能、各级县级融媒体中心的服务价值链协同、上级下级媒体及政府联动实现多价值效能的动态博弈过程分析三个方面,介绍通过媒体融合提高媒体效能的方法。

1. 通过多媒体主体平台融合开放实现效能

一种基于区块链的平台融合开放的多主体协同共享模型如图 5.32 所示:

- 以超级账本 fabric 框架为区块链技术的底层架构,构建联盟链;
- A 服务平台和 B 服务平台分别以共识节点的身份接入联盟链;
- 接入平台的媒体机构通过接入节点接入联盟链;
- 接入平台的媒体机构无须上交私有媒体资源库内容,仅将资源元数据通过接入节点进行上链操作;
- 接入平台的媒体机构可通过联盟链查询其他节点拥有的媒体资源,并在使用媒体资源时实时付费,实现利益互通。

媒体内容的跨平台追踪溯源主要通过区块链技术建立两个标识来实现,即内容标识和身份标识。

- 通过媒体内容的相似度计算代替哈希算法的方式建立内容标识。基于区块链技术公开透明、难以篡改的技术特点,结合密码学技术与媒体内容相似度计算,规范统一的媒体内容数字标识规则,为每一个媒体内容分配唯一的数字标识,并将内容生产、传输、新媒体传播的每一个环节的数据上链。
- 通过数字身份技术建立参与方的身份标识。为媒体内容传播的所有参与者建立数字身份标识,实现生产服务过程中每个行为责任主体的明确和存证溯源,结合内容标识实现内容和内容相关主体的统一全面监督和管理。为不同平台下的各级主管部门提供可信的媒体内容传播监管,同时也能够为媒体内容传播效果分析提供可信的数据来源。

- 基于统一内容标识的媒体内容追踪溯源。为媒体内容建立统一的 ID 标识体系和 ID 标识规范,对统一的内容标识与媒体内容的特征如内容名称、制作机构、许可证证书、主要制作者等固定信息进行绑定,在标识的基础上,再针对媒体内容文件每次合法的变更(如二次编辑、转码、转播等操作)重新计算相似度值,通过内容标识下所有相关合法数据相似度值,实现跨平台内容追踪和溯源。

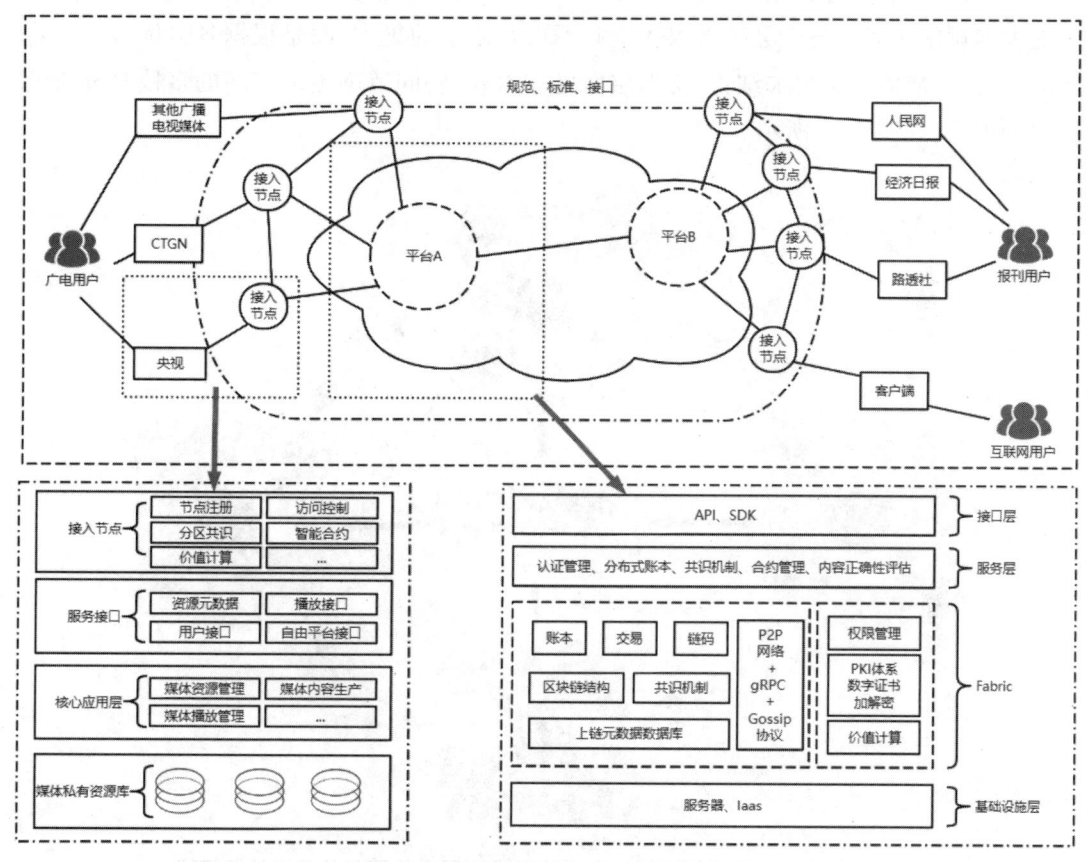

图 5.32　一种基于区块链的平台融合开放的多主体协同共享模型

2.各级县级融媒体中心的服务价值链协同

从价值链层面来看,价值链协同是对机构之间合作关系的组织和协调,它通过相互间信息的沟通和业务流程的联动,对核心能力和机构资源进行整合,实现价值链整体竞争力的提升。而服务价值链是价值链理论在服务领域的拓展,它以实现服务价值或服务功能为目标,提升服务链整体竞争力。通过对服务价值链的管理能够为机构创造更大的价值,因此,价值链管理的核心是通过对服务链条上各类资源的合理交换和配置,优化协调各类服务活动,实现服务链整体的价值增值。

目前，各县的融媒体建设大多是独自开展，并未有效打通，形成了条块效应明显的"信息孤岛"。各级融媒机构媒体资源难以打通，无法实现资源共享。为了进一步提高各级县级融媒体中心的服务效率和服务能力，需要在传统线性服务价值链的基础上，不断对其进行延伸和扩展，并将同质或异质服务价值链中的优势服务资源集中起来，跨链展开业务交流与合作。原本连续的价值链断裂、分解，并与新加入的价值链进行重组，构成了多链共生的网状服务协同体系。在这个网状协同体系中，业务关联的若干多个服务价值链之间，采取靠合作去竞争的方式"抱团取暖"，拓宽一切可以利用的资源获取范围，谋求更大的竞争优势。各个县级融媒体中心不再是简单的集中，而是根据各自优势和内容生产能力，形成的分工更加细化、协作层面更加深入、协同范围更加广阔的多核服务价值链协同模式，如图5.35所示。

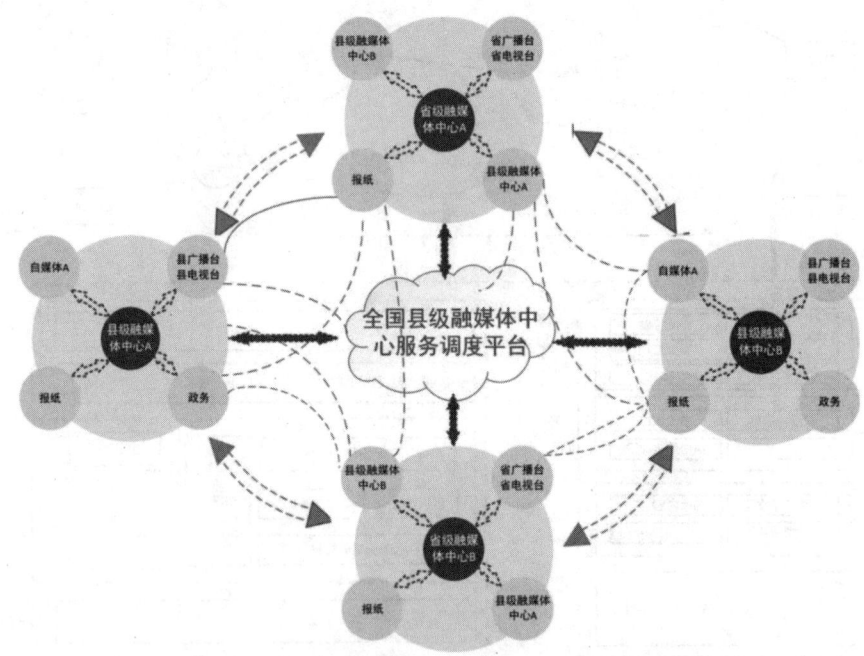

图 5.33　基于全国县级融媒体中心服务调度平台的服务价值链协同模式

这一模式依托先进的 5G 技术、云计算、大数据分析、AI 智能应用等手段创建全国县级融媒体中心服务调度平台，将广播电视专网和广电 5G 网络相结合，打造覆盖全国、互联互通的融媒体服务调度平台，面向多个服务价值链机构群提供协同服务，更具资源整合、信息共享等方面的优势，为跨机构、跨地区、跨链条协同提供了平台支撑。

就县级融媒体中心的单个服务价值链而言，需要协同的主体包括：政府职能部门、县级电视台、县级广播台、县级报刊、自媒体机构等多类主体。多核服务价值链协同模式下，必然涉及若干链条中数量众多的主体群，涵盖媒体服务、党建服务、政务服务、公共服务、增值服务等多种服务活动，涉及单个服务价值链和不同价值链之间的资金流、信息流、业务流的交互。

要解决基于全国县级融媒体中心服务调度平台的多核服务价值链协同问题,就必须面向数量众多、类型各异的多链主体群,围绕不同种类的服务活动,解决如何将多核服务价值链的业务流程进行有效联结,如何在多个服务价值链"孤岛"之间建立信息共享的通道,以及建立什么样的多链协同机制来合理配置各融媒体中心中的优势资源等一系列难题。

调度平台的服务价值链总体解决方案的构建思路可描述如下:为支持多核服务价值链的业务协同,必须面向各个县级融媒体中心之间的复杂协作关系网络,整合业务关联的县级融媒体中心之间的业务流程和数据,并建立协同机制来优化服务能力和服务资源配置。从业务流程微观组成来看,它是服务和信息的载体。要达到流程整合的目的,必须考虑从服务、数据以及流程等多个层面来解决流程整合的问题。业务流程可能涉及不同县级融媒体中心之间的资源共享、内容生产、报道监测、效果追踪、运营管理等多种服务活动,为此,调度平台应协调不同融媒体中心的服务应用,通过向各县级融媒体中心提供可配置的业务流程动态整合方案,为多链协同提供柔性的协同服务环境。

在业务流程整合过程中,必然会涉及不同企事业群之间的异构数据集成问题,该问题是建立多链服务协同环境的数据基础,调度平台应制定多源信息集成方案,达到跨融媒体中心、跨链条的数据共享的目的,将分散在多服务链各个价值链节点中的多源异构信息进行集成,保障全国县级融媒体中心服务调度平台与服务链上各融媒体中心之间数据的互联互通。通过对数据、服务、流程的整合形成多链服务协同的基础应用环境,为充分发挥各县级融媒体中心协同效应提供支撑,而多链融媒体中心群协同效应的充分发挥,应面向具体的服务活动,如内容制作、多渠道分发等,对各县级融媒体中心之间的协作关系进行优化。

基于上述分析,基于全国县级融媒体中心服务调度平台的服务价值链总体解决方案以全国县级融媒体中心服务调度平台作为支撑,基于业务流程整合和信息的动态继承,为各融媒体中心提供对等的协同服务,并通过多链融媒体中心之间关于服务能力和服务资源的协同优化配置为政府、媒体和企事业单位提供高水平的服务。总体解决方案具体包括以下三方面内容:

(1)多链业务流程整合

多链业务流程整合是对各县级融媒体中心内部、同一价值链融媒体中心以及不同链条融媒体中心之间应用服务的集成与调度。实现业务流程整合,需要建立流程层、服务层和数据层对象的整合规则,并形成多链业务流程整合模型。在此基础上,还应构建层次内部和层次之间的映射关系、约束关系的配置方案,以及整合后业务流程实例的执行控制方案。通过业务流程整合,各级融媒体中心可以相互配合,有序开展工作,共同进行内容生产。

(2) 多链异构数据集成

多链异构数据集成是对多链县级融媒体中心异构数据的转换和共享，主要包括对各县级融媒体中心数据的动态发布与动态发现两个模块。动态发布过程需要完成对异构数据结构的映射、类型转换、数据服务生成和动态注册；动态发现过程则需要完成对数据的查询解析、查询分解和查询执行。通过数据集成可以为多链县级融媒体中心搭建信息沟通桥梁，支持不同权限类型的县级融媒体中心用户在分布自治的异构数据源基础上按需集成业务数据。

(3) 面向新闻采编业务的多链协同服务

面向新闻采编业务的多链协同服务是为了实现服务资源共享、服务能力互补问题所建立的一系列协同策略，主要包括以新闻制作为导向的跨链协同策略、以服务资源优化配置为导向的服务资源协同策略以及应急调度策略。通过面向新闻采编业务的多链协同，可以为媒资内容整合管理和智能推荐提供支撑。

3. 通过上下级媒体及政府联动实现多价值效能的动态博弈过程分析

媒体融合下各种媒体在信息生产及经营等方面的业务将产生更多的交叉、互动。跨媒体的合作报道、合作栏目、合作经营等逐渐推动各媒体自身的业务改革，最终将基于跨媒体整合形成新的信息生产流程与分工模式。为了更加直观地描述协同主体动态博弈的过程，简化分析研究对象主体，这里选取媒体融合大背景下与融媒体关联度较高的三个主体：县级媒体(以下简称"媒体")、省级媒体平台(以下简称"平台")、政府机关事业单位(以下简称"政府")为分析研究的对象，且三类主体均为有限理性。

(1) 省级媒体平台行为策略假设

平台一方面通过标准接口自下而上地汇总媒体运行、用户行为、业务运营等数据。另一方面与各媒体共同搭建系统，共同投资，合作共建。通过平台，媒体可以不需要大量的投入就能够提高内容生产与服务供给水平，同时媒体可以将内容、渠道、经营、管理等方面与政府服务平台深度融合，提高政府服务平台效率。其在动态博弈中主要有两种策略：

① 通过准入媒体的方式引入媒体，并为其提供采编发的一条龙服务。

② 通过接入政府政务服务平台，为用户提供快速使用政务服务的入口。

因此假设平台动态博弈策略空间 SP = (准入媒体，接入政府)，两种策略概率分别为 p_1 和 p_2。

(2) 媒体行为策略假设

媒体除了在媒体内部进行采编发外，还可以通过平台延伸媒体品牌价值链条，寻求多方位的产品、内容和品牌价值。同时也可以通过平台提高其生产、创作、传播内容的效率，有效降低从传统媒体转向融合媒体所需要的成本，最终实现优势互补。其在动态博弈中主要有两种策略：

①积极地与平台合作,加入平台。

②不加入平台,自我升级完善媒体采编发链路。

因此假设媒体动态博弈策略空间 SP =(加入平台,不加入平台),两种策略概率分别为 p_3 和 $1-p_3$。

(3)政府行为策略假设

政府需要通过平台来进行下沉,借助平台,政府可以根据宣传部门和网信部门的数据研判潜在风险,同时也可以自上而下地对媒体中的账号进行宣传部署、舆论引导、应急响应和实时处置,全面提高舆论引导能力,牢牢掌握舆论场主动权和主导权,联动媒体和平台两方,达到聚合共振效果。其在动态博弈中主要有两种策略:

①为了统一宣传口径,引导媒体创作符合主流价值观的内容。

②为了降低平台系统风险,引导平台有序分发内容。

因此假设政府动态博弈策略空间 SP =(引导创作,引导分发),两种策略概率分别为 p_4 和 p_5。

(4)其他变量及变量大小假设

平台通过各项扶持政策积极跟进,各个媒体准入平台的成本为 C1,媒体加入后获得的媒体产品资源收益为 R1。平台积极与政府对接,加入政务服务接口的成本为 C2,由于引入政务服务带来的名誉和用户流量收益为 R2。

媒体加入平台所需要的人力协调成本为 C3,由于加入平台而提高的效率收益为 R3。媒体不加入平台,自己建设采编发新媒体全链路的成本为 C4,由于自己建设采编发链路而降低的成本和定制化所带来的收益为 R4。

政府引导媒体创作的成本为 C5,通过引导媒体创作提高的公信力收益为 R5。政府引导平台分发的成本为 C6,通过引导平台有序分发内容而减少不良影响所带来的收益为 R6。

参考融媒体系统实际的运行情况,稳定系统中三方主体平衡的关键在于媒体方能否积极地配合平台方生产优质内容,平台会出于自身的需要准入媒体和接入政府服务入口,所以设定 R1>R3 和 R6>R2。平台准入媒体带来的媒体产品资源收益要大于接入政府服务入口所带来的名誉和用户流量收益,即 R1>R2。媒体自己建设采编发链路的成本要大于加入平台所需要的人力协调成本,即 C4>C3。政府引导平台分发的难度要远低于政府引导媒体创作的难度,所以 C6<C5。

基于以上基本假设、变量设置及多方参与主体之间的关系,可以得到平台、媒体、政府三方收益支付矩阵如表 5.4 所示,三个主体互相影响,动态博弈共同影响整个融媒体系统。

表 5.4　平台、媒体、政府的三方博弈模型支付矩阵

		政府					
		引导创作 p_4			引导分发 p_5		
		平台收益	媒体收益	政府收益	平台收益	媒体收益	政府收益
媒体加入平台 p_3	平台准入媒体 p_1	R1-C1	R3-C3	R5-C5	R1-C1	R3-C3	R6-C6
	平台接入政府 p_2	R2-C2	R3-C3	R5-C5	R2-C2	R3-C3	R6-C6
媒体不加入平台 $1-p_3$	平台准入媒体 p_1	R1-C1	R4-C4	R5-C5	R1-C1	R4-C4	R6-C6
	平台接入政府 p_2	R2-C2	R4-C4	R5-C5	R2-C2	R4-C4	R6-C6

二、效率

低投入、高产出是所有机构追求的目标。在媒体融合过程中,如何选择长期合作媒体以达到更高的效率?面向某报道任务的工作量,如何在众多可合作媒体中选择若干媒体合作以便在完成任务的前提下有效控制成本?如何在因媒体融合产生平台迁移的过程中提高用户发展的效率?下面的示例给出了相应的策略,包括选择合作媒体机构的合理性评估、Ford-Fulkerson 最大流计算、多平台向融合平台迁移的高效策略。

1.Ford-Fulkerson 最大流计算

我们基于 Petri 网编辑仿真工具,通过 Ford-Fulkerson 最大流计算和 Petri 网性能分析实现了可视化仿真,[62]如图 5.34、5.35、5.36 所示。

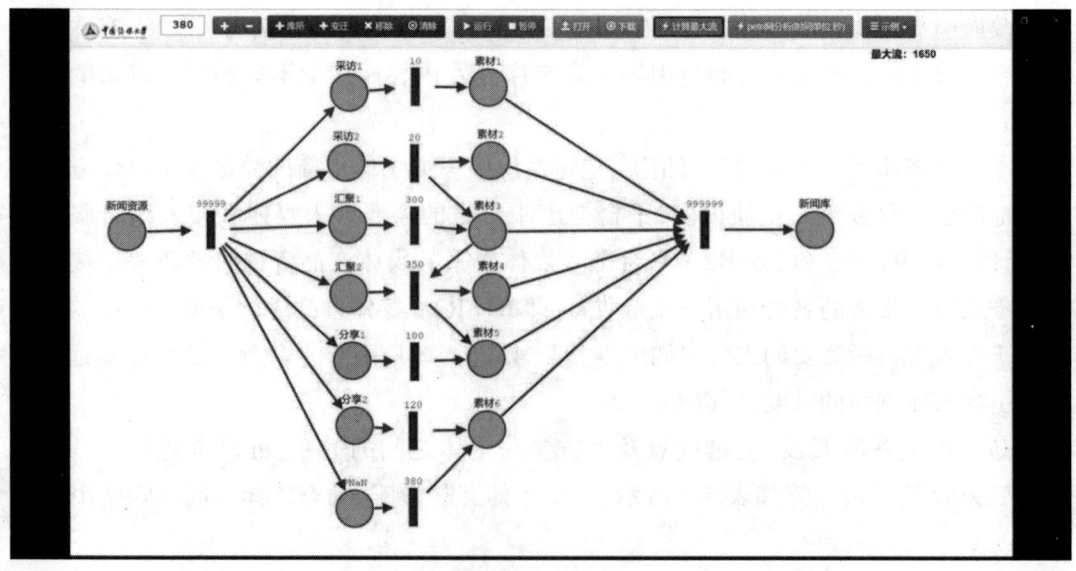

图 5.34　Petri 网编辑仿真工具计算最大流为 1650 的可视化界面

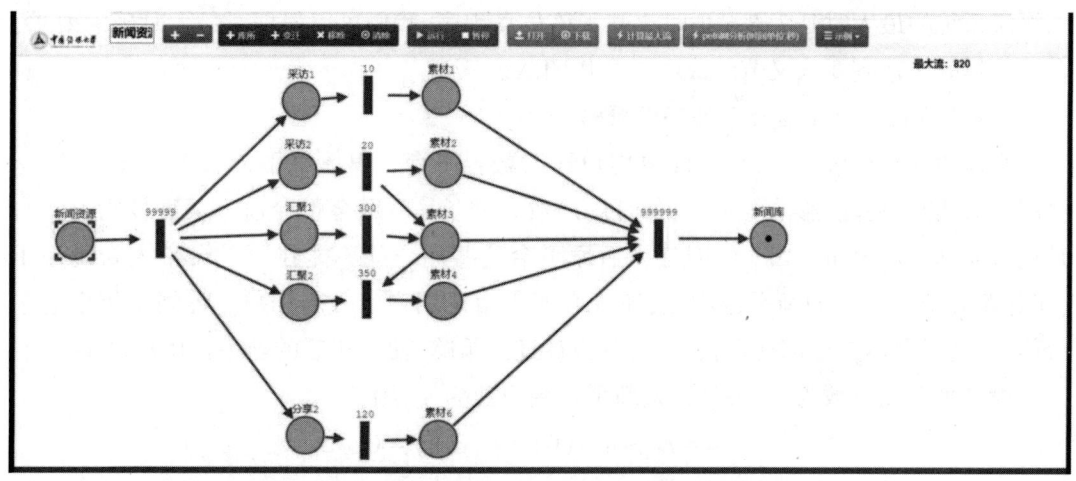

图 5.35　Petri 网编辑仿真工具计算最大流为 820 的可视化界面

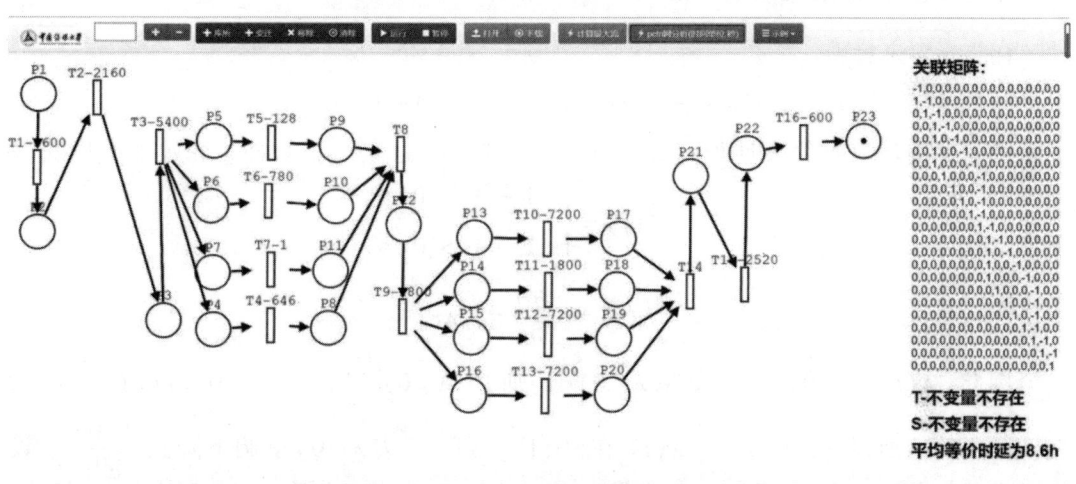

图 5.36　Petri 网编辑仿真工具计算最大延时为 8.6 小时的可视化界面

我们将编码、加工、标注整合为一个变迁（处理操作），库索表示新闻资源的状态，有向图表示汇聚工作流中的顺序关系。假设融媒体系统的最大流要求至少为 800，通过仿真设定计算可得到当前的最大流为 1270。如果某个团队退出了动态联盟，失去了该团队的制作能力，最大流减少为 820，依然能够满足融媒体系统的可用性要求。当动态联盟中加入一个新团队时，最大流增加到 1650。所有选择最大流为 820 的团队组合方式比最大流为 1270 或 1650 的效率更高。

在仿真程序的中央厨房最大最小时延估计示例中，由于系统的时间性能是主要指标，为了得到最大时延，我们模拟了新闻加工阶段，细化为图文产品加工、H5 产品加工、音视频产品加工和可视化产品的加工四种常见但加工方式、耗时区别较大的产品形态，假设每条新闻的生产需要同时采集这四种素材并生成四种不同产品，可得到该服务模式工作流系统的最大时延为 8.6 小时。基于该仿真程序,我们可以根据对最大时延的要求,合理选择既能达到要求又节约成本的合作团队。

2.多平台向融合平台迁移的高效策略

媒体建立一个融合平台后,要将用户迁入融合平台。媒体原平台有用户 n ,且因这些用户的朋友、粉丝、影响等关系,每月用户数各增长 r 。融合平台通过某种鼓励方式每月迁入 m 人($k_1 \leq m \leq k_2$),因迁入后原平台这些用户就不能在原平台带入新用户了(工作都在新平台),而新平台刚建,还没有能力由老用户带入新用户。计划一年后老平台停用,老平台用户全部迁入新平台,现设计迁入策略,使一年后的新平台用户最多。

设老平台用户数为 x ,每月迁入新平台用户数为 u ,则:

$$\dot{x} = rx - u, x(0) = n, x(n) = 0$$

求解 u 使 $\int_0^{11} u dt$ 最大,即最大的 u 。

Hamilton 函数为:

$$H = u + \lambda(rx - u) = \lambda rx - (1-\lambda)u$$

当 u 取值最大时会使 H 最大,所以:

$$u^*(t) = \begin{cases} k_1 & 1-\lambda < 0 \\ k_2 & 1-\lambda > 0 \end{cases}$$

$$\lambda(t) = -\frac{\partial H}{\partial x} = -\lambda r$$

因此, $\lambda(t) = \lambda(0)e^{-rt}$ 。如果 $\lambda(0) < 1$,则 $1-\lambda(0)e^{-rt} > 1-e^{-rt} > 0$,则 $u^*(t) \equiv k_2$,与实际不符。所以 $\lambda(0) \geq 1$, $\lambda(t)$ 在 $[0,11]$ 区间中从 $\lambda(0)$ 单调下降到 $\frac{\lambda(0)}{e^{11r}}$ 。设 $\lambda(\tau) = 1, \tau \in [0,11]$,则:

$$u^*(t) = \begin{cases} k_1 & 0 \leq t \leq \tau \\ k_2 & \tau < t \leq 11 \end{cases}$$

当 $0 \leq t \leq \tau$, $\dot{x} = rx - k_1$,由 $x(0) = n$ 得 $x = (n - \frac{k_1}{r})e^{rt} + \frac{k_1}{r}$;

当 $\tau < t \leq 11$, $\dot{x} = rx - k_2$,由 $x(11) = 0$ 得 $x = -\frac{k_2}{r}e^{rt-11r} + \frac{k_2}{r}$;

由连续性可得,在 τ 处相等,即 $(n - \frac{k_1}{r})e^{r\tau} + \frac{k_1}{r} = -\frac{k_2}{r}e^{r\tau-11r} + \frac{k_2}{r}$,有:

$$e^{r\tau} = \frac{\frac{k_2 - k_1}{r}}{n - \frac{k_1}{r} + \frac{k_2}{r}e^{-11r}}$$

则有：
$$\tau = \frac{1}{r}(\ln(k_2 - k_1) - \ln(nr - k_1 + k_2 e^{-11r}))$$

因此，最优策略中每月迁入新平台用户数为：前 $\frac{1}{r}(\ln(k_2 - k_1) - \ln(nr - k_1 + k_2 e^{-11r}))$ 月（舍去小数）每月迁入 k_1 人，以后每月迁入 k_2 人。

3.选择合作媒体机构的合理性评估

基于合作博弈论，仿照徐恪在《计算机网络体系结构》一书中的示例，下面给出一个媒体融合时选择媒体机构的策略示例。

假设有三个媒体机构，用集合 $P = \{p_1, p_2, p_3\}$ 表示，则可能存在的融合方式有以下8种。

空(1个)：Φ；

不融合(3个)：$\{p_1\}, \{p_2\}, \{p_3\}$；

两机构融合(3个)：$\{p_1, p_2\}, \{p_2, p_3\}, \{p_1, p_3\}$；

三个机构融合(1个)：$\{p_1, p_2, p_3\}$。

设三个媒体机构在融合中均只有"小投入"和"大投入"两种选择，即每个机构都有两个选择：1(小投入)或者2(大投入)。

假设在融合前，三个媒体机构的行动组合与支付向量的关系如表5.5所示。其中，支付向量指非合作的3个媒体机构独自执行投入方式时，它们各自获得的收益。这里用 $\{-2, -1, 0, 1, 2\}$ 表示收益的等级。

表5.5　三个媒体机构的行动组合与支付向量

行动组合(p_1,p_2,p_3)	支付向量(p_1,p_2,p_3)	行动组合(p_1,p_2,p_3)	支付向量(p_1,p_2,p_3)
(1,1,1)	(-2,1,2)	(2,1,1)	(1,-1,1)
(1,1,2)	(1,1,-1)	(2,1,2)	(0,0,1)
(1,2,1)	(0,-1,2)	(2,2,1)	(1,0,0)
(1,2,2)	(-1,2,0)	(2,2,2)	(1,2,-2)

这里假设 p_1 和 p_3 组成联盟，表示为 $S = \{p_1, p_3\}$，$S^c = \{p_2\}$，把这个合作博弈看作 S 与 S^c 之间的非合作博弈。如表5.6，表格内容中的数字对里的第一个数字表示 S 联盟的总收益，第二个数字表示 S^c 联盟的总收益。

表 5.6　联盟博弈中的纯联合策略及联盟收益

S^C 的纯联合策略 S 的纯联合策略	1	2	S^C 的纯联合策略 S 的纯联合策略	1	2
(1,1)	(0,1)	(2,-1)	(2,1)	(2,-1)	(1,0)
(1,2)	(0,1)	(-1,2)	(2,2)	(1,0)	(-1,2)

按照重复剔除劣势策略的方法,可以发现(1,1)严格优于(1,2)、(2,1)严格优于(2,2),从而得到表 5.7 所示的简化后的非合作博弈。

表 5.7　简化后的 S 和 S^C 之间的非合作博弈

S^C 的纯联合策略 S 的纯联合策略	1	2	S^C 的纯联合策略 S 的纯联合策略	1	2
(1,1)	(0,1)	(2,-1)	(2,1)	(2,-1)	(1,0)

按照求解混合策略纳什均衡的支付等值法,假设 S 选择(1,1)和(2,1)的概率分别为 a 和 b,因为其他策略已被剔除,所以有:

$$a + b = 1$$

S^C 选择 1 的期望支付为:

$$a \times 1 + b \times (-1) = a - b$$

S^C 选择 2 的期望支付为:

$$a \times (-1) + b \times 0 = -a$$

根据支付等值,有:

$$a - b = -a$$

由 $a + b = 1, a - b = -a$,解得:

$$a = 1/3, b = 2/3$$

假设 S^C 选择 1 和 2 的概率分别为 p 和 q,有:

$$p + q = 1$$

S 选择(1,1)的期望支付为:

$$p \times 0 + q \times 2 = 2q$$

S 选择(2,1)的期望支付为:

$$p \times 2 + q \times 1 = 2p + q$$

根据支付等值,有:

$$2q = 2p + q$$

由 $p + q = 1, 2q = 2p + q$,解得:

$$p = 1/3, q = 2/3$$

在合作博弈中,特征函数 v 是一个 $2^N \to R$ 的映射,即每个可能存在的联盟都对应着一个取值是实数的特征函数,并且 $v(\Phi) = 0$。联盟 S 的特征函数 $v(S)$ 指的是 S 收益的最大值,也就是说,S 联盟的成员保证能够获得至少 $v(S)$ 的总收益。

根据表 5.7 给出的支付向量和以上求解出的 a、b、p、q 的值,可以计算出 S 的特征函数如下:

$$v(S) = ap \times 0 + aq \times 2 + bp \times 2 + bq \times 1 = \frac{4}{3}$$

同理,S^c 的特征函数计算如下:

$$v(S^c) = ap \times 1 + aq \times (-1) + bp \times (-1) + bq \times 0 = -\frac{1}{3}$$

类似地,可以计算出其他可能存在的联盟的特征函数:

$$v(\{p_1, p_2\}) = 1$$

$$v(\{p_3\}) = 0$$

$$v(\{p_2, p_3\}) = \frac{3}{4}$$

$$v(\{p_1\}) = \frac{1}{4}$$

通过分析特征函数,可以理解联盟的形成过程:

(1)因为 p_1 独自参与的收益比 p_2 和 p_3 独自参与的收益大,因此 p_2 和 p_3 将会想办法与 p_1 形成联盟。

(2)作为交换,p_1 将要求更多地划分联盟的收益,至少超过他独自参与时的 1/4。

(3)但是如果 p_1 要得太多,p_2 和 p_3 可能形成联盟,排除 p_1,从而可以获得 3/4。

三、效果

传播效果最大化是媒体的基本追求,而对传播效果的控制则是媒体的更高追求。下面给出了关于融合媒体新闻发布的传播分析和传播控制的示例,包括广电音视频融合报业网站的传播效果分析、媒体议程的格兰杰因果分析与基于隐马尔科夫模型的效果控制。

1. 广电音视频融合报业网站的传播效果分析

新闻价值的要素主要包括可信性、及时性、接近性、显著性、重要性和人情味。可信性说明假新闻没有价值,及时性说明新闻是易碎品,昨天的新闻是今天的历史,只有当天的新闻才能吸引更多读者的目光。接近性说明新闻事件发生的地理位置越接近读者,其新闻价值越大,接近性还指年龄、职业、性别、爱好、民族等的接近。显著性,例如因为名人自身的显著性,新闻事件更受瞩目。一个事件影响深远,体现了它的重要性,重要的新闻首先是热点、焦点新闻。构成人情味的要素包括反常、冒险、冲突、两性,这类饱含人情味的新闻人们总是百看不厌。

这里所说的新闻可见性即某时刻某篇新闻进入用户视野的可能性。用户可能通过浏览、搜索报业网站发现新闻,用户也会因系统推荐发现新闻。电视受众可以通过收看电视视频的正常播放、时移播放、回放发现新闻。

如图 5.37 所示,新闻价值效用和新闻可见性效用共同形成了新闻吸引力。观看概率是多篇新闻形成的指标,定义为 t 时刻可以观看的所有新闻中各单篇新闻吸引力的均值,用 $p(t)$ 表示。

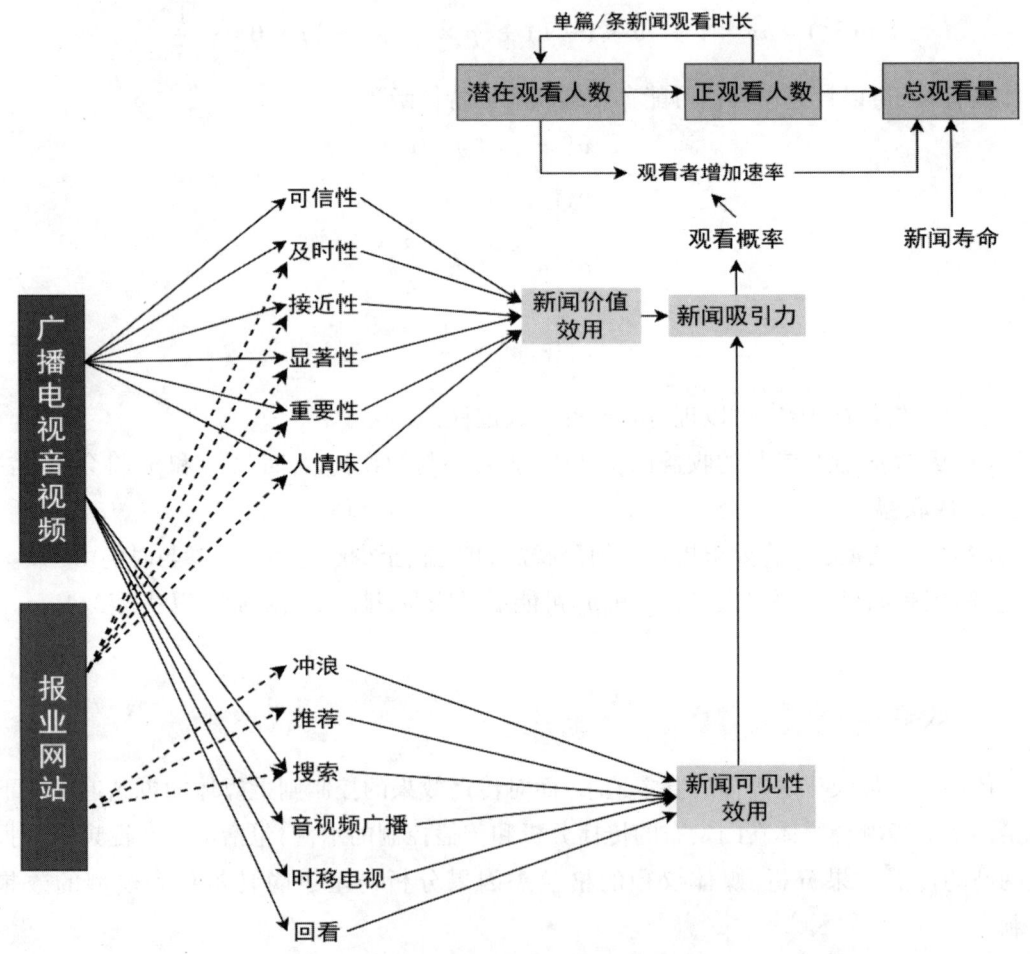

图 5.37 广电、报业协同发布"舆论引导"新闻与新闻观看量

假设相对用户数量来说,新闻的供给量是充足的,不会出现某用户没有新的新闻内容观看的问题,同时假设每篇新闻需要的观看时间是一样的,固定为 r,每篇新闻有相同的寿命(有效时长),例如一天、24 小时或 60×24 = 1440 分钟,用 l 表示。

假设 $n = |$某有线电视机顶盒活跃用户 $\cup$ 某报业网站活跃用户$|$ 为总用户数

设这 n 个用户中在时刻 t 正观看新闻的人数为 $g(t)$,则潜在观看者人数 $f(t) = n -$

$g(t)$，观看者增加速率 $= f(t) \times p(t)$，表示 t 时刻正观看人数增加的速度。

在时刻 $t + \Delta t$ 正观看的人数为：

$$g(t) + f(t)\,p(t)\,\Delta t - \frac{g(t)}{r}\Delta t$$

即潜在观看者按观看概率变成正观看人，而正观看人按单篇观看速度 $1/r$ 阅读完一篇新闻后变成潜在观看者。

考察正观看人数的变化率，有：

$$\frac{dg(t)}{dt} = \lim_{\Delta t \to 0} \frac{\left(g(t) + f(t)\,p(t)\,\Delta t - \frac{g(t)}{r}\Delta t\right) - g(t)}{\Delta t}$$

$$= -\left(p(t) + \frac{1}{r}\right)g(t) + np(t)$$

有[102]

$$g(t) = e^{-\int \left(p(t) + \frac{1}{r}\right)dt}\left(\int np(t)\,e^{\int \left(p(t) + \frac{1}{r}\right)dt}dt + \tilde{c}\right)$$

当 $t = 0$ 时，$g(t) = 0$，可以求得：

$$\tilde{c} = -\frac{np(0)}{p(0) + \frac{1}{r}}\,e^{\left(p(0) + \frac{1}{r}\right)}$$

注意，此时 $p(t) \neq 0$，因为 $t = 0$ 时，已有一些新闻准备好。

最后求得：

$$总观看量 = \int_0^l f(t)\,p(t)\,dt$$

我们把 $p(t)$ 当成固定值可以得到：

$$正观看人数占比_t = \frac{g(t)}{n} = \frac{p}{p + \frac{1}{r}} - \frac{p}{p + \frac{1}{r}}\,e^{-\left(p + \frac{1}{r}\right)t}$$

如图 5.38 所示，是 $t = 20$、50 分钟时刻，对于不同长度的新闻（1 分钟、3 分钟、6 分钟、10 分钟）观看概率与正观看人数占比之间的关系。可以看出，不论 t 取何值，长新闻（10 分钟）与短新闻（3 分钟）相比，只要保证一定的新闻吸引力（观看概率达到 0.2），正观看人数占比对新闻吸引力并不敏感。这说明与新闻吸引力的其他要素相比，新闻发布的及时性更重要。也就是说，即使新闻制作得不怎么吸引人（观看概率刚达到 0.25），只要及时发布足够数量的新闻，仍然可以有 40% 至 70% 的用户在观看。

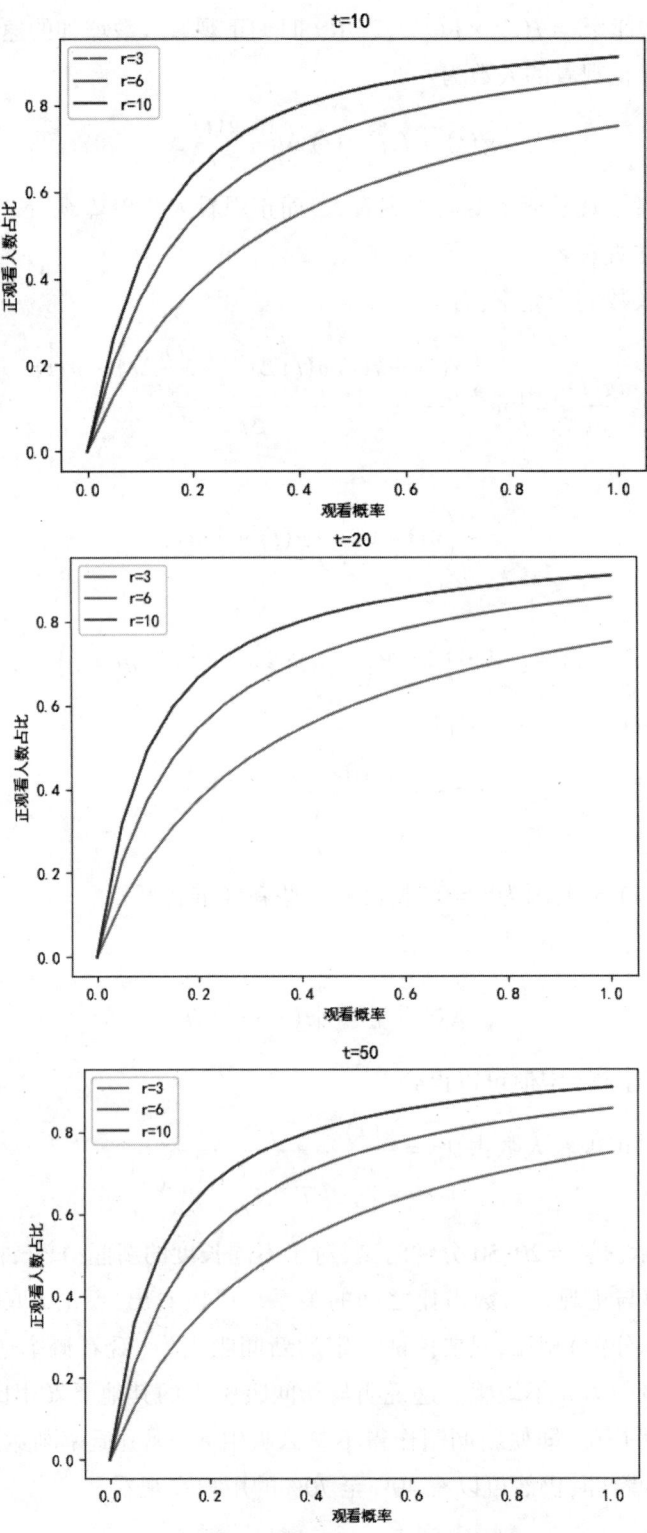

图 5.38　观看概率与正观看人数占比之间的关系

我们把某类新闻的传播力定义为该类新闻在有效时间内的人均观看量。这里的用户总数 n 指该类新闻发布的所有传播渠道上的活跃用户数总和。同样把 $p(t)$ 当成固定值,我们有:

$$人均观看量 = \frac{总观看量}{n} = \int_0^l (1 - \frac{g(t)}{n}) p dt = \frac{p}{p + \frac{1}{r}} (\frac{p}{p + \frac{1}{r}} (e^{-(p + \frac{1}{r})l} - 1) + \frac{l}{r})$$

如图 5.39 是新闻寿命(有效时长)为 120 分钟、240 分钟、480 分钟、720 分钟时,对于不同长度的新闻(1 分钟、3 分钟、6 分钟、10 分钟),观看概率与人均观看量之间的关系。可以看出不论新闻寿命长短,长新闻与短新闻相比(10 分钟与 3 分钟、1 分钟),只要保证一定的新闻吸引力(观看概率达到 0.2),人均观看量对新闻吸引力并不敏感。新闻时长越短,传播力随观看概率增长的幅度越大。

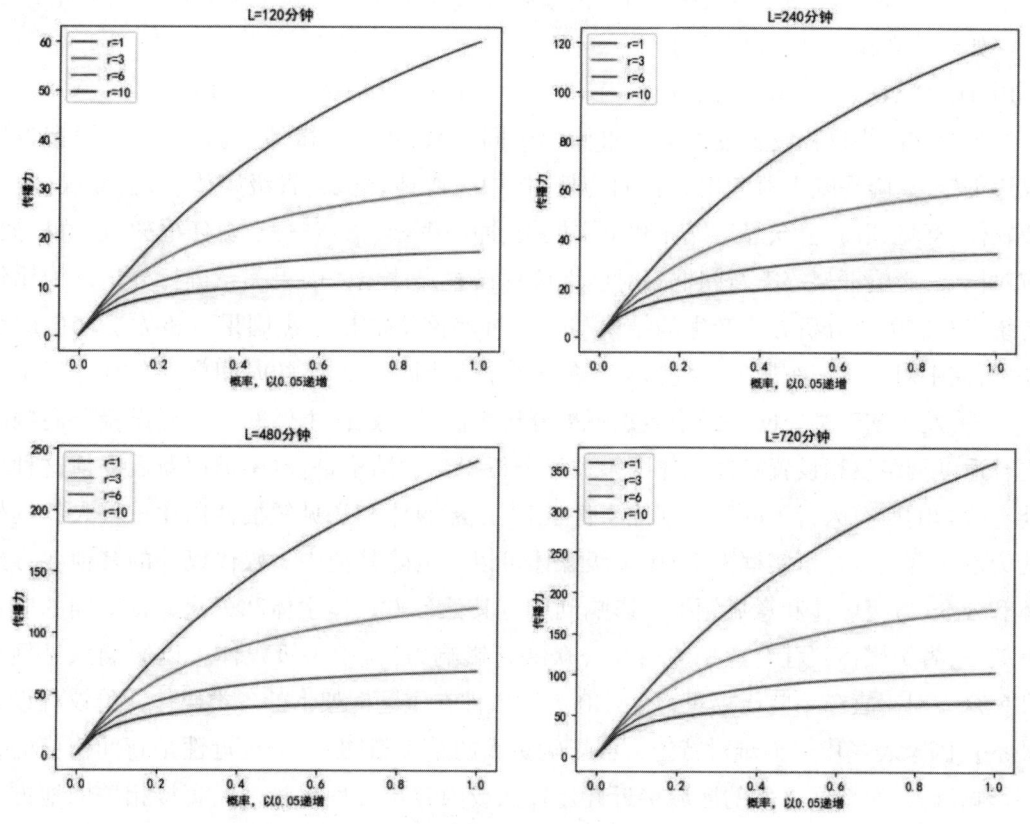

图 5.39　观看概率与人均观看量之间的关系
(注:4 条曲线从上到下分别与 r=1、3、6、10 对应)

综合图 5.38 和图 5.39 的分析,可以得到这样一个初步认识:为了保证应对舆情的舆论引导新闻的传播力,时长短的新闻要求高质量,时长长的视频新闻不要求太高质量但要求制作快,从而形成可观看新闻的及时供给量。

2.媒体议程的格兰杰因果分析与基于隐马尔科夫模型的效果控制

怎样用接收到的信息来推测发送者的行为呢？可以用隐马尔科夫模型来解决这些问题。设 O_1, O_2, O_3 是我们观察到的序列信号,我们根据这组信号推测出发送者的行动序列为 S_1, S_2, S_3。我们应该在所有发送者行动序列中找出最可能的一个,即:

$$S_1, S_2, S_3, \cdots = ArgMAX_{(allS)} P(S_1, S_2, S_3, \cdots | O_1, O_2, O_3, \cdots)$$

其中,$P(S_1, S_2, S_3, \cdots | O_1, O_2, O_3, \cdots) =$
$P(O_1, O_2, O_3, \cdots | S_1, S_2, S_3, \cdots) * P(S_1, S_2, S_3, \cdots) / P(O_1, O_2, O_3, \cdots)$

$P(O_1, O_2, O_3, \cdots)$ 对 S_1, S_2, S_3, $\cdots$ 来说是常数,不影响求使 $P(S_1, S_2, S_3, \cdots | O_1, O_2, O_3, \cdots)$ 达到最大值的那个由 S_1, S_2, S_3, $\cdots$ 组成的序列。

设 S_1, S_2, S_3, $\cdots$ 是一个马尔可夫链,则:

$$P(S_1, S_2, S_3, \cdots) = P(S_1) * P(S_2 | S_1) * P(S_3 | S_2) * \cdots$$

如果独立输出假设存在,则:

$$P(O_1, O_2, O_3, \cdots | S_1, S_2, S_3, \cdots) = P(O_1 | S_1) * P(O_2 | S_2) * P(O_3 | S_3) * \cdots$$

为探究网络议程设置过程中各媒体的协同关系,我们以微博中新冠疫情、国家表彰戍边英雄、袁隆平院士逝世相关新闻为例,按中央媒体、党媒、省级媒体、市县级媒体、商业媒体、意见领袖、公众等类媒体和事实框架、冲突框架、情感框架、责任框架、道德框架、应对框架、影响框架等类新闻框架对网络议程设置媒体主体因果关系进行分析。为比较传统格兰杰因果分析方法产生的结果与基于神经网络的格兰杰因果分析方法产生的结果,研究中对基于广东散发性疫情数据集进行框架划分后产生的时间序列分别进行了两次分析,发现基于神经网络的格兰杰因果分析方法进行媒体主体间的议程设置方向判断更合适。网络议程设置媒体主体因果关系分析得到的结论是:对于类似新冠疫情这种可能直接影响所有人行为的重大新闻事件,三大主流媒体和意见领袖使用比重较大的框架均为事实框架。在事实框架下,中央级媒体可以影响除其他中央媒体以外的其他各方媒体和公众,省级媒体和意见领袖可影响到所有其他各方媒体主体和公众。在新闻的应对框架下,省级媒体议程对意见领袖和公众缺乏影响力,而中央级媒体可以影响意见领袖和公众。对于袁隆平院士逝世(图5.40为该事件在主题框架下的各类媒体间的议程设置关系)、国家表彰戍边英雄对特定人群影响更大的重大新闻,由于接近性是新闻价值的重要影响因素,对新闻事件的区域接近性比较强或内容接近性比较强的直接相关的地方媒体或地方政务媒体都会影响意见领袖的议程设置,从而影响公众舆论(因意见领袖议程对公众舆论有较大影响)。因此,针对其中重要新闻事件,采取党媒与该新闻事件接近性强的地方媒体(包括地方政务媒体)的协同议程设置,可以更大限度地发挥体制内媒体对舆论的引导功能。

对于如图5.40所示的各类媒体间的议程设置关系,我们基于隐马尔科夫模型分析传

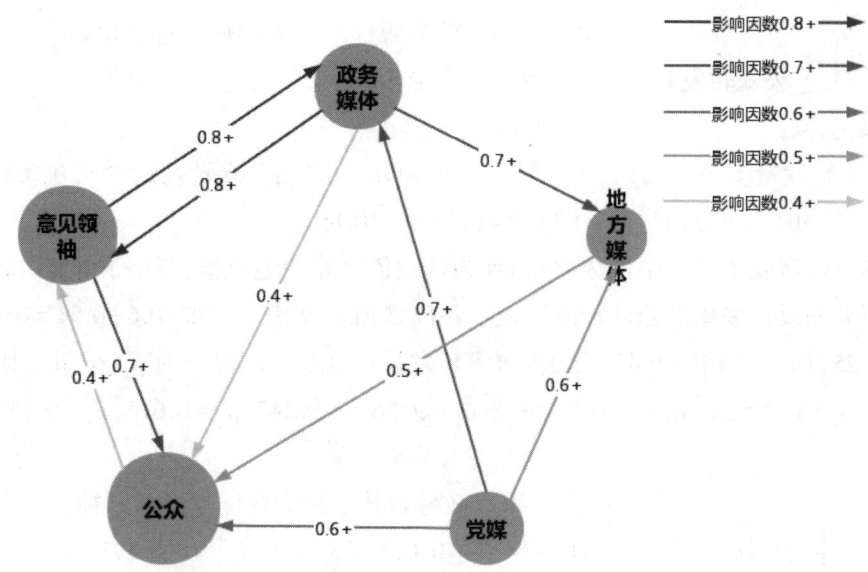

图 5.40 "袁隆平院士逝世"新闻在主题性框架下的各类媒体间的议程设置关系方向图

播效果(公众行为)与党媒(央媒)、政务媒体、地方媒体、意见领袖协同议程设置的关系。

把公众单独考虑,用于表示议程设置的传播效果,可得下面的隐马尔科夫过程模型。

状态转移矩阵为:

$$\begin{matrix} & 央媒 & 政务媒体 & 地方媒体 & 意见领袖 \\ 央媒 & 0 & 0.7 & 0.6 & 0 \\ 政务媒体 & 0 & 0 & 0.7 & 0.8 \\ 地方媒体 & 0 & 0 & 0 & 0 \\ 意见领袖 & 0 & 0.8 & 0 & 0 \end{matrix}$$

0 处都设为 0.1,则变为:

$$\begin{matrix} & 央媒 & 政务媒体 & 地方媒体 & 意见领袖 \\ 央媒 & 0.1 & 0.7 & 0.6 & 0.1 \\ 政务媒体 & 0.1 & 0.1 & 0.7 & 0.8 \\ 地方媒体 & 0.1 & 0.1 & 0.1 & 0.1 \\ 意见领袖 & 0.1 & 0.8 & 0.1 & 0.1 \end{matrix}$$

数据归一化,得:

$$\begin{matrix} & 央媒 & 政务媒体 & 地方媒体 & 意见领袖 \\ 央媒 & 0.067 & 0.466 & 0.4 & 0.067 \\ 政务媒体 & 0.059 & 0.059 & 0.412 & 0.47 \\ 地方媒体 & 0.25 & 0.25 & 0.25 & 0.25 \\ 意见领袖 & 0.091 & 0.727 & 0.091 & 0.091 \end{matrix}$$

输出矩阵：

$$\begin{bmatrix} & 中央媒体 & 政务媒体 & 地方媒体 & 意见领袖 \\ 公众转发量 & 0.6 & 0.4 & 0.5 & 0.7 \end{bmatrix}$$

离散化,设：

公众转发量多 $\epsilon(0.7,1]$，公众转发量中 $\epsilon(0.3,0.7]$，公众转发量少 $\epsilon[0,0.3]$。

则各段的中位数分别为 $(1+0.7)/2=0.85, 0.5, 0.15$。

计算公众转发量离各中位数的距离(为两数值之差的绝对值,若小于0.1则取0.05),并按与距离的反比去离散公众转发量属于各离散值的概率。例如 $|0.6-0.5|=0.1$，$|0.6-0.85|=0.25$，$|0.6-0.15|=0.45$，设0.6属于转发量多、中、少的概率为 p_1, p_2, p_3，则 $p_1+p_2+p_3=1$，$p_1/p_2=1/2.5$，$p_2/p_3=4.5/1$。解得 $p_1=9/36.5=0.247$，$p_2=0.616$，$p_3=0.137$。有如下矩阵：

$$\begin{bmatrix} & 中央媒体 & 政务媒体 & 地方媒体 & 意见领袖 \\ 公众转发多 & 0.247 & 0.137 & 0.127 & 0.495 \\ 公众转发中 & 0.616 & 0.616 & 0.764 & 0.37 \\ 公众转发少 & 0.137 & 0.247 & 0.109 & 0.135 \end{bmatrix}$$

假设初始状态分布：$0.25, 0.25, 0.25, 0.25$。

如果传播效果是公众转发少、公众转发中、公众转发多、公众转发少、公众转发多，则最可能的各类媒体新闻发布序列是什么，或这种传播效果的概率是多少？这是隐马尔科夫模型的简单问题。

对于前一个问题：设传媒效果为由 $O_1, O_2, \cdots, O_n$ 组成的序列，$O_i \in \{$公众转发少、公众转发中、公众转发多$\}$，发布内容的媒体序列表示为 $S_1, S_2, \cdots, S_m$，$S_i \in \{$中央媒体,政务媒体,地方媒体,意见领袖$\}$。

这里设 O_1 公众转发少、O_2 公众转发中、O_3 公众转发多，S_1 中央媒体、S_2 政务媒体、S_3 地方媒体、S_4 意见领袖，$\psi_t(i)$ 表示t时刻最大概率对应的前一时刻的状态节点。我们可以直接用 Viterbi 算法求解第一个问题如下：

$P(O_1|1\_S_1) = P(S_1|初始) * P(O_1|S_1) = 0.25 * 0.137 = 0.03425$

$\psi_1(1) = 0$

$P(O_1|1\_S_2) = P(S_2|初始) * P(O_1|S_2) = 0.25 * 0.247 = 0.06175$

$\psi_1(2) = 0$

$P(O_1|1\_S_3) = P(S_3|初始) * P(O_1|S_3) = 0.25 * 0.109 = 0.02725$

$\psi_1(3) = 0$

$P(O_1|1\_S_4) = P(S_4|初始) * P(O_1|S_4) = 0.25 * 0.135 = 0.03375$

$\psi_1(4) = 0$

$P(O_2 | 2\_S_1) = \max\{P(O_1 | 1\_S_1) * P(S_1 | S_1), P(O_1 | 1\_S_2) * P(S_1 | S_2), P(O_1 | 1\_S_3) * P(S_1 | S_3), P(O_1 | 1\_S_4) * P(S_1 | S_4)\} * P(O_2 | S_1) = \max\{0.03425 * 0.067, 0.06175 * 0.059, 0.02725 * 0.25, 0.03375 * 0.091\} * 0.616 = 0.0041965$

$\psi_2(1) = 3$

$P(O_2 | 2\_S_2) = \max\{P(O_1 | 1\_S_1) * P(S_2 | S_1), P(O_1 | 1\_S_2) * P(S_2 | S_2), P(O_1 | 1\_S_3) * P(S_2 | S_3), P(O_1 | 1\_S_4) * P(S_2 | S_4)\} * P(O_2 | S_2) = \max\{0.03425 * 0.466, 0.06175 * 0.059, 0.02725 * 0.25, 0.03375 * 0.727\} * 0.616 = 0.0151433$

$\psi_2(2) = 4$

$P(O_2 | 2\_S_3) = \max\{P(O_1 | 1\_S_1) * P(S_3 | S_1), P(O_1 | 1\_S_2) * P(S_3 | S_2), P(O_1 | 1\_S_3) * P(S_3 | S_3), P(O_1 | 1\_S_4) * P(S_3 | S_4)\} * P(O_2 | S_3) = \max\{0.03425 * 0.4, 0.06175 * 0.412, 0.02725 * 0.25, 0.03375 * 0.091\} * 0.764 = 0.01943692$

$\psi_2(3) = 2$

$P(O_2 | 2\_S_4) = \max\{P(O_1 | 1\_S_1) * P(S_4 | S_1), P(O_1 | 1\_S_2) * P(S_4 | S_2), P(O_1 | 1\_S_3) * P(S_4 | S_3), P(O_1 | 1\_S_4) * P(S_4 | S_4)\} * P(O_2 | S_4) = \max\{0.03425 * 0.067, 0.06175 * 0.47, 0.02725 * 0.25, 0.03375 * 0.091\} * 0.37 = 0.01073832$

$\psi_2(4) = 2$

$P(O_3 | 3\_S_1) = \max\{P(O_2 | 2\_S_1) * P(S_1 | S_1), P(O_2 | 2\_S_2) * P(S_1 | S_2), P(O_2 | 2\_S_3) * P(S_1 | S_3), P(O_2 | 2\_S_4) * P(S_1 | S_4)\} * P(O_3 | S_1) = \max\{0.0041965 * 0.067, 0.0151143 * 0.059, 0.01943692 * 0.25, 0.0107382 * 0.091\} * 0.247 = 0.00120023$

$\psi_3(1) = 3$

$P(O_3 | 3\_S_2) = \max\{P(O_2 | 2\_S_1) * P(S_2 | S_1), P(O_2 | 2\_S_2) * P(S_2 | S_2), P(O_2 | 2\_S_3) * P(S_2 | S_3), P(O_2 | 2\_S_4) * P(S_2 | S_4)\} * P(O_3 | S_2) = \max\{0.0041965 * 0.466, 0.0151143 * 0.059, 0.01943692 * 0.25, 0.0107382 * 0.727\} * 0.137 = 0.00106953$

$\psi_3(2) = 4$

$P(O_3 | 3\_S_3) = \max\{P(O_2 | 2\_S_1) * P(S_3 | S_1), P(O_2 | 2\_S_2) * P(S_3 | S_2), P(O_2 | 2\_S_3) * P(S_3 | S_3), P(O_2 | 2\_S_4) * P(S_3 | S_4)\} * P(O_3 | S_3) = \max\{0.0041965 * 0.4, 0.0151143 * 0.412, 0.01943692 * 0.25, 0.0107382 * 0.091\} * 0.127 = 0.00079084$

$\psi_3(3) = 2$

$P(O_3 | 3\_S_4) = \max\{P(O_2 | 2\_S_1) * P(S_4 | S_1), P(O_2 | 2\_S_2) * P(S_4 | S_2), P(O_2 | 2\_S_3) * P(S_4 | S_3), P(O_2 | 2\_S_4) * P(S_4 | S_4)\} * P(O_3 | S_4) = \max\{0.0041965 * 0.067, 0.0151143 * 0.47, 0.01943692 * 0.25, 0.0107382 * 0.091\} * 0.495 = 0.00351635$

$\psi_3(4) = 2$

$P(O_1|4\_S_1) = \max\{P(O_3|3\_S_1)*P(S_1|S_1), P(O_3|3\_S_2)*P(S_1|S_2), P(O_3|3\_S_3)*P(S_1|S_3), P(O_3|3\_S_4)*P(S_1|S_4)\} * P(O_1|S_1) = \max\{0.00120023 * 0.067, 0.00106953 * 0.059, 0.00079084 * 0.25, 0.00351635 * 0.091\} * 0.137 = 0.00004384$

$\psi_4(1) = 4$

$P(O_1|4\_S_2) = \max\{P(O_3|3\_S_1)*P(S_2|S_1), P(O_3|3\_S_2)*P(S_2|S_2), P(O_3|3\_S_3)*P(S_2|S_3), P(O_3|3\_S_4)*P(S_2|S_4)\} * P(O_1|S_2) = \max\{0.00120023 * 0.466, 0.00106953 * 0.059, 0.00079084 * 0.25, 0.00351635 * 0.727\} * 0.247 = 0.00063143$

$\psi_4(2) = 4$

$P(O_1|4\_S_3) = \max\{P(O_3|3\_S_1)*P(S_3|S_1), P(O_3|3\_S_2)*P(S_3|S_2), P(O_3|3\_S_3)*P(S_3|S_3), P(O_3|3\_S_4)*P(S_3|S_4)\} * P(O_1|S_3) = \max\{0.00120023 * 0.4, 0.00106953 * 0.412, 0.00079084 * 0.25, 0.00351635 * 0.091\} * 0.109 = 0.00005233$

$\psi_4(3) = 1$

$P(O_1|4\_S_4) = \max\{P(O_3|3\_S_1)*P(S_4|S_1), P(O_3|3\_S_2)*P(S_4|S_2), P(O_3|3\_S_3)*P(S_4|S_3), P(O_3|3\_S_4)*P(S_4|S_4)\} * P(O_1|S_4) = \max\{0.00120023 * 0.067, 0.00106953 * 0.47, 0.00079084 * 0.25, 0.00351635 * 0.091\} * 0.135 = 0.00006786$

$\psi_4(4) = 2$

$P(O_3|5\_S_1) = \max\{P(O_1|4\_S_1)*P(S_1|S_1), P(O_1|4\_S_2)*P(S_1|S_2), P(O_1|4\_S_3)*P(S_1|S_3), P(O_1|4\_S_4)*P(S_1|S_4)\} * P(O_3|S_1) = \max\{0.00004384 * 0.067, 0.00063142 * 0.059, 0.00005233 * 0.25, 0.00006786 * 0.091\} * 0.247 = 0.0000092$

$\psi_5(1) = 2$

$P(O_3|5\_S_2) = \max\{P(O_1|4\_S_1)*P(S_2|S_1), P(O_1|4\_S_2)*P(S_2|S_2), P(O_1|4\_S_3)*P(S_2|S_3), P(O_1|4\_S_4)*P(S_2|S_4)\} * P(O_3|S_2) = \max\{0.00004384 * 0.466, 0.00063142 * 0.059, 0.00005233 * 0.25, 0.00006786 * 0.727\} * 0.137 = 0.00000676$

$\psi_5(2) = 4$

$P(O_3|5\_S_3) = \max\{P(O_1|4\_S_1)*P(S_3|S_1), P(O_1|4\_S_2)*P(S_3|S_2), P(O_1|4\_S_3)*P(S_3|S_3), P(O_1|4\_S_4)*P(S_3|S_4)\} * P(O_3|S_3) = \max\{0.00004384 * 0.4, 0.00063142 * 0.412, 0.00005233 * 0.25, 0.00006786 * 0.091\} * 0.127 = 0.00003304$

$\psi_5(3) = 2$

$P(O_3|5\_S_4) = \max\{P(O_1|4\_S_1)*P(S_4|S_1), P(O_1|4\_S_2)*P(S_4|S_2), P(O_1|4\_S_3)*P(S_4|S_3), P(O_1|4\_S_4)*P(S_4|S_4)\} * P(O_3|S_4) = \max\{0.00004384 * 0.067, 0.00063142 * 0.47, 0.00005233 * 0.25, 0.00006786 * 0.091\} * 0.495 = 0.0001469$

$\psi_5(4) = 2$

通过回溯，$\max\{P(O_3|5\_S_1), P(O_3|5\_S_2), P(O_3|5\_S_1), P(O_3|5\_S_4)\} = P(O_3|5\_S_4)$，所以传播效果序列第五步最可能的新闻发布方是意见领袖 S_4；由 $\psi_5(4) = 2$，传播效果序列第四步最可能的新闻发布方是政务媒体 S_2；由 $\psi_4(2) = 4$，传播效果序列第三步最可能的新闻发布方是意见领袖 S_4；由 $\psi_3(4) = 2$，传播效果序列第二步最可能的新闻发布方是政务媒体 S_2；由 $\psi_2(2) = 4$，传播效果序列第一步最可能的新闻发布方是意见领袖 S_4。

所以媒体发布序列是：意见领袖、政务媒体、意见领袖、政务媒体、意见领袖。

图 5.41 所示为广东散发性疫情事件在事实框架下的各类媒体间的议程设置关系。我们可以看到，面对重大事件，在新闻事实框架下，中央媒体对其他媒体的议程设置影响较大，但中央媒体之间的议程设置互相影响不大。如果此时中央媒体之间的议程设置区别较大，其他媒体会跟着不同的中央媒体采取不同的议程设置，从而不能形成一致的舆论引导。如果中央媒体之间协同进行一致的议程设置，就会易于形成比较一致的舆论场。所以中央媒体之间的协同议程设置可以有效提高对某些重大事件的新闻舆论引导力。对于意见领袖来说，由于其议程设置受中央媒体的议程设置影响较大，而各中央媒体采取协同一致的议程设置，结果各意见领袖的议程设置也会比较一致。长此以往各意见领袖的公信力会有所提高。

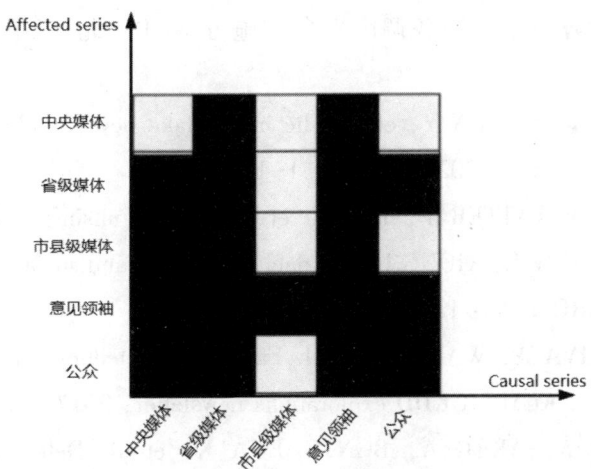

图 5.41 事实框架下各媒介主体的因果关系热力图

参考文献

[1] 蔡骐,吴晓珍.媒介融合趋势下的电视台网融合之道[J].中国广播电视学刊,2008(2):55-56.

[2] 谢新洲,徐运红,黄杨,等.县级融媒体中心建设理论与实践[M].北京:电子工业出版社,2019:15.

[3] 高爽.南都全媒体:创造属于南都的蓝海[N].南方都市报,2011-01-24(6).

[4] 张竑."中央厨房"模式的哲学思考[J].视听界,2017(4):52-58.

[5] 广电秦岭融媒体平台总体规划[R].西安:陕西广电融媒体集团,2021.

[6] 全国县级融媒体中心服务调度平台实施方案[R].北京:中国广播电视网络公司,2021.

[7] GUO B, DING Y, SUN Y, et al. The mass, fake news, andcognition security[J]. Frontiers of computer science, 2021, 15(3): 1-13.

[8] WU L, MORSTATTER F, HU X, et al. Mining misinformation in social media [M]//THAI M T, WU W L, XIONG H. Big data in complex and social networks, New York, Chapman and Hall/CRC,2016: 123-152.

[9] SHU K, SLIVA A, WANG S, et al. Fake news detection on social media: a data mining perspective[J]. ACM SIGKDD explorations newsletter, 2017, 19(1): 22-36.

[10] ZUBIAGA A, AKER A, BONTCHEVA K, et al. Detection and resolution of rumours in social media: a survey[J]. Acm computing surveys (CSUR), 2018, 51(2): 1-36.

[11] MOLINA M D, SUNDAR S S, LE T, et al."Fake news" is not simply false information: a concept explication and taxonomy of online content[J]. American behavioral scientist, 2021, 65(2): 180-212.

[12] FERRARA E, VAROL O, DAVIS C, et al. The Rise of Social Bots[J]. Communications of the acm, 2014, 59(7):96-104.

[13] DE LIMA SALGE C A, BERENTE N. Is that social bot behaving unethically? [J].

Communications of the acm, 2017, 60(9): 29-31.

[14]BARBERÁ P, JOST J T, NAGLER J, et al. Tweeting from left to right: is online political communication more than an echo chamber? [J]. Psychological science, 2015, 26(10): 1531-1542.

[15]KISSAS A. Ideology in the age of mediatized politics: a study on the aesthetics and politics of charisma, ordinariness, and spectacle from the 2015 election advertising campaigns in the UK and Greece[D].London: London School of Economics and Political Science (United Kingdom), 2018.

[16]袁禄,朱郑州,任庭玉. 虚假评论识别研究综述[J]. 计算机科学,2021,48(01): 111-118.

[17]ANSARI S, GUPTA S. Customer perception of the deceptiveness of online product reviews: a speech act theory perspective[J]. International journal of information management, 2021, 57: 102286.

[18]DMOCHOWSKI J P, BEZDEK M A, ABELSON B P, et al. Audience preferences are predicted by temporal reliability of neural processing[J]. Nature communications, 2014, 5(1): 1-9.

[19]Plassmann H, Venkatraman V, Huettel S, et al. Consumer neuroscience: applications, challenges, and possible solutions[J]. Journal of marketing research, 2015, 52(4): 427-435.

[20]HASSON U, NIR Y, LEVY I, et al. Intersubject synchronization of cortical activity during natural vision[J]. science, 2004, 303(5664): 1634-1640.

[21]SCHOLZ C, BAEK E C, O'DONNELL M B, et al. A neural model of valuation and information virality[J]. Proceedings of the National Academy of Sciences of the United States of America, 2017, 114(11): 2881-2886.

[22]HODAS N O, BUTNER R. How a user's personality influences content engagement in social media [C]. International Conference on Social Informatics. Seattle, Washington. Springer, Cham, 2016: 481-493.

[23]FALK E B, MORELLI S A, WELBORN B L, et al. Creating buzz: the neural correlates of effective message propagation[J].Psychological science, 2013, 24(7): 1234-1242.

[24]LEWANDOWSKY S, ECKER U K H, SEIFERT C M, et al. Misinformation and its correction: continued influence and successful debiasing[J]. Psychological science in the public interest, 2012, 13(3): 106-131.

[25]RUBIN V L, CONROY N J, CHEN Y. Towards news verification: deception detection methods for news discourse [C]. Kuai, Hawaii: Hawaii International Conference on

System Sciences, 2015: 5-8.

[26] PENNEBAKER J W, BOYD R L, JORDAN K, et al. The development and psychometric properties of LIWC2015[R]. Austin: The University of Texa, 2015.

[27] CHEN Y. Convolutional neural network for sentence classification[D]. Ontario, Canada: University of Waterloo, 2015.

[28] EGELE M, STRINGHINI G, KRUEGEL C, et al. Towards detecting compromised accounts on social networks[J]. IEEE transactions on dependable and secure computing, 2015, 14(4): 447-460.

[29] ALONSO M A, VILARES D, GÓMEZ-RODRÍGUEZ C, et al. Sentiment analysis for fake news detection[J]. Electronics, 2021, 10(11): 1348.

[30] POTTHAST M, KIESEL J, REINARTZ K, et al. A stylometric inquiry into hyperpartisan and fake news[J]. arXiv preprint arXiv:1702.05638, 2017.

[31] AL MAROUF A, AJWAD R, ASHRAFI A F. Looking behind the mask: a framework for detecting character assassination via troll comments on social media using psycholinguistic tools[C]. 2019 International Conference on Electrical, Computer and Communication Engineering (ECCE), Swat, Pakistan. IEEE, 2019: 1-5.

[32] GARIMELLA K, ECKLES D. Images and misinformation in political groups: evidence from whats App in India[J]. arXiv preprint arXiv:2005.09784, 2020.

[33] VOLKOVA S, AYTON E, ARENDT D L, et al. Explaining multimodal deceptive news prediction models[C]. Munich, Germany: Proceedings of the international AAAI conference on web and social media, 2019, 13: 659-662.

[34] ZLATKOVA D, NAKOV P, KOYCHEV I. Fact-checking meets fauxtography: verifying claims about images[J]. arXiv preprint arXiv:1908.11722, 2019.

[35] WANG Y, TAHMASBI F, BLACKBURN J, et al. Understanding the use of fauxtography on social media[J]. arXiv preprint arXiv:2009.11792, 2020.

[36] FRIGGERI A, ADAMIC L, ECKLES D, et al. Rumor cascades[C]. Ann arbor: proceedings of the international AAAI conference on weblogs and social media, MI. 2014, 8(1): 101-110.

[37] LIU Y, WU Y F. Early detection of fake news on social media through propagation path classification with recurrent and convolutional networks[C]. PaloAlto, CA: Proceedings of the AAAI conference on artificial intelligence, 2018: 354 - 361.

[38] WANG Y, THEODOROU E, VERMA A, et al. Steering opinion dynamics in information diffusion networks[J]. arXiv preprint arXiv:1603.09021, 2016.

[39] MARTINS A C R. Continuous opinions and discrete actions in opinion dynamics

problems[J]. International journal of modern physics C, 2008, 19(4): 617-624.

[40] Yang Y, Tang J, Leung C W, et al. Rain: Social role-aware information diffusion [C]. Austin, Texas: Twenty-Ninth AAAI Conference on Artificial Intelligence, 2015: 367-373.

[41] GILANI Z, FARAHBAKHSH R, TYSON G, et al. An in-depth characterisation of bots and humans on Twitter[J]. arXiv preprint arXiv:1704.01508, 2017.

[42] MORONE F, MAKSE H A. Influence maximization in complex networks through optimal percolation[J]. Nature, 2015, 524(7563): 65-68.

[43] AMATI G, ANGELINI S, GAMBOSI G, et al. Influential users in Twitter: detection and evolution analysis[J]. Multimedia tools and applications, 2019, 78(3): 3395-3407.

[44] QIU J, TANG J, MA H, et al. Deepinf: Social influence prediction with deep learning[C]. London: Proceedings of the 24th ACM SIGKDD International Conference on Knowledge Discovery & Data Mining, 2018: 2110-2119.

[45] KRAMER A D I, GUILLORY J E, HANCOCK J T. Experimental evidence of massive-scale emotional contagion through social networks[J]. Proceedings of the national academy of sciences, 2014, 111(24): 8788-8790.

[46] ABEBE R, KLEINBERG J, PARKES D, et al. Opinion dynamics with varying susceptibility to persuasion[C]. London: Proceedings of the 24th ACM SIGKDD International Conference on Knowledge Discovery & Data Mining, 2018: 1089-1098.

[47] MESSIAS J, SCHMIDT L, OLIVEIRA R, et al. You followed my bot! Transforming robots into influential users in Twitter[J]. First Monday, 2013, 18(7): 1-14.

[48] ABOKHODAIR N, YOO D, MCDONALD D W. Dissecting a social botnet: growth, content and influence in Twitter[C]. Vancouver, Canada: Proceedings of the 18th ACM conference on computer supported cooperative work & social computing, 2015: 839-851.

[49] MA J, GAO W, WEI Z, et al. Detect rumors using time series of social context information on microblogging websites[C]. New York: Proceedings of the 24th ACM international on conference on information and knowledge management, 2015: 1751-1754.

[50] JIN Z, CAO J, ZHANG Y, et al. News verification by exploiting conflicting social viewpoints in microblogs[C]. Phoenix, Arizona USA: Proceedings of the AAAI Conference on Artificial Intelligence, 2016: 2972-2978.

[51] RUCHANSKY N, SEO S, LIU Y. Csi: a hybrid deep model for fake news detection [C]. Singapore: Proceedings of the 2017 ACM on Conference on Information and Knowledge Management, 2017: 797-806.

[52] SHU K, BERNARD H R, LIU H. Studying fake news via network analysis: detec-

tion and mitigation[M]//Emerging research challenges and opportunities in computational social network analysis and mining. Zug,Switzerland: Springer, Cham, 2019: 43-65.

[53]BOSHMAF Y, MUSLUKHOV I, BEZNOSOV K, et al. The socialbot network: when bots socialize for fame and money[C]. Orlando, Florida:Proceedings of the 27th annual computer security applications conference,2011: 93-102.

[54]HAUSTEIN S, BOWMAN T D, HOLMBERG K, et al. Tweets as impact indicators: examining the implications of automated "bot" accounts on Twitter[J]. Journal of the association for information science and technology, 2016, 67(1): 232-238.

[55]VAROL O, FERRARA E, DAVIS C, et al. Online human-bot interactions: detection, estimation, and characterization[C]. Montreal, Canada:Proceedings of the international AAAI conference on web and social media, 2017:280-289.

[56]GAO H, YANG Y, BU K, et al. Spam ain't as diverse as it seems: throttling OSN spam with templates underneath[C]. New Orleans:Proceedings of the 30th Annual Computer Security Applications Conference,2014: 76-85.

[57]Jawahar G, Abdul-Mageed M, Lakshmanan L V S. Automatic detection of machine generated text: A critical survey[J]. arXiv preprint arXiv:2011.01314, 2020.

[58]Adelani D I, Mai H, Fang F, et al. Generating sentiment-preserving fake online reviews using neural language models and their human-and machine-based detection[C]. Caserta, Italy:International Conference on Advanced Information Networking and Applications, Springer, Cham, 2020: 1341-1354.

[59]沈广彩. 新闻写作"5W+1H"模式意义的生成与再造:从概括新闻到叙述新闻[J].科技信息, 2010(22):759-760.

[60]POTTHAST M, KIESEL J, REINARTZ K, et al. A stylometric inquiry into hyperpartisan and fake news[J]. arXiv preprint arXiv:1702.05638, 2017.

[61]BÄCKLUND H, HEDBLOM A, NEIJMAN N. A density-based spatial clustering of application with noise[J]. Data Mining TNM033, 2011: 11-30.

[62]王永滨,范伟健. 一种基于写作风格的文本内容真实性评估方法及设备: 202310712792.4[P]. 2023-09-12.

[63]ALBERT R, JEONG H, BARABÁSI A L. Diameter of the world-wide web[J]. Nature, 1999, 401(6749):130-131.

[64]JIAWEI ZHANG, PHILIP S. Yu. Cross-Platform Social Network Analysis[G]// ALHAJJ R, ROKNE J. Encyclopedia of Social Network Analysis and Mining.Springer,2017:1-17.

[65]ZHAN Q, ZHANG J, WANG S, et al. Influence maximization across partially a-

ligned heterogenous social networks[C]. Ho Chi Minh City:Proceedings of PAKDD-15,2015:1099-1105.

[66] SUN Y, HAN J, YAN X, et al. Pathsim: Meta path-based top-k similarity search in heterogeneous information networks[C]. Seattle:Proceedings of the VLDB Endowment, 2011,4(11):992–1003.

[67] 刘羽茜,刘玉奇,张宗霖,等.注入注意力机制的深度特征融合新闻推荐模型[J].计算机应用,2022,42(02):426-432.

[68] 高铭蔚,桑楠,杨茂林.基于胶囊网络的交互式网络电视视频点播推荐模型[J].计算机应用,2021,41(11):3171-3177.

[69] 王永滨,洪志国,曹轶臻. 融媒体服务模式与技术[M].北京:中国传媒大学出版社,2021:67-69.

[70] 张朝昆,崔勇,唐翯翯,等. 软件定义网络（SDN）研究进展[J].软件学报,2015, 26(1): 62-81.

[71] 王鹃,王江,焦虹阳,等. 一种基于OpenFlow的SDN访问控制策略实时冲突检测与解决方法[J]. 计算机学报, 2015, 38(4): 872-883.

[72] 薄杨,黄存东. 软件定义网络SDN新型网络架构研究[J]. 佳木斯大学学报:自然科学版, 2018, 36(3): 376-379.

[73] 杨泽卫. 重构网络:SDN架构与实现[M]. 北京:电子工业出版社, 2017.

[74] 云杰通信. SDN的网络架构:控制平面与数据平面分离[EB/OL].(2016-10-18)[2020-03-15].https://www.gdyunjie.cn/showinfo-114-3394-0.html.

[75] 张卫峰. SDN的深入思考:SDN的核心本质到底是什么？[EB/OL].(2014-05-05)[2020-03-15].http://net.zhiding.cn/network_security_zone/2014/0505/3019393.shtml.

[76] 胡宇翔,张少军,何为伟,等. 国外未来网络技术研究进展分析[J]. 信息通信技术, 2017, 11(6): 9-15.

[77] NDN Project. Named Data Networking: Executive Summary[EB/OL]. https://named-data.net/project/execsummary/.

[78] 郑晓琳. 基于NDN架构的5G网络选择策略研究[D]. 北京:北京交通大学, 2016.

[79] 钱琪杰. 基于时空特性的多维标识体系模型研究[D].南京:南京邮电大学, 2022.

[80] 邬江兴. 中国下一代广播电视网（NGB）战略研究报告[J]. 现代电视技术, 2010 (4): 20-24.

[81] 孙静.三网融合背景下的下一代广播电视网[J].科技创新与应用, 2021, 011

(012):128-130.

[82] 王联. 广电与 5G 融合发展,全面实现 IP 化！NGB-W 发展方向[EB/OL].(2017-06-16)[2020-03-15].https://www.sohu.com/a/149261679_683129.

[83] 国家新闻出版广电总局科技司. 广播电台融合媒体平台建设技术白皮书[EB/OL].(2016-03-29)[2020-03-15].http://www.nrta.gov.cn/art/2016/3/29/art_36_30400.html.

[84] ZHANG N, WANG Y, WANG X, et al. A multi-modal fusion network guided by feature co-occurrence for urban region function recognition[J]. IEICE transactions on electronics, 2022, 10(E105-D):1769-1779.

[85] DEVLIN J, CHANG M W, LEE K, et al. BERT:pre-training of deep bidirectional transformers for language understanding[J]. arXiv preprint arXiv:1810.04805, 2018.

[86] 兰巨龙,胡宇翔,张震,等. 未来网络体系与核心技术[M]. 北京:人民邮电出版社,2017:210-227.

[87] 2013 年 4 月 10 日出版的《第 21 届中国数字广播电视与网络发展年会暨第 12 届全国互联网与音视频广播发展研讨会论文集》中的李幼平的《用好管好互联网的泛在广播》.

[88] Zero Compromises. What is data orchestration? A guide to handling modern data[EB/OL].(2021-08-09)[2021-10-15].https://www.weka.io/blog/data-orchestration/.

[89] Openprise. What is data orchestration?[EB/OL].(2019-06-12)[2021-01-05].https://www.openprisetech.com/blog/what-is-data-orchestration.

[90] Alluxio, Inc. Alluxio[EB/OL].(2018-01-16)[2018-10-20].http://alluxio.org/

[91] ZHAI Y L, TCHAYE-KONDI J, KWEI-JAY L, et al. Hadoop perfect file:a fast and memory-efficient metadata access archive file to face small files problem in HDFS[J]. Journal of parallel and distributed computing,2021,156:119-130.

[92] FAGIN R, NIEVERGELT J, PIPPENGER N, et al. Extendible hashing:a fast access method for dynamic files[J]. ACM Trans. Database Syst(TODS), 1979, 4(3):315-344.

[93] BELAZZOUGUI D, BOLDI P, PAGH R, et al. Monotone minimal perfect hashing:searching a sorted table with O(1) accesses[C]. ACM, New York:Proceedings of the 20th annual ACM-SIAM symposium on discrete mathematics (SODA), 2009:785-794.

[94] 吕枭. 足球视频目标检测与跟踪方法研究[D]. 哈尔滨:哈尔滨工业大学,2018.

[95] VAN DE WEIJER J, SCHMID C, VERBEEK J, et al. Learning color names for real-world applications[J]. IEEE transactions on image processing, 2009, 18(7):1512-1523.

[96] MAC QUEEN J.Some methods for classification and analysis of multivariate observations[C]. Berkeley:Proceedings of the fifth Berkeley symposium on mathematical statistics and probability,1967,1(14):281-297.

[97] GRAHAM R L.An efficient algorithm for determining the convex hull of a finite planar set[J].Information processing letters,1972,1(4):132-133.

[98] 党东耀. 西部省级媒体媒介融合模式及机制研究[M]. 北京:人民日报出版社,2019:197-198.

[99] SONG M L,HU L S,FENG S,et al. Feature ranking based on an improved granular neural network[J]. Granular computing. 2023, 8(1):209-222.

[100] SONG G,WANG Y,LI J,et al. Deep learning model for news quality evaluation based on explicit and implicit information[J]. Intelligent automation & soft computing, 2023, 38(3):275-295.

[101] 徐恪. 计算机网络体系结构[M],北京:清华大学出版社,2014:260-262.

[102] SONG G,WANG Y,LI J. Dynamic mathematical model of information spreading on news platform[J]. Wireless communications & mobile computing, 2021:2174190.